# 미안해
# 데이빗

I'm sorry
David

# 미안해 데이빗

**발행일** 2022년 3월 18일 초판 1쇄

**글쓴이** 존 콜라핀토
**옮긴이** 김주성, 현숙경
**감  수** 이세일, 김지연, 오세라비
**발행처** 도서출판 사람
**주  소** 서울 구로구 부일로 17길 24-3 (궁동)
**전  화** 02-6015-7300
**팩  스** 0505-412-7300
**등  록** 677-95-00596
**ISBN** 979-11-964814-1-4(03300)

I'm sorry
David

# 존 콜라핀토 지음

김주성, 현숙경 옮김
이세일, 김지연, 오세라비 감수

사람
사람출판(SARAM)

# 추천사

"이 실화에서 의료계의 오만과 결탁, 그리고 이데올로기가 성과 젠더에 관한 상식을 이길 때 일어나는 비극을 본다. 이 감동적인 인간 드라마의 주인공은 자신이 정말 누구인지 망각하지 않는 힘과 용기를 보여줬다."

– 데브라 태넌

《그래도 당신을 이해하고 싶다 *You Just Don't Understand*》의 저자

"마음 아프지만, 빠져드는 책이다.... 젠더는 세상이 주는 시그널로 형성되는 게 아니라 두뇌와 몸의 세포마다 이미 새겨진 메시지로 생긴다는 걸 보여준다."

– 〈엘르〉 지

두 아이를 키우는 엄마로 그리고 한 남편의 아내로 살면서 요즘과 같은 성가치관 혼돈의 시간도 드물었던거 같습니다.

아이들이 배우는 교과서와 책, 수시로 접하는 미디어에서 인간의 성별이라고 하는 매우 중요하고 기본적인 영역까지 왜곡된 인권논리가 덧칠해져 반생명주의적인 현상들이 벌어지고 있음을 목도하게 되었습니다.

"미안해 데이빗"은 인간의 타고난 성별을 바꾸기 위해 어떤 노력을 해도 가능치 않았음을 보여주는 명백한 실화를 다룬 책입니다. 데이빗 라이머의 삶은 너무나 마음 아픈 삶이지만 그의 삶을 적어놓은 이 책은 타고난 성별에 대한 있는 그대로의 받아들임의 중요성을 잘 말해주고 있습니다. 성별 정체성에 혼란을 겪고 있는 자녀를 둔 부모님들에게 이 책을 권합니다. 우리의 자녀들에게 타고난 성별을 바꿀 방법은 없으며 타고난 성별 그대로 너는 사랑스럽단다라고 오늘도 말해주는 하루를 보내봅니다.

– 김지연
영남신학대학교 교수


이 책의 주제는 남자로 태어났으나 자신의 의지와는 무관하게 여자로 길러진 브루스(데이빗)라는 남자아이의 가족 이야기를 통해 자연의 섭리를 거역한 인간의 교만함에 울려지는 경고이다. 지극히도 정상적인 남자아이로 태어난 브루스가 첫 생일을 맞기도 전에 당한 성기를 잃는 사고를 시작으로 단지 너무 어려서 자신의 의사 표현이 안 된다는 이유만으로 그의 삶이 부모를 비롯해 수많은 인간에 의해서 결정되고, 망가지고 결국 젊은 나이에 자살이라는 극단적인 종말로 끝을 낸 그의 삶을 우리는 어떻게 이해를 해야만 할까?

설령 사람이 아닌 동물의 경우에도 사람과의 의사소통이 안 된다고 해서 동물에게 수컷의 성별을 암컷의 성별로 바꿀 수 있는 권리는 인간에게는 없다. 브루스의 이야기는 엄청난 위험을 품고 있는 인간의 무지(無智), 욕망, 거짓, 그리고 자연의 섭리를 대적하는 자들의 교만함 등이 만들어 낸 패키지 상품과 같다.

자신의 아이를 비록 사고를 당했지만 좀 더 행복하게 살게 해주고 싶은 부모의 사랑도 진리와 자연의 섭리 앞에서 이루어졌어야 했고, 아이를 위한 존 머니의 치료도 진리와 자연의 섭리 앞에서 이루어져야 했었다. 그리고 들러리처럼 등장하는 수많은 주위 인간들도 명성과 연구성과를 좇는 그들의 욕망, 그리고 그들의 궁금증들을 해결해 줄 결과들에 대해서 양심과 자연의 섭리를 통해 바라보고, 진정 힘없는 한 생명을 사랑하는 마음에서 바라보아야 했다. 교만한 최선(最善)이 겸손한 차선(次善)보다 낫다는 증거가 있는가?

심리학자 존 머니는 자신이 불우한 어린 시절을 보내면서 잘못 형성된 자신의 지식과 인성, 가치관과 출세(出世)욕의 지옥에 갇혀 자신의 욕망을 채우기 위해 수많은 선한 인간에게 상처를 주었다. 직접적으로는 남자로 태어났으나 여자로 길러진 브루스(데이빗)에게, 그리고 형제 브라이언과 부모님, 한때 가정을 이루었던 브루스의 가족에게 결코 지워지지도 용서할 수도 없는 상처를

주었다. 존 머니는 더 나아가 자신의 명성을 바탕으로 자연의 질
서로부터 벗어나고자 하는 세계의 수많은 사람을 도구 삼아 남자
와 여자의 정체성이 생물학적 요소가 아닌 환경적인 요소로 변할
수 있다고 속여 왔던 죄가 더 크다. 존 머니 그는 인간이 아닌 동
물에게 조차도 그렇게 할 수 있는 권리는 없다. 연약한 존재라고
해서 함부로 대우받아야 할 이유도 없다.

그러나 과연 브루스의 눈물이 존 머니만의 죄일까? 사회는
죄가 없을까? 지금 이 순간에도 존 머니와 같은 잘못된 사고를 가
진 인간들 때문에 수 없는 어린 생명이 자신의 성별 정체성이 남
녀가 아닌 다른 것에서 찾을 것을 강요받고 있고 나아가 자신의
생물학적 성별을 훼손하면서까지 성별 정체성을 바꾸기 위해 노
력하고 있다. 더구나 법이나 공권력을 앞세워 성 주류화 사상을
강요하는 교육을 통해 그 폐해가 해마다 증가하고 있다. 이것은
분명히 국가나 사회가 귀한 생명을 파괴하는 폭력을 행사하는 것
과 다름이 없다. 이런 성 주류화에 동조하는 사람 그 누구든지 브
루스의 눈물에 책임이 있다.

우리 모두는 피해자의 입장에서 브루스를 바라봐야 한다. 또
한, 우리가 또 다른 가해자가 되지는 않았는지 돌아봐야 한다.

다행히 저자와 데이빗 라이머의 용기로 인해서 브루스의 이
야기가 세상에 지금이라도 알려지게 된 것이 정말 다행이라고 생
각한다.

"이 책에서 지난 30년 동안 접할 수 없었던 반대 증거를 의
료계와 일반 대중에게 알리고 있다."라는 저자의 말처럼 공개

된 모든 자료에 오히려 감사한 생각이 든다. 이제는 모든 사람이 남자와 여자의 차이에 대한 명확한 진리를 알아야 하며, 모르는 자들에게 열심히 알려서 지금까지 알려져 온 젠더 이데올로기(gender ideology)의 폐해를 반드시 알리고 바로 잡아야만 한다. 특히 미래세대에게 정확한 진리를 가르쳐야만 한다.

수십 년 동안 말도 안 되는 젠더 이데올로기에 짓눌려 이야기 되지 못했던 남녀의 성별 정체성(gender identity)의 문제가 이 책의 발간을 기점으로 무엇이 진리인지를 전 세계에 밝혀지는 계기가 되었으면 좋겠다. 그리고 다시는 우리의 미래세대가 나쁜 이념과 의학적 지식과 연구를 잘못 사용하는 자들에 의해 브루스처럼 "실험당하는" 피해를 받지 않도록 해야 한다.

21세기 온 대한민국을 어지럽히고 있는 동성애, 차별금지법이 난무하는 가운데 이런 귀한 책이 번역되어 정말 기쁘게 생각한다. 이 한 권의 책이 이들 악법과 사상들을 물리칠 귀한 도구가 될 것을 기대한다. 특별히 어린 자녀를 둔 부모라면 반드시 읽어야 할 책이다.

- 이길수
복음의료보건인협회 상임대표

성인지 페미니즘의 기초가 된 성 혁명가 존 머니의 성 중립적 젠더 개념을 비판한 책!

2018년 독일 젠더 연구와 퀴어 이론의 선구자인 마리안네 피퍼(Marianne Pieper) 교수는 뇌과학적으로 이미 반박되고 폐기

된 존 머니(John Money)의 젠더 개념을 급진페미니즘 학자들이 수용해서 젠더 연구 분야를 만들었다 비판하면서, 독일 대학에서의 젠더 연구의 폐지와 황혼에 대해서 말했다. 이 책은 젠더퀴어 페미니즘의 근거가 된 성 혁명 선동가 존 머니의 심리 성적 중립성 이론의 근거사례로 제시된 데이빗의 삶이 오히려 머니가 주장한 것에 정반대 증거라는 걸 밝혔다. 데이빗 사례는 성별 정체성과 성적 지향이 주로 선천적이며 출생 전 뇌 및 신경계가 호르몬이나 다른 유전적 영향을 받아서 생기고 성전환에 한계가 있음을 보여준다. 즉 데이빗의 삶은 신경생물학적 영향이 성별 정체성과 성적 지향에 가장 큰 영향을 미친다는 사실을 잘 보여준다. 또한, 이 책은 소아성애, 가학 피학성 성욕, 절단 페티쉬, 호분증, 성적 쾌락을 위해 자신의 목을 조르는 행위 그리고 아동 성교 놀이를 지지한 성 혁명 선동가 존 머니의 민낯도 고발한다. 최근 퀴어 이론의 아버지인 미셀 푸코의 동성애적 소아성애(남색)가 폭로되었고 독일 68 성교육의 교황 헬무트 켄틀러 교수의 소아성애 게이트가 폭로되기도 했다. 68 성 혁명 운동의 가장 큰 피해자들은 사회적 약자인 어린이들이다. 성별 정체성의 혼동화를 목표로 하는 젠더 이데올로기의 기초가 되는 존 머니의 성중립적 젠더개념의 허구를 고발한 이 책을 강력 추천한다.

– 정일권

전 숭실대학교 기독교학대학원 초빙교수

오스트리아 인스부르크 대학 신학박사(기독교 사회론)

〈미안해 데이빗〉은 그리스도 안에서 바른 신앙을 가지고 '자기 의'와 율법이 아닌, 은혜로 살아가는 삶의 중요성을 다시 한번 깨닫게 만드는 책이다. 이 사건이 하나님을 믿는 사람들의 가정에서 시작되었다는 점이 더욱 경각심을 갖게 한다. 희대의 용서받지 못할 실험을 인간에게 저지른 존 머니도 믿는 가정의 자녀이고, '브렌다'의 부모인 재닛과 론도 믿는 가정의 자녀였다. 무엇이 이들의 인생을 엇나가게 했을까. 자녀를 하나님의 말씀으로 양육하되 예수 그리스도의 은혜를 깨닫도록, 그래서 참 그리스도인으로 자라게 하지 못하면 그 결과가 얼마나 참혹할 수 있는지를 보여주는 또 다른 사례였다. 러시아 혁명에 헌신했던 수많은 사람이 러시아 정교 성직자의 자녀들 혹은 유대인이었다. 부모의 율법적이고 억압적이고 비인격적인 양육방식이 유대교 혹은 기독교의 껍데기를 입었을 때 아이들은 그리스도의 은혜를 모르고 더 피폐하고 자기중심적이고 반항적인 반신주의자들로 자라날 수 있다. 쓰나미처럼 아이들의 정신세계로 밀려드는 세상의 문화 앞에서 자녀를 온전한 그리스도의 자녀로 길러낸다는 것의 어려움을 새삼 느낀다. 성령님의 도우심과 보호하심이 대한민국 크리스천 가정과 함께하시기를 간절히 기도한다.

　　하나님이 마음의 중심에 없을 때, 은혜 없이 살아갈 때 인간은 오직 '육신의 정욕과 이생의 자랑과 안목의 정욕'을 위해 살아가게 되어 있다. 하나님이 정주하지 않고 마음에 남는 것은 다른 우상일 수밖에 없고, 그 우상은 '자아', '돈', '명예', '허탄한 사상' 등일 수밖에 없다. 러시아의 대문호인 도스토옙스키의 말대로 인간은 무언가를 '믿도록' 프로그래밍화된 존재이기 때문이다. 존머니는 본인이 만든 환상과 믿음을 현실로 만들기 위해 한 가정을 유린한다. 과학의 영역에 이데올로기가, 자아숭배가 깃들 때 어떤 일이 벌어질 수 있는지 보여주는 끔찍한 예이다. 객관적 사실에 바탕을 두어야 할 과학이 그 자체로 하나님의 창조 질서를 밝히는 도구가 되기 위해서는 인간적 '이즘'의 도구가 되어서는 안 될 것이다. 수십조에 달하는 인간의 세포 하나하나에 박힌 염색체 XY, XX의 존재를 부정하는 이데올로기가 판을 치는 세상에서 이 책은 하나님께서 모태에서 정해주신 '성별'은 환경과 양육에 의해서 바뀔 수 있는 것이 아니라는 것을 분명히 보여주고 있다. 하나님께서 창조하신 진정한 다양성의 본체인 남녀의 구별을 수치스러운 것으로 바꾸고 남자와 여자의 차이를 부정하려는 시도야말로 본질적 다양성을 마모시키고 남녀의 차이마저 획일화시키려는 전체주의가 아닐까 생각해본다. 이 책을 읽는 동안 하나님의 정해놓으신 질서의 엄정함과 또 그 안에 담긴 깊은 신비를 누리는 기쁨이 얼마나 소중한지 깨닫게 되는 시간이 되기를 바란다. 많은 이들에게 전해지는 책이 되기를 기원하며 추천사를 마친다.

– 홍대화
사) 미래여성가족교육문화진흥원 이사

# 감사의 글

라이머 가족을 비롯해 이 책에서 인터뷰에 응해준 모든 분께 감사하고, 또 위니펙에서 큰 도움을 준 멜 마이어스, 조쉬 와인스타인, 존 대너커스, 케잇 블랙에게 감사한다. 워싱턴 D.C.에 있는 미국 과학 진흥 협회의 데이브 앰버에게 감사한다. 런던 BBC의 새라 핀토에게 감사한다. 미리엄 주거에게 감사한다. 내가 연락했을 때 그녀의 남편 고 버나드 주거가 소천한 지 며칠 후였는데, 미리암 주거는 버나드 주거의 탁월한 논문들을 재인쇄해서 보내줬다. 간성에 관한 두 권의 책을 저술한 할리 드보어에게 감사한다. 에드워드 에이즐에게 감사한다. 〈파이디키 *Paidiki*〉지의 존 머니 인터뷰 기사를 찾기 어려운데 제공해줬다. 매리애노와 마빈 댄 박사 두 분은 수많은 이메일을 발송해서 쌍둥이의 생애 초기에 관해 문의해줘서 감사한다. 사진작가 에드 버린이 그의 책 《쌍둥이 출산 *Twin Births*》을 보내줘서 감사한다. 뉴욕 의학 협회 도서관, 뉴욕 정신 분석 협회 도서관, 그리고 이 책을 주로 썼던 뉴욕 사회 도서관에 감사한다.

〈롤링 스톤〉 지의 오랜 친구 밥 러브가 아니었다면 이 책은 없었을 거다. 초안의 구조를 잡고 다듬게 도와줬고 인내하며 내가 낸 아이디어들에 관해 피드백을 줬다. 〈롤링 스톤〉의 편집자 겸 사장 잰 웨너에게 매우 감사한다. 그녀는 처음부터 이 프로젝트에 열정적이었고 17,500단어의 초안을 보고 "좋아요. 더 써주세요!"라고 했다. 〈롤링 스톤〉의 다른 사람들, 에리카 포트갱, 탐 칸로이, 매리언 베럴로위츠에게도 감사한다. 그들이 그 기사를 가지고 수고한 흔적이 이 책에 남아있다.

내 가족이 의학 및 과학 용어와 개념에 관해 도와줘서 감사한다. 그래서 내가 헤매지 않을 수 있었다. 어머니 캐럴은 간호사이시고, 형제 테드는 신경외과 의사이고, 작고하신 아버지 빈센트는 토론토에 있는 세인트 마이클 병원의 비뇨기과 과장을 오래 역임하시면서 밤마다 나와 세 명의 형제자매에게 의료계에서 일어난 사건들을 들려주셨다. 그중에는 1970년대 초에 신생아 남아가 포경 수술 사고로 음경을 잃으면 여자로 바꾼다는 이야기도 있었다. 아버지는 소아 비뇨기과가 아니라서 유아 성전환 수술을 하지 않으셨지만, 의료계가 대부분 그랬듯이 그 수술의 심리적 근거를 받아들이셨다. 아버지가 내가 한 일을 보시고 대견해 하셨으면 좋겠다. 이 책에서 지난 30년 동안 접할 수 없었던 반대 증거를 의료계와 일반 대중에게 알리고 있다.

나의 제안서를 하퍼콜린스 출판사의 로버트 존스에게 보여
준 나의 출판 에이전트 리사 뱅커프에게 매우 감사한다. 탁월한
로버트는 이 책을 꼼꼼히 뛰어나게 편집했을 뿐 아니라 지루한 반
복 등 단점을 제거하고 그 이유를 내게 자세히 알려주는 수고를
마다하지 않았다. 하퍼콜린스의 피오나 핼러웰에게도 감사한다.
그러나 이 책에 사실이나 해석에 관한 오류가 있다면 그건 모두
나 때문이다.

나의 아내 도나 미핼코에게 감사한다. 아내는 내가 쓴 모든
걸 가장 먼저 읽었다. 나는 아내의 직관을 전폭적으로 따랐다. 나
의 아들 존 빈센트에게도 감사한다. 이 책을 쓰기 시작한 지 11개
월째에 태어난 사랑스러운 아들을 보면서 론과 재닛 라이머 부부
가 겪은 상상할 수 없는 비극이 어땠을지 생각해볼 수 있었고 갓
태어난 아들이 울어서 정신이 산만해질 때도 있었지만 아들 덕분
에 행복한 마음으로 컴퓨터 앞에 앉아 끝까지 쓸 수 있었다.

사랑하는 나의 아내 도나에게
이 책을 바칩니다.

나는 전무후무한 일을 시작했다.
자연이 만든 그대로의 한 인간을 보여주겠다.
그 사람은 바로 나다.
**- 루소의 《고백록》 중에서**


나의 출생의 비밀을 알았으니 어찌 기쁘지 않으랴?
**- 소포클레스의 《오이디푸스 왕》 중에서**


어려운 작업은 사실의 뼈대, 부인할 수 없는 절대적 사실을
이론가들과 기자들의 윤색과 구별하는 것이다.
그 확고한 기반 위에서 어떤 추리를 할 수 있는지,
미스터리를 풀 단서가 뭔지 봐야 한다.
**- 《셜록 홈즈의 회상》 중에서**

이 책은 실화다.


모든 대화는
심리 상담 기록, 정신과 진료 기록, 사건 목격자에서 나왔다.
"이야기의 흐름"이나 "분위기"를 위해
소설처럼 지어낸 대화나 장면은 없다.


머니 박사가 1967년에 캐나다 국영 방송에 출연했던
프로그램의 동영상은 30년이 지났지만, 기적적으로 보존되었다.


심리 호르몬 연구부에서 나눈 대화 녹취록은
주인공 환자의 동네 의사가 요청해서
머니 박사가 1998년 6월에 제공한 것이다.

# 서언

나는 1997년 6월 27일 오전에 데이빗 라이머의 집에 처음 갔다. 캐나다 매니토바주, 위니펙, 노동자 동네의 작고 평범한 집이었다. 나 같은 언론인이 일부러 뉴욕에서 그 집으로 찾아갈 일은 없어 보였다. 그러나 사실 온 세상의 과학자들과 의사들이 그 집주인에게 초미의 관심을 기울이고 있었다. 잘 깎은 잔디밭 한쪽에는 어린이용 자전거가 있었다. 길가에는 8년 된 중고 도요타가 주차되어 있었다. 안으로 들어가니 거실 한쪽의 나무 장식장은 평범한 가정의 일상을 보여줬다. 결혼식 사진, 아이들 사진, 도자기 인형, 가족 여행 기념품 등이 있었다. 고풍스러운 스타일의 커피 테이블, 낡은 안락의자, 소파가 있었고 깡마른 주인공이 청재킷을 입고 낡은 공사장 부츠를 신고 앉아 있었다.

데이빗 라이머는 서른한 살이지만 십 년은 더 어려 보였다. 수염이 별로 없고 몇 가닥의 블론드 턱수염만 있었기 때문이다.

또 광대뼈가 두드러지고 턱이 뾰족하기 때문이기도 했다. 그 외에는 전형적인 공장 육체노동자, 고등학교 졸업 학력에 주말에 아버지와 동네 강에서 하는 낚시를 좋아하고 아내와 아이들과 마당에서 바비큐를 즐길 것 같은 인상이었다. 소탈하고 우호적인 젊은이였고 자동차 엔진을 손본 이야기, 직장의 사소한 문제, 1년에 4만 달러로 세 아이를 키우는 게 어렵다는 이야기 등을 했다.

나는 데이빗 라이머의 모든 걸 알려고 위니펙에 갔지만, 주관심사는 뭐니 뭐니 해도 그의 어린 시절이었다. 그런데 그 주제를 꺼내자마자 태도가 확연히 달라졌다. 얼굴의 웃음기와 장난스러운 억양이 사라졌다. 아담하고 오뚝한 코 위로 미간을 찌푸리고 깜짝 놀라 눈을 깜박거렸고 마치 누가 싸움을 걸기라도 한 양, 턱을 내밀었다. 깊은 중저음이던 음성이 즉시 강경해져서 억울하고 화가 나지만, 자기 심정을 아무도 모른다고 호소하는 것 같았다. 어쩌면 자기도 자신의 감정을 잘 모르는 것 같았다. 데이빗이 만 열다섯이 되기 전의 일을 얘기할 때는 "나는"이라고 말하지 않기 때문이다. 마치 다른 사람 이야기를 하는 것 같았다. 어떤 면에서는 사실 그랬다.

줄담배를 피우기 시작하면서 그가 말했다. "나는 세뇌를 당했어요. 과거를 깡그리 잊게 해줄 최면술사가 있다면 내 모든 걸 다 줘도 좋아요. 너무 괴로워요. 그들은 내 몸보다 내 마음을 더 괴롭혔어요. 생각 속에서 전쟁이 일어나고 있어요."

그건 30년 전 4월 어느 날 오전에 일어난 사건이었다. 그는 포경 수술 의료 사고로 음경을 완전히 잃었다. 그래서 부모가 미국 볼티모어에 있는 유명한 존스 홉킨스 부속 성 연구소의 명성이 자자한 전문가에게 아기를 데려갔더니 성전환 수술을 받으라고 했다. 그래서 아기 때 거세 및 여러 생식기 수술을 받은 후 이어서 12년 동안 사회적, 정신적, 호르몬 요법적 치료를 받으면서 성전환을 완성하려고 했다. 이 사례가 성공했다고 의학지에 대서특필되어 이 아기는 현대 의학계에서 (익명이지만) 가장 유명한 환자가 되었다.

왜냐면 정상적 아이가 수술로 남아에서 여아로 바뀐 첫 유아 성전환이었을 뿐 아니라 일란성 쌍둥이라서 통계적으로 의미가 컸기 때문이다. 일란성 쌍둥이 남동생은 유전적으로 똑같은데 음경과 고환이 손상되지 않고 자라서 대조해볼 수 있었다. 두 쌍둥이가 다른 성별로 잘 길러져서 행복하게 산다는 보고 때문에 생물학적 요소보다 환경이 성별 분화를 결정한다는 확실한 증거로 보였다. 의학이나 사회과학 교과서에 이 사례가 실려서 생식기가 손상되었거나 비정상적인 유아를 성전환하는 선례가 되었다. 또 이 사례는 1970년대 페미니즘 운동의 시금석이 되어 성차는 생물학적 요소가 아니라 문화로 결정된다는 증거로 인용되었다. 소위 이 "쌍둥이 사례" 실험을 이끈 의료 심리학자, 존 머니 박사는 40년 동안 인정받았고 1997년에는 "20세기의 가장 위대한 성 연구자"라는 칭호까지 얻었다.

그러나 1997년 6월 어느 오전에 내가 만난 그 젊은이를 보면 그 실험은 실패였다. 그 사실은 그해 봄에야 의학지 〈소아 청소년 의료 자료집 *Archives of Pediatrics and Adolescent Medicine*〉에 실렸다. 그 논문 저자는 하와이대학교의 생물학자 밀턴 다이어먼드 박사와 캐나다 브리티시컬럼비아주, 캐나다 빅토리아주의 정신과 의사 키잇 시그먼슨 박사였다. 데이빗이 억지로 여자가 되어 힘들어하다가 열네 살에 유전자와 염색체대로 원래 성별로 돌아간 이야기였다. 그 논문으로 전 세계 의료계가 충격을 받아서 유아 성전환 관행(일반인이 생각하는 것보다 훨씬 더 많이 시행된다)에 대한 논란이 일어났다. 왜 처음에 그 사례를 그렇게 보고했고, 왜 후속 보고에 20년이나 걸렸고, 왜 후속 보고를 머니 박사나 존스 홉킨스에서 하지 않고 다른 연구자들이 했는지 의문시되었다. 성별 정체성의 신비에 관한 의문이었을 뿐 아니라, 그걸 계기로 저명한 성 연구자들 간의 경쟁 구도도 드러났다. 이 비극적 의료 사고의 전모가 드러났고, 애초에 그런 경쟁 구도 때문에 이 실험이 이뤄졌을 수 있다.

　　이건 성 연구계의 거물들이 관련된 공적 스캔들이지만 데이빗 라이머에게는 개인적 재앙이었다. 데이빗은 1997년 여름에 두 개의 텔레비전 인터뷰만 허락했고(얼굴과 목소리를 숨기고) 그 외에는 언론에 사생활을 공개하지 않았다. 그는 〈롤링 스톤〉지에 기사를 쓰도록 나와 인터뷰했지만, 신원은 공개하지 않는 조건이었다. 그래서 그 기사는 데이빗이 어디서 태어나서 자라고 살고 있는지와 부모 론과 재닛, 쌍둥이 동생 브라이언의 실명을 공개하지 않았다. 위니펙 의료진의 이름은 이니셜로 처리했다. 데이빗의 이름은 다이어먼드와 시그먼슨이 논문에서 쓴 "존/조운"으로 했다. 나는 의료 사고가 있던 날 위니펙을 덮친 4월의 폭설조차 언급하지 않을 정도로 데이빗의 신원을 철저히 숨겼다. 그건 마치 셰익스피어나 그리스의 비극에 등장하는 불길한 전조 같았다.

내가 〈롤링 스톤〉에 쓴 기사는 1997년 12월에 실렸다. 거의 2만 단어에 달하는 분량을 잡지의 제한된 공간과 마감 날짜에 맞춰 썼다. 그러나 그 기사가 나간 후에도 데이빗의 삶에 얽힌 과학계의 음모가 복잡하고 중요한 드라마여서 그걸 다 풀어내려면 책을 쓸 필요가 있었다. 데이빗도 그렇게 생각하던 차에 나를 작가로 지목했다. 나는 한 가지 조건을 제시했다. 존/조운의 가면을 벗으라는 거였다.

왜냐면 주인공, 가족, 친구들, 의사들, 기타 등장인물들이 다 가명으로 "북미 중서부 어딘가에 있는 도시"에서 활동하는 걸 쓰기 어려울 뿐 아니라, 이 사례를 잘 이해하려면 사건이 일어난 지역과 거기 사는 사람들이 중요했기 때문이다. 이 이야기의 핵심은 자연이냐 양육이냐, 유전이냐 환경이냐, 생물학적 요소냐 양육이냐여서 데이빗이 자란 사회문화적 환경이 어떤지 꼭 알아야 했다. 마지막으로, 익명으로 하면, 이 이야기에 담긴 비유적 의미를 잃을 수 있었다. 가령 데이빗이 열네 살에 힘들게 다시 남자로

전환한 후 태어날 때의 이름인 브루스 말고 다른 이름을 택했는데 데이빗이라는 이름은 매우 남성적일 뿐 아니라 14년간 자신이 아닌 다른 존재가 되라는 압력을 이겼다는 걸 잘 나타냈기 때문이다 (성경에서 데이빗(다윗)이 골리앗을 이긴 걸 말함—역주). 데이빗은 성경의 다윗이 거인 골리앗을 이긴 걸 보고 그 이름을 택했다. 그 외에도 여러 면에서 익명으로 하면 이야기를 다 풀어낼 수 없고 데이빗의 관점을 전달할 수 없었다.

데이빗은 1993년 초에 다이어먼드 및 시그먼슨과 처음 인터뷰하고 이어서 〈롤링 스톤〉에 기사를 쓰도록 나와 인터뷰하면서부터 수치심과 비밀에 갇혔던 삶에서 점차 벗어나기 시작했다. 내가 존/조운의 가면을 벗는 게 어떠냐고 제안했을 무렵에 데이빗은 이미 그런 방향으로 많이 발전해 있었다. 데이빗은 부인, 부모, 동생과 상의하고 하룻밤 고민한 후 자신의 모습 그대로 당당히 나서겠다고 결정했다.

데이빗은 마음 문을 활짝 열고 내가 무슨 질문을 하더라도 과거에 일어난 일을 솔직하게 얘기해줬다. 12개월 동안 총 100시간이 넘게 나와 인터뷰를 하고 어린 시절에 관한 법적 문서, 진료 일지, 아동 지도 클리닉 일지, IQ 검사, 심리 상담 일지를 다 보도록 허락하는 문서에 서명해줬다. 또 어린 시절의 선생님, 급우들을 찾게 해줬다. 그건 쉽지 않았다. 졸업 사진첩도 보관해두지 않았고 급우들의 이름도 몰랐고 여자였던 자기를 아는 사람은 다

잊고 피하려 했었기 때문이다. 무엇보다 데이빗은 가족과 인터뷰하게 해줬는데 특히 데이빗의 아버지는 고통스러운 그 사건에 관해 20년 넘게 아무에게도 말한 적이 없었다. 라이머 가족이 큰 용기를 내준 덕분에 존/조운의 이야기를 완전하게 할 수 있었다. 이 이야기는 데이빗 라이머가 양쪽 성별로 살아본 경험이기도 하지만 갓 십 대를 넘긴 젊은 부부가 쌍둥이 중 한 아이를 전례 없는 심리 성적 실험에 맡겼다가 실패한 이야기이기도 하다.

내가 위니펙에 처음 갔을 때 데이빗이 말했다. "부모님은 전부 부모님 탓이라는 죄책감이 커요. 그러나 그렇지 않아요. 부모님은 저를 사랑해서 절박한 마음으로 그렇게 했던 거예요. 절박하면 옳지 않은 일이라도 뭐든 해보게 되니까요."

# 목 차

## 제1부 공상과학 게임

# 제2부 드러난 출생의 비밀

# 제3부 자연이 만든 모습 그대로

# 1 부
# 공상 과학 게임

# 1
## 뜻밖의 의료 사고

아이러니하게도 론과 재닛 라이머가 신혼 생활을 시작할 때는 앞날이 푸르러 보였다. 결국, 그들이 시련을 이겨낸 건 집안의 혈통이나 신앙에 고난을 이겨내는 불굴의 정신이 깃들어 있었기 때문인지 몰랐다.

결혼 전, 론 라이머와 재닛 슐츠는 둘 다 16세기 네덜란드에서 생긴 기독교 분파, 재세례 메노파 집안이었다. 아미쉬(전통적 삶을 고수하는 미국과 캐나다의 기독교 분파-역주)처럼 론과 재닛의 메노파 조상도 그리스도의 산상수훈을 따르며 속세에서 벗어난 소박한 삶을 사는 평화주의자들이었다. 종교 박해로 수천 명의 메노파가 고문과 학살을 당하자 생존자들은 도피하여 독자적 문화와 신앙을 허락하는 나라를 300년 동안 찾아다녔다. 대다수는 러시아로 이주해 농사를 지었지만 1800년대 후반에 많은 사람이 신대륙으로 이주하면서 네브래스카주와 캔자스주에도 정착했다. 그러나 메노파 이민자들의 인구 밀도가 가장 높은 곳은 캐나다였다. 캐나다 정부는 광활한 캐나다 서부 평야 지대에 거주할 인구를 모으려고 메노파 신자들에게 완전한 종교의 자유, 자체 학교 설립 허가, 군 복무 면제 혜택을 제공했다. 메노파 신자들이 캐나다로 처음 이주한 건 1874년 매니토바였다. 그 후 5년에 걸쳐 캐나다 평야 지대로 이주해 러시아 마을을 이룬 인원은 총 10만 명에 달했다. 론의 조부모나 재닛의 조부모 모두 그런 이민자들이었다. 네덜란드 메노파 초창기 교인들이 매니토바로 왔을 때 그들도 그중에 있었다.

그들이 도착했을 때는 캐나다 태평양 철도가 위니펙까지 막 연결되어 동물 가죽 거래로 살던 정착 이주민들의 작은 오지 마을과 허드슨만이 탈바꿈한 때였다. 30년 만에 그 정착촌은 북미 중서부 곡창 지대 중심지가 되었다. 〈시카고 레코드 헤럴드〉지가 1911년에 이렇게 대서특필할 정도였다. "모든 길은 위니펙으로 통한다. 위니펙은 북미 대륙에서 상업적 요충지와 중요한 제조업 기지가 될 것이다."

딱히 그 거창한 기대대로 되진 않았지만, 위니펙은 규모, 문화, 중요성 면에서 20세기 전반부에 급격히 성장해 캐나다 최초 국립 발레단과 교향악단도 갖게 되었다. 오늘날 위니펙 인구는 60만 명이 넘고 굽이굽이 흐르는 붉은 강 주위로 도심지 고층 건물들이 격조 높은 빅토리아 양식 건물들과 대조되며 조화롭다.

평야 지대에 거주하던 메노파 사람들은 위니펙의 부에 유혹되어 세계 제2차 대전 후 많은 가정이 도시로 옮겨 제조업, 트럭 운전, 건설업에 종사했다. 론 라이머의 부모인 피터와 헬렌도 그랬다. 그들은 1949년에 위니펙 근처 들로레인에 있던 농장을 팔고 위니펙의 세인트 보니파스로 이사했다. 거기서 피터는 도축장에서 일했고 헬렌은 집에서 네 자녀를 키웠다. 그중에 론이 첫째였다.

어릴 때부터 론은 근면 성실했다. 다소 내성적이면서도 억척스러운 론의 성격에 어머니도 놀랄 정도였다. "론은 항상 수줍음이 많고 조용했어요. 그러면서도 아이는 늘 부산했어요. 나는 아이가 말썽을 일으키지 않도록 늘 신경 썼어요. 음식 만드는 걸 보여줬더니 론은 항상 뭔가 음식을 만들고 싶어 했어요." 론은 평생 요리하는 걸 좋아했다. 어른이 되어서는 커피 트럭 장사로 위니펙 변두리 공사장에서 샌드위치 등의 음식을 팔면서 아내와 두 자녀를 부양했다.

1957년, 론이 십 대 초반일 때, 엘비스 프레슬리, 척 베리, 리틀 리처드의 음악이 위니펙에도 유행했다. 자동차, 여자, 맥주, 로큰롤 음악이 론의 눈길을 끌었다. 론의 부모 세대 메노파 신자들은 1950년대 후반의 그런 급속한 문화 변화에 위협을 느꼈다. 독실한 신자는 아니지만, 일상의 가치관이 20세기 말 북미 도시보다 19세기 러시아 농촌에 가까운 메노파 농촌에 불과 10년 전까지 살았기 때문이다. 그러다 도시로 이사를 왔던 터였다. 그래서 그들은 일종의 역이주를 감행했다. 라이머 일가를 비롯한 많은 메노파 가정들이 도시의 문화 대격변을 피해 그들의 뿌리였던 평야 지대의 삶으로 돌아갔다. 1959년에 론의 아버지는 위니펙을 떠나 100km 정도 거리의 메노파 지역, 클리펠드 마을 근처 농장을 사서 가족을 데리고 이사 갔다.

열다섯 살의 론은 이사 가기 싫었다. 클리펠드는 불과 몇백 미터의 큰길을 따라 곡식 가게, 우체국, 식료품점 등 다 쓰러져가는 가게들 몇 개가 서 있을 뿐 열정적으로 일하길 좋아하는 론의 마음을 분출할 곳이 없었다. 론이 할 수 있는 건 100kg의 블루베리를 따서 0.5kg당 25센트에 파는 것뿐이었다. 어린아이에게 가혹한 노동이었을뿐더러 도시에서 벌던 돈에 비해 턱없어 적었다. 아버지는 그 적은 돈마저 작은 땅뙈기에 세운 낡은 집을 고치는 데 쓴다며 가져갔다.

그렇게 지루하고 가난하게 살면서 엄하고 권위주의적인 아버지와 갈등이 깊어져 가던 차에 열일곱 살인 론에게 친구 루디 힐드브랜트가 옆 마을 스타인백에 사는 여자친구 집에 놀러 가자고 했다. 게다가 루디의 여자친구의 룸메이트인 재닛이라는 아가씨가 있다고 했다. 혹시 론이 그녀를 좋아할지도 모를 일이었다.

재닛 슐츠도 론처럼 위니펙에서 자랐다. 재닛도 메노파 부모 슬하에 태어난 첫째 딸이었다. 재닛의 부모도 전후에 평야 지대에서 도시로 이사 갔었다. 위니펙의 도시, 세인트 바이틀에서 자란 재닛은 생기발랄하고 호기심이 많아 책 읽는 걸 좋아했다. 처음에는 낸시 드루와 하디 보이즈의 미국 미스터리 소설을 좋아하다가, 이어서 스릴러를 좋아했고, 결국 심리학 서적을 애독하게 되어 부모 세대의 전통적인 메노파 가치를 넘어선 새로운 시야를 갖게 되었다. 특히 재닛은 어머니와 의견 충돌이 잦았다. "나는 공부하고 싶었지만, 어머니는 나가서 돈을 벌어오라고 하셨어요." 결국, 재닛은 9학년(중3) 때 학업을 중단하고 재봉사로 취직했다. 재닛은 어머니에게 봉급을 갖다 드렸지만, 사이가 좋아지지 않았다. 더 사이가 벌어진 건 재닛이 십 대 초반부터 메노파 교회에 나가지 않았기 때문이다. "너무 억압이 심했고 성경적이지 않은 게 많았어요. 미소짓는 게 죄라는데, 나는 그렇게 생각하지 않았어요." 열다섯 살이 되자 재닛은 부모의 신앙을 농담거리로 삼았다. "왜 메노파는 서서 사랑을 나누지 않는지 알아?"라고 재닛이 친구들에게 물었다. "다른 사람이 보면 춤추는 줄 알까 봐!" 재닛은 춤추러 가거나 롤러스케이트 타러 가길 좋아했고, 초록색과 갈색이 섞인 아름다운 눈동자에 날씬한 몸매여서 늘 데이트 신청이 끊이지 않았다.

첫째 딸이자 외동딸인 재닛이 위험한 길로 빠진다고 생각한 부모는 론의 부모처럼 농촌으로 돌아갔다. 그때는 그런 메노파 가정이 많았다. 1960년, 재닛이 열네 살이던 때, 슐츠 일가는 곡식 저장고와 밭으로 둘러싸인 작은 마을 뉴 보스웰로 이사갔다. 위니펙에서 45분 거리였다. 재닛은 도시의 극장, 음식점, 롤러스케이트장, 댄스장에 가고 싶어서 어떤 남자든 재닛을 차에 태워 농촌에서 벗어나게 해준다고 하면 데이트를 수락했다. 재닛의 어머니는 재닛의 사교 생활을 막으려 했지만 소용없었다. 그러자 어머니는 열다섯 번째 생일 후에 재닛에게 독립하라고 했다. 재닛은 반겼고, 근처의 도시 스타인백에 가서 재봉사 일을 하면서 사촌 티나와 작은 연립주택에서 자취했다. 얼마 후, 티나의 남자친구가 한 젊은이를 데려와서 소개해줬다. 그는 키가 크고 금발에 열일곱 살이었고 크고 파란 눈으로 재닛을 수줍게 쳐다봤다. 그의 이름은 론 라이머였다. "나는 론에게 말을 걸며 호감을 표현했어요"라고 재닛이 웃으며 말했다. "그런데 론은 반응이 없어서 나를 좋아하지 않는 줄 알았어요."

사실 론도 재닛을 좋아했지만, 수줍어서 다른 커플 앞에서 표현을 못 했다. 론은 길에 세워둔 자기 차를 보러 가자고 했고, 이어서 주말에 영화를 보러 가자고 했다. 론은 데이트 비용을 마련하려고 버려진 고물 포드에서 변속기를 꺼내 친구에게 10달러에 팔았다. 주말에 론과 재닛은 로맨틱 코미디 영화를 보러 갔다. "나는 그 영화를 5분도 보지 않았어요"라고 말하며 재닛이 웃었다. "론을 쳐다보느라 바빴거든요. 오, 그는 너무 섹시했어요!"

여름을 보내는 동안 그들은 자주 만났고 티나, 루디 커플과 더블데이트도 했다. 주로 한적한 시골로 차를 타고 가서 주차하고 맥주를 마시면서 얘기를 나눴다. 론과 재닛은 알고 보니 배경이 비슷해서 깜짝 놀랐다. 비슷한 점 때문에 끌렸을 뿐 아니라, 역설적이지만, 서로 다른 점 때문에도 끌렸다. 때로 소극적이고 주저하는 론을 재닛이 결단력과 추진력으로 보완해줬다. 반면에 론은 신중하고 사려가 깊어서 재닛이 충동적일 때 붙잡아줬다. 그들은 함께할 때 더 강했다.

재닛이 위니펙으로 돌아가겠다고 하자 론도 주저 없이 따랐다. 둘이 함께 연립주택에 세 들어 살진 않았다. 그때는 1960년대 초라서 십 대 커플이 그렇게 한다는 건 상상할 수 없었다. 그러나 론은 재닛의 하숙집에서 많은 시간을 보냈다. 거기서 그들은 첫 동침을 했다. 둘 다 숫처녀 숫총각이었다. 그리고 얼마 지나지 않아 재닛은 생리가 없었다. 재닛이 만으로 막 열여덟 살이 된 때였다. 론은 열아홉이었고 곧 만 스무 살이 될 거였다. 결혼하기엔 아직 어렸지만, 그들은 이미 그 전에 결혼 얘기를 한 적이 있었다. 그래서 결혼을 늦추기보다는 앞당겨야 했다. 그들은 스타인백에서 1964년 12월 19일에 결혼했다. 그들은 반대하는 부모에게서 해방되었다는 걸 만끽하려고 그 도시에 메노파 교회가 스무 개나 있었지만, 일부러 거기서 결혼하지 않았다.

신혼부부는 위니펙 시내에 온수가 나오지 않는 작고 값싼 연립주택에 보금자리를 마련했다. 더 좋은 거처를 마련할 여력이 없었다. 재닛은 레드 탑 식당에서 여종업원으로 일하면서 푼돈을 벌었다. 론은 유리창을 만드는 공장에서 저임금으로 고되게 일했다. 돈을 더 벌어야 한다는 사실이 분명해졌다. 산부인과에서 쌍둥이를 임신했다고 했기 때문이다. 론은 걱정했지만, 재닛은 낙관적이었다. "너무 기뻤어요. 쌍둥이를 가지면 좋지 않을까 늘 상상했으니까요."

그해 6월, 임신 5개월일 때, 론이 규모가 큰 도축장에서 일하게 되어 봉급이 두 배로 늘어나면서 뒤뷕 앤드 데 뮈롱 가의 방 두 개 연립주택으로 이사 갈 수 있었다. 그리고 나서 걱정거리가 생겼다. 임신 말기에 심한 독혈증이 생겼던 거다. 임신성 고혈압 때문에 치료하지 않으면 태아가 위험할 수 있었다. 의사는 유도 분만을 권했다.

1965년 8월 22일, 출산일을 4주 앞두고 재닛은 세인트 보니파스 병원에 입원했다. 론은 아내가 출산하는 동안 라운지에서 초조하게 결과를 기다렸다. 몇 시간 후에 간호사가 순산의 소식을 전하며 쌍둥이 아버지가 됐다고 알려줬다. 재닛과 아기들이 건강하다는 소식에 너무 안도하고 기쁜 나머지 론은 다른 건 아무것도 듣지 못했다. 아기들을 보려고 신생아실로 허둥지둥 들어갈 때 간호사가 "남자 아기예요, 여자 아기예요?"라고 물었지만, 론은 "두 명이라는 것밖에 몰라요!"라고 했다.

　　부부는 쌍둥이의 이름을 브루스와 브라이언이라고 지었다. 둘이 너무 닮아서 사람들은 구별하지 못했지만, 재닛과 론은 대부분의 일란성 쌍둥이 부모가 그렇듯 곧 구별할 수 있었다. 12분 먼저 태어난 첫째 브루스는 약간 체중 미달이어서 살이 찌도록 병원에 며칠 입원했다. 그러나 집으로 데려왔을 때는 브루스가 더 활발하게 움직이고 밤중에도 자주 깬 반면, 브라이언은 더 온순하고 조용한 아이였다. 둘 다 재닛을 많이 닮아

엄마 재닛이 브라이언과 브루스, 두 아이를 안고 있다. 브루스의 성전환으로 이어질 비극적 사건이 일어나기 몇 달 전이다.

서 코가 오뚝하고 입이 작고 동그랬다.

생후 6개월 무렵이 되자 재닛은 아기들을 보살피고 먹이고 기저귀를 갈아주는 데 익숙해졌다. 론의 봉급이 올라가서 더 크고 좋은 집으로 이사도 갔다. 이번에는 메트캘프 가에 있는 주택이었고, 이전 연립주택에서 멀지 않았다. 일이 술술 풀려갔다.

그런데 뜻밖에 생후 7개월이 되었을 때, 아기들이 소변을 보길 힘들어하는 것 같았다. 처음에는 기저귀가 젖어서 우는 줄 알았지만 갈아줘도 칭얼댔다. 살펴보니 포피가 귀두를 덮고 있어서 소변이 나오기 어려운 것 같아 보였다. 소아과에 데려갔더니 포경 문제가 있다고 했다. 드문 일은 아니고 포경 수술을 하면 쉽게 해결된다고 했다. 론과 재닛은 세인트 보니파스 병원에서 포경 수술을 하기로 했다.

수술은 4월 27일 아침이지만 론이 도축장에서 야간 근무조였기 때문에 전날 밤에 미리 아기들을 입원시키기로 했다. 그런 수술을 앞둔 부모라면 당연히 가질 염려 외에 어떤 특별한 두려움은 없었다. 두려워할 필요가 없었다. 세인트 보니파스는 최신 시설의 종합병원이었다. 7층 건물에 7백 개의 병상, 심장 병동, 어린이 병동을 갖추었고 1960년대에 매년 2,600명의 아기가 거기서 태어났고 매년 약 천 건의 포경 수술이 있었지만, 아무 사고도 없었다.

"우리는 걱정하지 않았어요"라고 재닛은 말한다. "걱정할 일이 생길 줄 몰랐어요."

평소에 세인트 보니파스 병원에서 포경 수술을 하던 숙련된 의사들은 무슨 이유인지 모르지만, 1966년 4월 27일 아침 라이머 쌍둥이가 수술할 때 없었고 46세의 일반의 쟝 마리 우뜨가 맡게 되었다.

간호사가 두 아이 중 브루스를 먼저 수술실로 데려간 건 순전히 우연이었다.

아기를 수술대에 고정한 후 마취과 의사 맥스 챔은 가스로 브루스를 마취했다(보통 신생아는 마취 없이 포경 수술을 하지만, 브루스는 8개월이라서 의식이 있는 채로 수술할 수 없었다). 그다음에 무슨 일이 일어났는지에 관해서는 사람마다 말이 좀 다르다. 나중에 의사, 병원, 세 명의 간호사에 대한 기소장에 보면 "동맥용 클램프(집게)"로 포피를 집었다고 되어 있다. 그러나 보통은 포경 수술에 동맥용 클램프를 쓰지 않는다. 내가 닥터 챔과 1997년 겨울에 이야기했을 때는 닥터 우뜨가 포경 수술용 표준 곰코 클램프를 사용했다고 했다. 곰코 클램프는 포경 수술 때 과다 출혈을 막도록 고안되었다. 벨 모양의 금속을 포피 안으로 넣어 포피를 늘리고, 둥근 집게로 벨 위의 포피를 눌러서 메스로 잘라도 피가 나지 않게 한다.

어떤 클램프를 사용했든 간에 분명한 사실은 닥터 우뜨가 브루스의 포피를 잘라내는 데 메스가 아니라 보비 소작기(태우는 기계)를 사용했다는 것이다. 작동 원리는 제너레이터가 전류를 바늘같이 뾰족한 절단 기구에 보내 잘린 단면을 지져 혈관을 막아 피가 나지 않게 하는 것이다. 곰코 클램프를 사용하는 마당에 사실 소작기까지 사용할 필요는 없었다. 게다가 위험했다. 음경을 금속 벨이 둘러싸고 있어서 전류가 음경에까지 전달될 수 있었기 때문이다. 바늘로 보내는 전류를 최대치로 올린다면 큰일 날 것이 뻔했다.

수술 현장에 있던 사람이 나중에 증언한 바에 따르면, 처음에는 전기 소작기를 켜고 바늘의 열을 최소로 했다. 그리고 닥터 우뜨가 바늘을 브루스의 포피에 댔다. 이어서 테스트해보니 기계는 정상적으로 작동하고 있었다. 그러나 순간 오작동인지, 의사가 잘못 사용해서인지, 아니면 둘 다 때문인지 포피가 잘리지 않았다. 그래서 열을 더 올렸다. 그리고 다시 포피를 자르려 했지만, 잘리지 않았다. 그래서 소작기의 전류를 더 높여서 다시 바늘로 포피를 자르려 했다.

닥터 챔이 회상한다. "그때 스테이크 구울 때 나는 칙— 소리가 들렸어요."

아기의 사타구니에서 연기가 솔솔 피어올랐다. 고기 굽는 냄새가 감돌았다.

비뇨기과 의사가 곧 호출되었다. 그날 오전 근무자는 닥터 어얼 K. 밴이었다. 그는 의료 장비들을 다 치우고 환부를 살펴봤다. 음경의 색이 이상하게 핏기가 없어 보였다. 장갑을 끼고 만져봤더니 비정상적으로 딱딱했다. 밴은 탐색자를 음경 끝 구멍인 요도로 넣어보려 했지만, 탐색자가 들어가지 않았다. 밴은 치골 위 방광 절개술을 응급으로 시행해 도관을 삽입해서 소변이 나오게 해야겠다고 말했다. 그는 브루스의 배꼽 밑을 절개해 긴 튜브를 근육층을 통과해 방광에 넣고 봉합했다. 도관 끝에는 소변 봉투를 달았다. 아기는 화상 병동으로 이송되었다.

남은 쌍둥이 아기의 포경 수술은 하지 않기로 결정했다.


한편 집에서 론이 야간 근무조일 때 일과는 론이 자정을 넘어 귀가하면 재닛이 저녁을 차려 함께 먹는 것이었다. 그들은 하루를 어떻게 보냈는지 얘기하고, TV를 좀 보고, 새벽 2~3시나 되어서 잠자리에 누웠고 정오나 오후 1시까지 잤다. 4월 27일 아침에 그들이 자고 있을 때 전화벨이 울렸다.

재닛이 전화를 받았다. 병원이었다.

재닛이 회상한다. "병원으로 오라더군요. 사고가 좀 있어서 우리를 만나야 한다고 했어요." 론이 수화기를 들고 무슨 일이냐고 물었다. "그냥 우리를 만나야 한다더군요. 무슨 일인지 말해주지 않았어요."

그래도 론과 재닛은 전화기 너머의 억양으로 무슨 일이 일어났다는 걸 알 수 있었다. 그들은 옷을 입고 차로 갔다. 현관문을 열고 보니 몇 주 째 초봄을 만끽하던 도시에 뜻밖에 눈보라가 몰아치고 있었다. 인도가 눈에 덮여 보이지 않았고 눈이 차의 범퍼 밑까지 쌓여 있었다. 희뿌연 하늘에서 함박눈이 펑펑 내리고 있었다.

론은 시동을 걸고 차를 눈구덩이에서 끌어내 폭설로 꽉 막힌 도로로 천천히 운전했다. 세인트 메리즈로로 북쪽으로 다섯 구역을 가다가 태치 대로로 우회전해서 여덟 구역을 가면 병원이었다.

라디오에서는 공항이 폐쇄됐다는 소식이 들렸다. 그날 종일 18cm 의 눈이 내릴 거라는 예보가 있었다. 예보관은 위니펙 역사상 최악의 눈보라가 될 거라고 했다. 토박이들은 그 눈보라를 30년 후까지도 기억했다.

1.6km 거리에 불과한 세인트 보니파스 병원에 간신히 도착한 론과 재닛이 서둘러 들어갔지만, 진찰실에서 오래 기다려야 했다. 닥터 우뜨가 들어왔다. 그는 아기 브루스의 포경 수술 중에 사고가 있었다고 사무적인 목소리로 말했다.

"사고라니 무슨 말이에요?" 재닛이 물었다.

닥터 우뜨는 브루스의 음경이 탔다고 말했다.

재닛이 회상한다. "나는 얼어붙었어요. 울지는 않았어요. 나는 돌덩이가 되었어요." 가까스로 정신을 가다듬고 말문을 연 재닛은 다른 아기도 화상을 입었는지 물었다.

닥터 우뜨가 대답했다. "아니요, 브라이언은 건드리지 않았어요."

론과 재닛은 다친 아기를 당장 보게 해달라고 했다. 의사는 브루스가 도관 삽입 수술을 받고 회복 중이니 걱정하지 말고 내일 보라고 했다. 부부는 브라이언만 데리고 눈발을 헤치며 집으로 돌아왔다.

다음날 론과 재닛은 다시 병원에 갔고 닥터 밴이 아기를 보여줬다. 사고 후 아기를 처음 본 얘기를 할 때마다 수십 년이 지난 지금도 재닛의 얼굴은 창백해진다. 재닛은 화상 병동 브루스의 요람 곁에 서서 브루스의 음경, 아니 음경의 남은 부분이라고 할 수 있는 것을 봤다.

"그건 검은색이었고, 짧은 끈 같이 몸에 달려 있었어요." 론은 브루스의 음경이 "숯 조각 같았고 살아날 수 없어 보였다"라고 했다.

그래도 재닛은 그 비뇨기과 의사에게 물었다. "이게 다시 자라서 브루스가 작은 고추를 갖게 될까요?"

의사는 고개를 저었다. "아니에요, 그렇지 않을 거예요."

그 후 며칠 사이에 아기 브루스의 음경은 말라서 조각조각 떨어져 나갔다. 오래지 않아 음경은 흔적도 없이 완전히 사라졌다.

브루스가 입원해 있는 동안 론과 재닛 부부는 위니펙의 내노라하는 전문의들이 브루스를 검진하는 걸 봤다. 음경 성형술은 오늘날에도 조악한 임시변통 수준인데 1960년대에는 더더구나 초창기였다. 브루스의 허벅지나 배에서 살을 떼어내어 음경을 만들면 어떻게 될지 성형외과 의사 데스몬드 커너핸이 설명했을 때 그 사실이 잘 드러났다. 커너핸은 상담 보고서에 이렇게 썼다. "물론 그런 음경은 색, 감촉, 발기 능력이 정상적인 음경과 다르다. 오로지 요도 기능만 가능하다." 아기를 진찰한 다른 비뇨기과 의사 M. 슈워츠에 따르면 그마저도 아주 낙관적인 예측이었다. 그는 이렇게 썼다. "현재 예측하기로 음경의 기능 회복은 불가능하다." 위니펙 클리닉의 신경 정신과 과장인 닥터 G. L. 애덤슨은 브루스의 심리 정서적 미래를 이렇게 예측했다. "이 아이는 사춘기부터 정상적인 성생활을 하지 못할 것이다. 즉 결혼해서 성관계를 갖거나 정상적인 이성 관계를 갖지 못할 것이다. 자신이 불완전하고, 신체적 결함이 있고, 혼자 살아야 한다는 것을 인식해야 할 것이다."

소아과 의사 해리 메도보이도 자문에 응했다. 메도보이는 매니토바에서만 의사 생활을 했지만, 세계적으로 명성이 있었다. 그는 미국 저널 〈소아학〉의 편집 위원이었고 위니펙 건강 과학 센터 어린이 병원을 세워서 오늘날에는 그의 이름을 딴 병원이 되었다. 그는 캐나다 의료계에 지대한 공헌을 한 인물이지만, 미국의 큰 병원에 가서 진찰을 받아보라고 했다. 그는 메이요 클리닉을 추천했다. 미국 미네소타주 로체스터에 있고 기차로 반나절 거리에 불과했다. 그래서 브루스가 6월 7일에 퇴원하자 (세인트 보니파스에 입원한 지 6주 만에) 론과 재닛은 브루스를 데리고 로체스터행 기차에 몸을 실었다.

메이요 클리닉에서 아기는 여러 의사의 검진을 받았다. 그들은 브루스가 학교에 입학하기 전쯤 음경 재건 수술을 하라고 권했다. 위니펙의 의사들처럼 메이요 클리닉의 의사들도 음경 성형술이 절대 쉽지 않고 아동기에 여러 번 수술을 받아야 하고 외관이나 기능 면에서 결과가 보장되지 않는다고 말했다.

론과 재닛은 메이요 클리닉의 의사들마저 그렇게 말하니 크게 실망했다. 비용을 들이고 수고해서 유명한 병원에 왔건만, 캐나다에서 들은 말과 똑같았다.

론과 재닛은 할 수 있는 모든 걸 다 해본 후 위니펙으로 돌아갔고 설령 음경 재건 수술이 성공하더라도 "혼자 살아야 하는" 아들을 됐다는 사실을 받아들이려 했다.

〈위니펙 프리 프레스〉와 경쟁지 〈트리뷴〉이 곧 이 소문을 들었다. 세인트 보니파스 병원에서 음경이 타버린 아기에 관한 기사가 실렸다. 그러나 라이머 가족의 이름은 실리지 않아서 론과 재닛은 아기에게 일어난 끔찍한 사고를 이웃에게 비밀로 할 수 있었다. 재닛은 동네 젊은 어머니들에게 커피 초대를 받아 가서 다른 사람들이 행복하게 아기를 키우는 얘기를 할 때 잠잠히 앉아 있었다. 집에 와서야 눈물을 터뜨리며 "하나님, 미워요!"라고 울부짖었다. 과묵한 남편은 그렇게 감정을 쏟아놓지 않았다. 론은 직장에서 두 친구에게 사고를 털어놓으려 했지만, 그들은 농담거리로 삼았다. 론이 말한다. "나는 그 사람들에게 더 말하지 않았고, 모든 사람에게 더 말하지 않았어요." 젊은 부부가 더 괴로웠던 건 수술을 받지 않은 브라이언은 포경 문제가 저절로 없어져서 건강한 브라이언의 음경을 볼 때마다 애초에 포경 수술을 받을 필요가 전혀 없었다는 걸 느꼈기 때문이다.

쌍둥이의 첫 생일인 1966년 8월 22일은 우울하게 지나갔다. 1월 무렵이 되자 집이 감옥 같았다. 그들은 영화를 보러 나갈 수도 없었다(설령 그러고 싶더라도). 베이비시터를 고용했다가는 이 비극이 소문날 수 있었기 때문이다. 2월이 되자 론은 닥터 우뜨를 목 졸라 죽이는 악몽을 꾸다가 한밤중에 깨곤 했다.

그러던 중 2월 중순의 주일 저녁에, 그러니까 브루스의 의료 사고 10개월쯤 후에, 론과 재닛을 자포자기 상태에서 벗어나게 해줄 어떤 것을 봤다. 그들의 작은 흑백 TV로 우연히 캐나다 국영 방송의 인기 시사 프로그램 〈지난 7일 되돌아보기 *This Hour Has Seven Days*〉를 봤는데, 존 머니 박사가 초청 손님이었다. 신사적이고도 카리스마 있는 40대 후반의 그는 안경을 끼고 머리가 단정했다. 머니 박사는 미국 볼티모어의 존스 홉킨스 병원에서 일어나고 있는 경이로운 성전환에 관해 얘기했다.

요즘에야 성전환 수술이라는 주제가 대낮 토크쇼의 흔한 주제이지만, 1967년 2월 밤에는 얼마나 생소한 주제였는지 모른다. 그로부터 15년 전인 1952년에 전직 미군 조지 조건슨이 성전환 수술을 받아 크리스틴이 됐다고 했을 때 언론에 대서특필되었었다. 그 수술은 덴마크에서 이뤄졌는데 미국 병원들은 일제히 비난했고 그런 수술을 거부했다. 그 후 그 주제는 대중의 기억에서 희미해졌는데 이제 존스 홉킨스 병원에서 남성을 여성으로 바꾸는 성전환 수술을 두 건이나 했을 뿐 아니라 성인 성전환 전문 클리닉을 개원했다고 했다. 그 유명한 병원에서 논란이 심한 의술을 채택하고 장려하게 된 배후 원동력이 바로 라이머 가족의 TV 화면에 등장했던 존 머니 박사였다.

론과 재닛은 그 이름을 듣자 희미한 기억이 떠올랐다. 브루스의 의료 사고 직후에 위니펙의 한 성형외과 의사가 브루스의 사례를 미국에서 열린 의학 회의에서 선도적 성 연구자에게 언급했다고 했다. 그러자 그 사람은 브루스를 여자아이로 키우라고 했다고 했다. 메이요 클리닉의 의사들도 볼티모어의 어떤 사람이 브루스를 여자아이로 키우게 도와줄 수 있을 거라고 말했었다. 메이요 클리닉의 의사들은 그걸 권장하지 않았지만, 다른 병원의 의견도 들어보라고 했다. 그때 론과 재닛은 성전환에 대해서는 일절 생각도 하지 않았다. 그러나 텔레비전에서 머니 박사를 보니, 그 생각이 완전히 떠났던 게 아니라 의식에 남아있었다는 걸 알 수 있었다. 론이 말한다. "그건 씨를 심어둔 것과 같았어요." 그런데 이제 TV로 머니 박사가 말하는 것을 들으니까 그 씨가 자라서 꽃을 피우는 것 같았다.

무엇보다도 머니의 확신이 설득력 있게 다가왔다. 텔레비전 카메라 앞에서 현장 청중의 시선을 받으면서도 머니 박사의 말은 세련되고 교양있는 영국 억양으로 유창하게 흘러나왔다. 사회자 앨빈 데이비스가 집요하게 왜 정신과 의사들이 머니 박사에게 "그렇게 반대하느냐고" 신랄하게 질문해도 머니는 단 한 마디도 버벅거리지 않았다.

머니는 말했다. "많은 사람이 이건 환자를 치료하는 정신의학적 방법이 아니라고 느끼는 것도 당연합니다. 왜냐면 정신의학은 정신요법과 대화 요법을 다루니까요. 그러나 저를 비롯한 소수는 이것이 인간을 돕는 정당한 방법이라고 믿습니다. 만일 20~30명을 5~10년간 추적 치료한다면, 결과가 분명히 나타날 거예요."

데이비스가 반문했다. "그러나 사실 동성애자가 와서 '거세하고 싶어요'라고 하면 '당신'이 판단할 거잖아요. 당신이나 존스홉킨스 병원의 위원회가 그 사람을 거세할지 안 할지 판단할 거잖아요."

머니 박사가 온건하게 대답했다. "예, 그렇죠. 그걸 그렇게 부르고 싶다면 그렇게 부르세요."

데이비스가 검사처럼 억양을 높이며 질문을 이어갔다. "그 사람을 거세할 뿐 아니라, 호르몬을 투여해서 여자가 아니라 여자의 신체 일부를 가진 남자로 만들 거잖아요. 정신과 의사도 원하지 않고, 아마 하나님도 원하지 않을 결정을 당신이 주제넘게 하는 거 아니에요?"

머니 박사는 희미한 미소지으며 메마른 냉소주의를 담은 억양으로 말했다. "당신이 하나님을 대변하는 거예요?"

데이비스가 말했다. "아니요, 이 일에 하나님은 상관없다고 생각하는지 알고 싶은 거예요."

머니가 다시 평정을 찾은 어조로 인내하며 공손히 말했다. "그게 적절한 질문인지 모르겠군요. 여하튼 많은 사람이 이 일에 찬성하고 있어요. 이 기사가 신문에 났을 때 볼티모어의 목회자들이 신문사에 어떻게 대답했는지 아세요? 열세 명의 목회자가 이 문제의 중대성에 비춰볼 때, 특히 사람들의 삶에 지대한 영향을 미친다는 면에서 이건 사람들을 돕는 일이므로 윤리적으로 정당하다고 했어요. 딱 한 사람만 답변을 나중으로 미뤘는데, 그 사람은 가톨릭교회 대표였어요."

데이비스는 알고 싶어 했다. "왜 여기 캐나다에선 그렇게 하지 않죠?" 그는 앞서 했던 질문을 반복했다. "왜 많은 정신과 의사들이 반대하죠?"

머니가 다소 지친 듯이 말했다. "대체로 어디에나 전통을 고

수하는 사람들이 있어요. 의학, 과학 등 여러 분야에서, 심지어 가사나 농사 같은 분야에서도 어떤 사람은 과거를 집착하는 경향이 있죠."

"'당신'이 선구자란 말인가요?" 데이비스가 물었다.

머니 박사가 대답했다. "조금 그럴 수 있어요."

그때 화면 속 무대로 금발의 여자가 걸어 나왔다. 그녀는 폭이 좁은 치마와 하이힐, 그에 어울리는 타이트 재킷 차림이었고 두 남자의 맞은편에 앉았다. 클로즈업으로 보니 그녀는 둥글고 예쁜 얼굴을 1960년대 중반 스타일의 짙은 아이라이너, 마스카라, 파운데이션, 립스틱으로 화장하고 있었다.

아나운서가 말했다. "다이앤 배런스키를 소개합니다. 4년 전만 해도 이름이 리치드였죠."

론과 재닛은 입이 딱 벌어져서 TV 화면을 뚫어지게 응시했다. 그들은 트랜스젠더를 난생처음 봤다. 머니 박사가 성전환에 대해 추상적으로 얘기한 것하고 실제 목격한 것은 천지 차이였다. 론과 재닛은 도무지 믿어지지 않았다. 배런스키 부인이 남자로 태어났다고 누가 말하지 않았다면, 꿈에도 몰랐을 거다. 심지어 '알고도' 믿기 어려웠다. 그녀는 매력적이고 '섹시하기까지' 했다. 움직이고 걷고 앉는 모습이 그랬고 목소리도 좀 허스키하지만, 사회자와 다른 초대 손님에게 "안녕하세요"하고 인사할 때 영락없는 여자 음색이었다.

데이비스가 몇 가지 예비 질문을 한 후 머니 박사가 능숙하게 인터뷰를 이끌었다.

"다이앤, 이 처치를 받고 달라진 점을 사람들이 듣고 싶어 할 거예요. 옛날의 삶을 새로운 삶과 좀 비교해주실래요?"

배런스키 부인이 말했다. "예, 엄청나게 달라졌어요. 나 자신을 찾게 되었어요. 사회 일원이 되었고, 정상적 사회에서 저를 받아들였어요." 그녀는 몸은 남자이지만 내면은 여자여서 어릴 때 힘들었다고 말했다. "십 대나 어릴 때 다른 사람들과 다르면 정말 힘들어요." 그런데 여성이 되자 놀림과 따돌림을 당하던 문제가 다 해결되었다고 했다. 성전환 전에는 완전히 외톨이라고 느꼈다. 이제는 여자로 받아들여졌고 최근에 동료 헤어디자이너와 결혼해서 남편도 생겼다. 그녀는 말했다. "원래부터 나는 달랐어요. 나는 뭔가 완전하지 않았어요. 나는 남자도 여자도 아니었어요."

데이비스가 물었다. "이제는 여자로서 완전하다고 느끼나요?"

그녀의 대답은 분명했다. "아, 예, 물론이죠. 몸과 마음이 다 그래요."

그다음에 청중의 질문 시간이 있었다. 끝나갈 무렵에 한 젊은이가 던진 질문이 재닛의 가려운 데를 긁어줬다. 그는 머니 박사가 치료한 "다른 종류의 성 환자들"에 관해 질문했다. 머니 박사가 주장한 "완성되지 않은 생식기"를 가진 아기들 말이다. 머니 박사의 주장에 따르면 태어날 때 그 아기들의 생식기는 남자도 아니고 여자도 아니었다. 그 질문에 대한 대답으로 머니 박사는 그와 존스 홉킨스 동료들이 수술과 호르몬 요법으로 그런 어린이들을 가장 적절한 성별로 만들어 행복하게 자라게 했다고 주장했다. "그런 환경에서 심리적 성별은 유전적 성별이나 생식샘과 일치하지 않을 수 있습니다."

머니 박사가 전문 용어로 빠르게 말했지만, 재닛과 론은 이해했다. 아기가 태어날 때의 성은 중요하지 않고 아기의 성별을 바꿀 수 있다는 말이었다.

재닛이 론에게 말했다. "머니 박사에게 편지를 써봐야겠어요."

론도 동의했다. 몇 분 후 재닛은 브루스에게 일어난 일을 설명하는 편지를 머니 박사에게 썼다. 곧 답장이 왔다. 라이머 부부의 아기에게 존스 홉킨스에서 무엇을 해줄 수 있을지 낙관적으로 말하면서 아기를 당장 볼티모어로 데려오라고 했다.

몇 달 동안 암울한 예측, 진단, 절망에 시달리다가 비로소 재닛은 머니 박사의 말에 희망을 얻었다. 그녀는 말한다. "마침내 우리 말에 귀 기울여주는 사람이 있었어요."

# 2
# 라이벌 관계인 두 과학자

존 머니 박사

머니 박사는 정말로 귀 기울였다. 어떤 면에서 도와달라는 재닛의 호소는 그가 평생 기다려온 것이기도 했다.

라이머 가족이 당한 어려움을 존 머니가 알게 되었을 무렵, 그는 논란의 대상이 되기도 했지만, 이미 세계 최고라고 인정받는 성 연구자였다. 1921년 뉴질랜드에서 태어난 그는 25세에 미국에 와서 하버드에서 심리학으로 박사학위를 받고 존스 홉킨스에 온 후 성 전문 연구자, 치료자로 혜성같이 떠올랐다. 존스 홉킨스에 온 지 15년 만에 사람이 자신을 남성이나 여성으로 내면에서 인식하는 '성별 정체성(gender identity)'이라는 용어를 만들어 널리 알렸다. 또 '모호한 생식기(남자 혹은 여자의 성별로 완전히 발달하지 못하여 외부 성기 모양만으로는 남녀를 구별하기 모호한 질환 상태로서 성 분화 이상, 간성(intersex)이라고도 한다—역주)'의 심리학적 영향에 관해 자타가 공인하는 세계적 권위자였고 존스 홉킨스 성전환 수술 클리닉의 선구자로 전 세계 언론에 대서특필되었다.

〈지난 7일 되돌아보기〉의 인터뷰 때 얼마나 침착하게 대응했는지 보면 알 수 있듯이 머니는 자기 생각을 잘 설파했다. "그는 달변가이고 말솜씨가 있고 설득력 있게 사실 인용을 해요."라고 소아 정신과 의사 존 햄슨 박사가 말한다. 그와 부인 조운은 성 발달에 대한 여러 획기적인 논문들을 1950년대 중반에 머니와 공저했다. "많은 사람이 그를 시기했어요. 그는 카리스마가 있지만 그를 싫어하는 사람들도 있죠."

그는 종종 자신감이 과도하고 거들먹거려서 문제였다. 어린 시절과 청소년기를 뉴질랜드에서 보낼 때 불안, 개인적 비극, 실패의 경험이 있었다. 형제 교회(Brethren church)에 다니는 호주인 아버지와 영국인 어머니의 아들인 그는 가냘프고 섬세한 아이였고 엄격한 종교 규율을 준수하는 분위기에서 자랐다. 그는 그것을 "꽉 봉인된 복음주의적 종교 도그마"라고 가차 없이 불렀다. 그는 어릴 때부터 지적 우월감을 가졌다. 만 다섯 살에 등교 첫날부터 학교에서 아이들에게 괴롭힘을 당한 그는 남자아이들이 질색하는 소꿉놀이를 여자 사촌과 하면서 피난처로 삼았다. 머니는 나중에 이렇게 썼다. "나는 싸움으로 맞서지 못하니까 지적 성취로 다른 아이들을 이기려고 했다. 나는 공부하는 게 다른 아이들보다 쉬웠다."

머니의 어린 시절을 더 힘들게 한 건 아버지와 껄끄러운 관계였다. 60년이 지난 후에도 아버지를 묘사하는 그의 글에는 서슬푸른 독기가 서려 있다. 그는 아버지를 잔인한 사람으로 묘사했다. 뜰의 나무에 달린 과일을 새들이 먹자 무자비하게 총으로 쏴 죽이고 유리창이 깨졌을 때 만 네 살의 아들을 "가혹하게 조사하고 채찍질했다." 그 사건 때문에 머니는 "잔인한 남성성"을 평생 거부하게 되었다.

머니가 여덟 살 때 아버지가 만성 신장 질환으로 돌아가셨다. "아버지의 부당한 잔인성을 잊거나 용서하기 전에 아버지가 돌아가셨다." 아버지가 병원으로 실려 가는 걸 보고 난 지 사흘 후에야 아버지의 죽음을 알게 되어 충격을 받았던 데다가 이제는 "머니가 가장이 돼야 한다"는 삼촌의 말에 충격이 컸다. "여덟 살 아이에게 그건 너무 무거운 임무였다"라고 머니는 썼다. "나는 그 말이 너무 충격적이었다." 그래서 머니는 어른이 된 후 "가장"의 역할을 영원히 거부했다. 한 번의 짧은 결혼 생활이 1950년대 초에 이혼으로 끝난 후 재혼하지 않고 자녀도 갖지 않았다.

아버지가 돌아가신 후, 머니는 여자인 어머니와 노처녀 이모들만 있는 환경에서 자라면서 남성을 적대하시는 말을 들었고 평생 그 영향을 받았다. "내가 남자라서 죄책감이 들었다. 나는 악한 남자의 성적 징표를 가졌다." 그건 음경과 고환을 말한다. 머니가 성인 및 유아 성전환의 대가로 이름을 날린 것을 생각해볼 때, 그가 한 말이 섬뜩하다. "가축만이 아니라 인간 남자도 출생 시에 중성화 수술을 한다면 여자들이 살기에 더 좋은 세상이 될까 생각도 했다."

머니는 천문학과 고고학을 좋아하는 외톨이 청소년으로 자랐고 음악가도 되고 싶었으나 자신은 기껏해야 숙련된 아마추어 수준에 불과하다는 걸 깨닫고 뉴질랜드의 수도 웰링턴에서 빅토리아 대학교에 다닐 때 창의성을 쏟아부을 새로운 분야인 심리학을 발견했다. 정신 및 감정을 연구하는 이 학문에 매료된 많은 학생이 그렇듯이 머니도 자기 자신에 대한 고민을 해결하고 싶었다. 그의 심리학 석사 논문은 "음악가의 창의성"에 관한 것이었고 "나의 부족한 부분을 음악을 공부하는 다른 학생들과 비교 연구했다"라고 그는 말한다.

그 후 곧 성 심리학을 전공하기로 한 것도 개인적 이유였다. 머니는 부모의 신앙을 저버린 후 어릴 때의 종교적 억압에 갈수록 더 반항했다. 성을 학문적으로 연구할 때 매우 노골적 성 행동까지 도덕적 고려 없이 "오로지" 과학적으로만 연구하는 게 머니에게 해방감을 줬다. 머니는 20대 이후 늘 성에 대한 호기심과 탐구를 전파해왔다. 1970년대 중반에 서구 사회에 성 혁명이 만개하자 머니는 열린 결혼, 나체주의를 비롯해 성 해방 문화의 희귀한 면들을 공개적으로 옹호했다. "양성애 그룹 섹스가 한 쌍의 파트너십처럼 만족스러울 수 있다는 증거가 많다. 파트너들이 서로 같은 주파수로 '맞춘다면' 말이다"라고 그의 저서 《성 특징 *Sexual*

*Signatures*》에 쓰기도 했다. 다른 자료에서는 자신의 사생활이 자유 분방하였다며 "남녀 파트너들과 우호적, 성적으로 어울리며 주고 받는다"라고 했다. 머니는 "성 혁명 선동가" 역할을 즐기며(1975 년 〈뉴욕 타임스〉에서 그를 지칭한 말) 성 해방의 복음을 전파할 기회를 놓치지 않았다. 가령 네브래스카대학교에서 강연 후 한 학생에게 비가시광선 아래서 하는 섹스가 쾌락을 고조시킨다고 했고, 1973년도 포르노 영화 〈깊은 목구멍 *Deep Throat*〉를 옹호하는 전문가로 법정에 출석해서 그 영화가 결혼 생활을 더 튼튼하게 해줄 영화라고 추켜세웠고, 〈뉴욕 타임스〉 사설에서 "레크리에이션 섹스를 위한 새로운 윤리"의 필요성을 역설했다. 1970년대에 희귀한 내분비 교란으로 머니에게 치료받은 환자가 있었는데 머니가 그에게 "황금 샤워를 해본 적이 있냐"고 아무렇지도 않게 물어봤다고 한다. 그 당시에 성 경험이 없는 청소년이었던 환자는 그게 무슨 말인지 몰랐다. 그러자 머니는 "남이 당신의 몸에 소변을 누는 거 말이에요"라고 눈을 찡긋하며 쾌활하게 말하고 약간의 미소로 추파를 던졌다고 한다. 그는 그렇게 일부러 도발적인 말을 했다.

　머니는 특정 단어를 금기시하면 고상한 척하느라 솔직한 대화가 되지 않는다며 성적 비속어를 동료나 환자에게 일상적으로 사용했다. 프레드 벌린 박사는 존스 홉킨스 의대 정신과 교수이며 머니를 중요한 멘토로 여겨서 머니가 성적으로 솔직하게 말하는 걸 옹호한다. "성에 관해 허심탄회하게 대화하는 게 중요하다는 거죠. 그래서 남이 듣기 거북한 노골적인 단어를 써요. 존이 좀 자제하면 좋겠지만, 그는 주관이 뚜렷해서 자기가 생각하기에 그게 최선이라면 그만두지 않을 거예요."

　성에 그렇게 접근하는 것을 보고 1970년대에는 사람들이 눈살을 찌푸리는 정도였지만 사회가 더 보수화된 1980년대 초에는 사람들이 격분했다. 매우 모험적인 성 연구자들도 조심하는 분야에 머니가 뛰어들었기 때문이다. 1986년에 머니는 《러브맵스 *Lovemaps*》를 출간했다. 가학 피학성 성욕, 호분증(대변으로 성적 쾌락을 느끼는 증세–역주), 절단 페티쉬, 성적 쾌락을 위해 자신의 목을 조르는 것 등 여러 행위를 광범위하게 연구하면서 그걸 성도착이 아니라 "파라필리아"라고 부르면서 정상적인 것으로 간주하려 했다. 특히 소아성애에 큰 관심을 보이며 옹호했다.

　머니는 1980년 4월호 〈타임 매거진〉에서 이렇게 설명했다. "어릴 때 친척이나 연장자의 파트너가 되어 성을 경험한다고 해서 꼭 부정적인 영향을 받는 건 아니다." 그는 네덜란드의 소아성애 잡지 〈파이디카 *Paidika*〉의 인터뷰 요청을 허락했다. 그 잡지는 '북미 남자 성인과 소년의 사랑 협회' 등 소아성애 그룹의 광고를 싣는다. "10살이나 12살의 소년이 20대나 30대의 남자에게 강한 매력을 느끼고 그 관계와 유대가 정말 상호적이라면 내가 보기에 그건 절대로 병이 아니다"라고 그가 말했고 이렇게 덧붙였다. "만일 긍정적으로 애정을 기반으로 한 관계가 이뤄졌다면 황급히 끊지 않는 게 중요하다." 1987년에 머니는 덴마크에서 출간된 특이한 책 《소년들과 남자들의 접촉 *Boys and Their Contacts with Men*》의 서문에서 그 책을 격찬했다. 네덜란드의 교수 테오 샌드포트가 쓴 그 책에서 불과 열한 살부터의 어린 소년들이 무려 60세까지 달하는 연장자 남자들과 성교를 하는 쾌락을 묘사한다. 머니는 이렇게 썼다. "2000년 이후 태어나고 교육받은 젊은 세대에게 우리는 한물간 역사일 것이다. 그들은 우리가 도덕적 관념에 빠져서 아동기의 성적, 관능적 발달 원칙에 이렇게 무지했던 것에 놀랄 것이다." 머니는 그 서문의 결론을 이렇게 내렸다. "이것은 매우 중요하고 긍정적인 책이다."

머니가 대놓고 그런 말을 해서 비판을 받으면 그 비판을 시대에 뒤떨어진 성적 청교도주의라고 반격하며 조롱했다. 1985년의 글 모음집 《비너스 피너스 *Venuses Penuses*》에 수록된 자전적 수필에서 머니는 "성 선교사"로 자처하며 "내가 뉴질랜드 시골의 20세기 근본주의와 빅토리아시대 사고방식에서 해방되기가 쉽지 않았듯이 사회도 변화되기가 쉽지 않다"라고 했다.

머니는 성에 대해 실험적이고 터부를 깨는 태도였고 그의 연구 경력도 그랬다. 성 연구의 제약을 피하려고 일부러 특이한 분야에 집중했다. 1948년에 하버드대 심리학과 박사 과정 1년 차일 때 인간의 성 중에서도 비교적 덜 발견된 분야를 찾았다. 실습 지도와 임상 심리학 세미나에서 머니는 음경 없이 태어난 남자아이의 사례를 알게 되었다. 그 아이는 여자의 음핵 비슷하게 보이는 작은 혹 같은 음경이 있었다. 사춘기에 이르자 그 소년은 여자처럼 가슴이 발달했다. 그때 머니는 간성(intersexuality) 혹은 소위 자웅동체(hermaphroditism)를 처음 알게 되었다(자웅동체라는 말은 공식적인 의학 용어가 아니며 의학적으로는 모호한 생식기는 2005년 이후 '성분화이상'이라는 용어로 표현하고 있다. 본 서에서 나오는 '자웅동체'라는 표현은 성염색체 기형인 간성 혹은 피임약 등 요인에 의해 발생한 내외부 생식기 기형을 '자웅동체'라고 당시에 착각한 존 머니의 주장을 그대로 번역한 것에 해당한다. - 역자주). 그것은 출생 시 내외부 성기의 여러 기형을 일컫는 용어다. 그런 경우를 반 남자, 반 여자라 하고 자웅동체라는 용어는 그리스 신화의 사랑의 신인 헤르메스와 아프로디테의 이름을 결합한 것이며, 2천 명당 한 명 발생하는 것으로 추산된다. 증상은 다양한데 여성이 음경 크기의 음핵을 갖거나 음순이 합쳐져서 음낭 같아 보일 수도 있고, 남성의 생식기가 출생 시 너무 여자 같아서 사춘기가 될 때까지 여자라는 걸 전혀 의심하지 않다가 생리를 안 할 수도 있다.

　　머니는 소위 자웅동체에 매료되어 그것으로 박사학위 논문을 썼다. 그때까지 이 증상은 오로지 생물학적 관점으로만 연구되었다. 그런데 이제 머니는 심리학적 각도로 접근해서 해부학적으로 남자도, 여자도 아닌 상태로 자랄 때 정신적, 정서적 영향이 어떤지 연구했다. 그의 논문 "자웅동체: 인간 역설의 본질 탐구"가 1952년에 완성되자 존스 홉킨스에서 일하라고 제안이 왔다. 그곳에는 세계 최초 및 최대의 간성 연구 치료 클리닉이 세워져 있었다. 클리닉의 원장이자 선도적 소아 내분비학 의사인 로슨 윌킨스는 조운, 존 햄슨 박사 부부와 머니를 팀으로 만들어 간성 환자의 정신 및 정서를 연구하게 했다. 그 세 명이 신설된 정신 호르몬 연구부를 이뤘다.

6년간 머니와 햄슨 부부는 유아부터 성인까지 131명의 간성인을 연구했다. 머니(수석 연구원 겸 팀 보고서 저자)는 놀라운 사실을 관찰했다고 주장했다. 모호한 생식기를 가진 어린이들이나 염색체가 같은 간성인들을 반대 성별로 양육했을 때 95% 이상이 남자로 길러졌든 여자로 길러졌든 심리적으로 똑같이 잘 기능했다. 머니는 반대 환경에서 양육된 그런 환자들을 "한 쌍"이라고 하면서 간성 아동의 성별 정체성을 결정하는 일차적 요소는 생물학적인 것이 아니고 아동이 어떻게 길러졌는가라고 주장했다. 그의 결론은 아이들이 태어날 때 심리적 성이 분화되지 않았고 순전히 양육을 통해 자신을 남성이나 여성으로 인식하게 된다는 것이었다.

　　그 이론을 바탕으로 머니는 존스 홉킨스의 외과 의사들과 내분비과 의사들에게 간성 신생아를 수술이나 호르몬 요법으로 남자든 여자든 원하는 대로 조정하라고 권했다. 가령 약간 간성인 여아의 큰 음핵을 수술로 잘라내거나 음경이 발달하지 않은 채 태어난 간성 남아의 성별을 완전히 바꿀 수 있다. 수술 기술의 제약 때문에 여자로 바꿀 수밖에 없었다. 인공 음경을 만드는 것보다 인공 질을 만들기가 더 쉬웠기 때문이다. 단 그러한 "성전환(sex assignment)"은 생후 2년 반 내에 이뤄져야 한다고 했다(그 기간이 지나면 아이의 정신적, 성적 경향이 굳어진다고 했다). 또 성별을 결정한 후 의사나 부모가 결정을 번복하면 아이가 헷갈리게 되어 치명적이라고 했다.

　　머니는 그런 치료의 분명한 심리적 근거를 제공하면서 "간성 아동이 태어나면 어떻게 해야 하는가?"라는 난처하고 부담스러운 의료계 난제에 비교적 간단하게 수술을 하면 된다고 대답했다. 프레드 벌린 박사는 말한다. "아이가 태어나면 부모는 가장 먼저 '아들이에요, 딸이에요?'라고 질문하는데, 그럴 때 의사가 잘 모르겠다고 대답하려면 얼마나 난처할지 상상이 되지 않는다. 존 머니는 이런 게 논의되기 오래전부터 가족들이 이런 어려운 상황을 헤쳐나가도록 도우려 최선을 다했다."

그러나 머니의 주된 관심사는 간성이 아니었다. 하버드 논문에서 일찍이 밝혔듯이, 그는 간성이 "자연의 실험"이라고 과학적 의미를 부여했다. 즉 그것이 '정상적' 인간의 성 발달을 이해하게 해줄 거라는 거였다. 이것은 해묵은 논쟁이다. 성 자의식이 자연으로 생기는가, 양육으로 생기는가 하는 것 말이다. 존스 홉킨스에서 쓴 첫 논문에서 머니는 출생 시 심리 성적 중립 이론을 암수동체만이 아니라 정상적 생식기로 태어난 '모든' 어린이에까지 확장해 적용했다.

1955년에 머니가 이렇게 썼다. "자웅동체 사례의 증거들을 보면, 결론적으로, 남성이나 여성으로 성적 행동을 하거나 성적 지향이 생기는 건 선천적이나 본능적이 아니다. 남성성, 여성성이 본능적, 내재적이라는 이론을 대신하는 자웅동체 증거에 따르면 심리학적으로 성별은 출생 시 이미 분화된 게 아니라 자라며 다양한 경험을 하면서 분화된다." 요컨대 머니의 주장은 하늘색 옷을 입느냐 분홍색 옷을 입느냐, 남자 이름을 갖느냐 여자 이름을 갖느냐, 바지를 입느냐 치마를 입느냐, 장난감 총을 갖느냐 장난감 인형을 갖느냐에 따라 자신을 남자나 여자로 인식한다는 것이다. 그로부터 몇 년 더 지난 후에 머니는 인간의 성 행동에 관한 더 파격적 이론이 어떻게 도출됐는지 이렇게 설명했다. "나는 자주 장난감 다루듯이 여러 개념을 가지고 놀고 잠재적 가설들을 펼쳐본다. 그건 마치 공상 과학 소설로 게임을 하는 것 같다."

신생아가 심리 성적으로 완전히 백지라는 이론이 오늘날 독자에게 공상 과학 소설처럼 허무맹랑해 보일지 몰라도 1950년대에는 그렇지 않았다. 그 당시에는 의료계와 과학계가 전폭적으로 받아들였다. 그 시대 상황을 보면 왜 그랬는지 알 수 있다. 양육으로 성별이 결정된다는 이론이 수십 년째 우세했다. 그전에는 성이 자연적으로 결정된다는 이론이 더 우세했었다. 19세기 말에 남성 호르몬과 여성 호르몬인 테스토스테론과 에스트로겐이 발견됐기 때문이다. 그런 화학적 내분비를 발견한 생물학자들은 어떻게 성차가 생기는지 수수께끼가 풀렸다고 했다. 테스토스테론으로 남성화되고 에스트로겐으로 여성화된다는 것이다. 그들은 남성 동성애자는 혈액에 "여성 호르몬"이 과다하고 "남성 호르몬"이 결핍되었을 거라고 자신 있게 예측했다. 그러나 남성 동성애자 성인의 소변과 혈액을 분석해보니 그런 호르몬 불균형은 발견되지 않았다. 정상인과 동성애자 남성의 내분비는 똑같았다. 성별 정체성을 호르몬으로 설명하려 한 다른 실험들도 실패하자 성차를 생물학적으로 설명하려던 열기는 점차 시들었다. 동시에 20세기 전반부에 프로이트 등 현대 심리학이 등장해서 인간의 행동을 사회적 학습으로 설명하는 모델이 급격히 세력을 얻었다. 그런 배경 속에서 존스 홉킨스 팀은 부모와 사회가 성별 정체성과 성적 지향을 결정한다고 결론을 내렸고, 그것은 행동주의를 추종하는 시대 정신에 잘 부합했다. 그 논문이 세계 최고 의학 연구 기관인 존스 홉킨스에서 출간되었다는 사실도 명성에 한몫했다.

존스 홉킨스 팀이 1955년에 발표한 간성 논문은 곧 고전이 되었고 미국 정신과 협회에서 수여하는 호프하이머 상을 받았다. 햄슨 부부는 존스 홉킨스를 떠나 워싱턴 주립 대학교로 옮겼고 1961년에 성별 정체성 연구를 중단했다. 그래서 머니가 수상 논문의 명예를 독차지했다. 그리고 1962년에 로슨 윌킨스가 죽자 정신 호르몬 연구부 부장으로 성공의 혜택을 독차지했다. 1963년에 머니는 미국 국립보건원에서 205,920달러의 지원금을 받았다. 1960년대 초로서는 큰돈이었지만 시작에 불과했다. 머니의 부서는 35년 동안 국립보건원에서 여러 번 지원금을 받아 운영되었다. 1965년에 머니는 버팔로대학교 어린이 병원 소아과의 미드 존슨 기념 객원 교수가 되었고, "어린이의 심리적 발달 연구 공로"로 필라델피아 어린이 병원 메달을 받았다. 1년 후 존스 홉킨스 성인 성전환자 치료 연구 클리닉 개원에 마침내 성공해 대중적 인지도까지 갖추었다.

1952년에 크리스틴 조건슨의 성전환이 처음 언론을 탔을 때부터 머니는 물 만난 물고기 같았다. 머니는 그것을 생물적 요인이 아니라 환경이 심리적 성을 결정한다는 이론의 압도적 증거로 봤다. 그 사례에서 생물학적으로 남성 생식기를 가지고 태어난 사람의 자아 인식은 여자였다. 그것은 염색체, 생식샘, 호르몬, 해부학에 근거한 성별과 정반대였다. 그렇다면 그것은 성별 정체성이 생물적 요인이 아니라 환경으로 결정된다는 가장 큰 증거 아닌가? 머니는 그런 사례를 최대한 많이 연구하려고 존스 홉킨스에서 성전환 연구 및 치료를 시작했다. 그 당시 미국 의학계의 대다수는 아직 그런 걸 꺼리고 있었다.

존스 홉킨스 병원이 미국 최초로 성전환 수술 전문 기관이 되려면 존경받는 의사를 끌어들여야 했다. (머니는 심리학자였고 의사 면허가 없었다.) 머니가 처음 생각한 사람은 하워드 존스 박사였다. 그는 존스 홉킨스의 산부인과 의사이며 머니의 유아 간성 환자들에게 시행할 성전환 수술법을 완성한 사람이었다. 존스는 이렇게 말한다. "몇 달, 아니 몇 년 동안 존은 이제 우리가 성전환을 시작해야 하지 않겠냐"라고 늘 말했다. 존스는 새로운 의료 분야를 실험적으로 개척하는 데 관심이 있었지만(그는 결국 존스 홉킨스를 떠나 버지니아 대학교에 미국 최초의 인공 수정 클리닉을 열었다), 성인 거세 및 생식기 재건 수술을 꺼렸다.

그러나 머니는 단념하지 않았다. 이번에는 닥터 해리 벤저민에게 도움을 요청했다. 미국 성전환 수술의 대부로 일컬어지는 그는 이미 10년 전부터 성전환 환자들을 모로코의 카사블랑카로 보내 수술받게 했다. 머니는 성전환 수술을 받은 벤저민의 환자들 세 명을 존스 홉킨스로 불러서 존스와 소아 내분비학과 의사 밀튼 에저튼의 진찰을 받게 했다. 결국, 존스와 에저튼도 설득되었다. 존스는 이렇게 말한다. "존이 제시하는 증거를 보니 그렇게 해야 할 것 같았어요." 신설되는 성인 성전환 수술 클리닉의 이름은 당연히 머니가 짓게 되어 성별 정체성 클리닉(Gender Identity Clinic)

으로 명명했다.

　존스 홉킨스에서 첫 번째 완전한 성전환 수술을 1965년 6월 1일에 닥터 존스가 집도했고 그 결과로 뉴욕에 사는 필립 윌슨이 필리스 에이븐 윌슨이 되었다. 그러나 아직 미국 대중은 성전환 수술을 잘 모르고 없어서 존스 홉킨스가 대중에게 널리 알려야 했다. 성전환 위원회에는 이 클리닉의 존재에 대해 침묵하자는 의견도 있었지만, 머니는 온갖 루머가 떠도는 것을 막도록 먼저 선제공격에 나서서 보도자료를 내자고 했다. 머니의 주장이 힘을 얻었고 그는 병원 공보 팀의 보도자료 준비를 도와서 1966년 11월 21일에 발표했다. 머니는 〈뉴욕 타임스〉에만 보도자료를 보내자고 전략적으로 결정했다. 〈타임스〉의 위상이 다른 매체에도 긍정적인 영향을 줄 것으로 기대했기 때문이다. "계획대로 되었다"고 나중에 머니가 썼다.

　〈타임스〉는 이 사건을 1952년 조건슨의 경우처럼 선정적으로 다루지 않았다. 1면 기사로 성별 정체성 클리닉 원장 존 홉스의 말이나 존스 홉킨스 보도자료를 그대로 인용했고, 이 수술이 어려운 심리 성적 문제를 해결하는 인도주의적이고 효과적인 방법이라고 보도했다. 비슷하게 긍정적인 기사들이 3대 주간지 〈타임〉, 〈뉴스위크〉, 〈US 뉴스 & 월드 리포트〉에 실렸다. 1967년 4월에 〈에스콰이어〉 잡지는 존스 홉킨스 클리닉을 상세히 보도하면서 머니의 말을 긍정적으로 인용했다. 1966년 말에서 1967년 초까지 존스 홉킨스의 성전환 수술에 대한 보도 중 가장 날카로웠던 것은 캐나다 국영 방송의 〈지난 7일 되돌아보기〉라는 시사 프로그램이었다. 거기서 앨빈 데이비스는 성전환이 윤리적이고 효과가 있는지 날카롭게 물었다. 머니는 "당신이 하나님 편을 드는 거요?"라고 한 번 쏘아붙인 외에는 선동에 넘어가지 않았다. 그래서 직설적인 공격을 받을 때 어떻게 대처해야 하는지 성별 정체성 클리닉 위원회에 모범을 보여준 셈이 됐다. 머니의 침착하고 신중한 대응은 대중 앞에서 제격이었다. 그러나 일상 속의 그는 조금만 비판해도 사납게 반응했다.

머니 자신이 1990년에 쓴 수필에서 그것을 시인했다. "나는 정신 호르몬 연구를 할 때 바보들을 용납하지 않는다." 그건 한참 얌전한 표현이었다. 머니는 지적 도전을 받으면 얼마나 폭력적으로 받아치는지로 유명하다. 닥터 도널드 롭은 머니의 30년 지기이며 성인 성전환 수술의 선구자다. 그가 이렇게 말한다. "존은 명석해요. 내가 만난 사람 중에 가장 똑똑한 것 같아요. 그러나 너무 똑똑한 게 문제였어요. 다른 사람을 다 바보로 보니까요." 머니는 다른 사람의 지적 능력을 거리낌 없이 무시했다. "존이 말로는 피드백을 달라고 하지만 내심은 동의하라는 거였어요"라고 하워드 드보어 박사가 말한다. 그는 1980년대 중반에 머니가 이끄는 정신 호르몬 연구부에서 박사학위를 딴 심리학자다. 다른 사람이 동의하지 않으면 머니는 서슴없이 불쾌해했다. 학계의 동료, 부하, 학생 사이에 머니의 짜증은 유명했다.

드보어가 말한다. "존스 홉킨스 다음에 훈련받으러 간 센터마다 사람들이 내 이력서에서 존 머니와 함께 일했다는 걸 보고서는 그와 함께 일한 게 '정말 소문대로 그렇게 힘들었는지' 비밀로

할 테니 얘기해달라고 했어요. 어디 가든 놀라울 정도로 똑같았어요. 솔직히 존은 그걸 감추려고 하지도 않았어요. 한번은 어떤 학술 모임에서 어떤 여성이 자기가 발표한 내용에 동의하지 않는다고 일어나서 소리를 지르기도 했어요."

1967년 2월에 론과 재닛 라이머 부부가 처음 존 머니를 텔레비전에서 봤을 당시에 존의 명성은 가히 난공불락이었다. 벤저민 로젠버그 박사는 성별 정체성을 전공한 선도적 심리학자다. 그가 머니에 대해 이렇게 말한다. "그는 뒤섞인 성, 자웅동체, 동성애의 함축의미 등에 있어서 리더이며 선구자였다."

머니가 학계와 과학계에 미친 영향은 수십 년을 갔다. 현재까지도 그의 학생들과 부하들이 심리 성적 분화 이론을 배우고 저명한 대학, 연구소, 과학 잡지의 수장을 맡고 있다. 그의 학생이었던 사람으로는 컬럼비아대학교 교수인 앤크 얼하트 박사, 영국 런던 성별 정체성 클리닉 원장 리처드 그린 박사, 유명한 킨제이연구소 소장을 수년 역임한 준 라이니쉬 박사, 영향력 있는 매스터즈와 존슨 클리닉 원장 마크 슈워츠 박사가 있다.

밀튼 다이어먼드 박사

임상 쪽에서 머니의 영향력은 더 컸다. 그의 인간의 출생 시 심리 성적 유연성 이론은 소아 내분비학의 초석이었다. 수잰 케슬러 교수는 1998년 저서《간성인이 주는 교훈 *Lessons from the Intersexed*》에서 모호한 성의 유아에 관한 머니의 견해와 함축의미에 관해 의사들이 "다 동의하고 그건 과학계에 드문 일"이라고 했다.

그러나 1960년대 중반에 최소한 한 연구자는 존 머니에게 의문을 제기했다. 그는 캔자스대학교 대학원을 막 졸업한 젊은이였다.

밀튼 다이어먼드(친구들은 미키라고 불렀다)의 부모는 우크라이나 출신 가난한 이민자라서 미국에서 힘겹게 살았다. 밀튼 다이어먼드는 빈민가 브롱스에서 자랐지만, 학자가 되려는 꿈 덕분에 동네 갱단에서 벗어났다. 그는 뉴욕 시립대학교에서 생물물리학을 공부하면서 호르몬의 작용에 매료되었다. 대학원 공부를 어디서 할까 하다가 캔자스를 택했는데 거기에는 해부학자 윌리엄 C. 영(1930년대에 발정 주기 호르몬 연구로 유명했다)의 연구실이 있었다. 다이어먼드가 1958년 가을에 캔자스에 왔을 때는 마침 영의 밑에 있는 연구자 찰스 피닉스, 로버트 고이, 아놀드 제럴이 성 분화 시 호르몬의 역할을 발견하기 직전이었다. 그것은 성 발달 연구를 영원히 바꿔놓을 업적이었다.

성 연구자들은 그동안 호르몬 연구를 하면서 소기의 성과를 얻지 못했다. 영의 팀도 그랬다. 그래서 성체 호르몬에서 태중 호르몬으로 초점을 옮기려 했다. 소련의 성 연구자 베라 단차코프의 20년 전 기니피그 연구를 기반으로 캔자스팀은 발달 중인 태아의 뇌와 신경계에 호르몬이 미치는 영향을 연구했다. 이전 연구에 따르면 임신 초기에 남녀 태아의 내외부 성 기관은 똑같다. 그러다 6~8주 사이에 변화가 일어난다. 만일 태아의 세포가 XY 남성 염색체를 가지면 생식샘이 고환으로 분화되어 테스토스테론을 분비하기 시작한다. 출생 전의 남성 호르몬 안드로겐이 외부 생식기를 남성화해서 분화하지 않은 생식 결절을 음경으로 만들고, 열린 생식동이 중심선을 따라 합쳐져서 음낭이 되고 음낭 속으로 고환이 내려온다. 그와 동시에 정관 성장을 촉진해서 내부 생식 시스템을 남성화한다(또 고환의 분비 작용으로 미발달한 여성적 내부 구조의 성장을 억제한다). 만일 반대로 태아가 XX 여성 염색체를 가지면 생식샘이 난소로 발달하고 테스토스테론은 생산되지 않아서 외부 생식기와 내부 구조가 여성으로 분화하고, 생식 결절이 음핵으로 발달하고, 생식동은 계속 열려 있어서 질 입구가 되고, 내부 구조는 나팔관과 자궁으로 발달한다.

캔자스팀은 호르몬이 태아의 해부학적 구조에 영향을 미치듯이 뇌에도 영향을 미치는지 알아보려 했다. 그래서 임신한 기니피그에 다량의 테스토스테론을 투여하여 암수동체 기니피그들을 만들어냈다. 태아 발달의 결정적 시기에 테스토스테론을 투여하자 예상대로 음핵이 음경 크기로 커진 암기니피그들이 태어났다. 해부학적 구조만이 아니라 성적 행동도 남성화되는지 살펴봤다.

처치된 암컷들을 아동기부터 성숙할 때까지 관찰해보니 특별한 점이 있었다. 비 처치 암컷들과 다른 신체적 행동이 증가했을 뿐 아니라 수컷 앞에서 정상적인 발정기 암컷이 하듯이 둔부를 내밀고 성교를 하려는 자세를 취하지 않았다. 그 대신 비 처치 암컷을 올라타려고 했다(테스토스테론 처치는 됐지만, 음핵 확대가 되지 않은 암컷까지 그랬다).

나는 그 팀원이었던 로버트 고이와 그가 죽기 얼마 전 1999년에 그 획기적 순간에 관한 이야기를 나눴다. 마치 그 발견을 방금 한 것처럼 그의 목소리가 흥분했다. "우리는 실험을 최대한 빨리 진행했어요. 밤이면 밤마다 매일 실험했죠. 그래서 데이터를 얻어서 분석하고 재분석했어요."

밀튼 다이어먼드는 연구에 열중하면서 추가 실험으로 임신한 기니피그에 테스토스테론이 어떤 영향을 미치는지 살펴봤다. 호르몬이 행동에 어떤 새롭고 흥미로운 작용을 하는지 알려고 캔자스대학교에 온 다이어먼드는 20세기 성 연구에 매우 의미 깊고 획기적인 생물학 발견을 앞두고 있었다.

연구팀원들은 윌리엄 영 교수가 결과에 어떻게 반응할지 궁금했다. 영 교수는 존스 홉킨스 존 머니 팀이 4년 전 제시한 심리 성적 중립성 이론을 신봉했기 때문이다. 고이가 말했다. "영은 존 머니와 햄슨 부부의 추종자였어요. 그래서 경험이 성적 행동에 영향을 미친다고 늘 생각하고 있었어요. 그래서 결과에 충격을 받았죠. 그러나 그는 융통성이 있었고 사실을 다른 무엇보다 중시했어요. 그건 과학자들에게 드문 일이에요. 대부분 과학자들은 자기 생각이나 이론을 신봉해서 절대로 벗어나지 않으려 해요. 다행히 영은 그렇지 않았어요."

오히려 논문의 결론 부분을 쓸 때 팀원 간의 논쟁을 끝낸 건

영이었다. 연구팀은 처치된 암기니피그들이 보인 행동을 뭐라고 불러야 할지 몰라서 우왕좌왕하며 "남성 모방"이나 "유사 분화"로 순화시켜서 부르려 했지만 영 교수는 테스토스테론으로 남성적 행동 '모방'이 일어난 것이 아니라 그냥 남성적 행동을 한 것이라고 말했다. 영 교수는 따라서 성체 기니피그에게 남성적 성 행동을 '조직하는 원리(organizing principle)'를 기니피그 태아에서 발견했다고 분명히 쓰라고 했다.

고이가 설명했다. "영 교수는 해부학자였어요. 해부학자에게는 '조직(organization)'이라는 용어가 정말 중요해요. 해부학에서는 몸의 기관이 분화된 티슈들로 조직되어 특정한 기능이나 역기능을 수행한다고 해요. 그런 중요한 단어를 거기에 쓴 거죠. 즉 성 행동의 기반이 되는 모든 조직(말초 조직이든, 뇌 조직이든, 혈액이든, 근육이든)이 하나로 조직된다는 것이고, 그 조직이 출생 전 호르몬의 영향을 받는다는 것이고, 그 조직이 남성적이거나 여성적이라는 거예요. 남성의 조직을 관장하는 원리를 발견했다는 것이죠."

팀의 논문은 1959년 〈내분비학〉 저널에 실릴 예정이었다. 그런데 영은 동물 실험 결과를 인간의 성 분화에 적용하는 건 주저했다. 머니와 햄슨 부부의 연구를 존중하려는 것이 주된 이유였다. 팀은 인간에게 적용하는 면은 좀 누그러뜨려 쓰기로 했다. "기니피그와 인간의 사례가 불일치할 수 있으므로 이 연구는 인간에 관한 연구를 보완하고 보조하는 것뿐이라고 우리는 발표했어요"라고 고이가 말했다.

그러나 실험실 모두가 그 결정에 찬성하진 않았다. 신참 미키 다이어먼드는 영 교수와 팀원들이 동물 실험 결과를 인간에게 직접 적용하지 않는 건 지나친 조심이라고 봤다. 다이어먼드가 웃으며 말했다. "나는 진화를 믿어요. 인간이 다른 포유류와 다를 거라고 할 이유가 없어요." 그 확신이 어느 정도로 강했냐면 캔자스대학교에서 마지막 해에 연구비를 받으려고 논문을 제출할 때 머니와 햄슨 부부의 출생 시 심리 성적 중립성 이론을 비판하는 논문을 쓸 정도였다.

"인간의 성적 행동의 기원에 대한 비판적 평가"라는 논문에서 다이어먼드는 존스 홉킨스 팀의 이론을 전면 부정했다. 기니피그 연구 결과를 인용하면서 인간이 "진화론의 예외"라는 주장은 "근거가 없다"고 했고 문화, 학습, 환경이 성별 정체성에 미치는 영향을 출생 전 요인들이 "제한한다"고 했다. 또 생물학, 심리학, 정신의학, 인류학, 내분비학의 증거를 들어 성별 정체성은 수정되는 순간부터 뇌에 내장되어 있다고 했다. 그 논문은 머니의 권위에 대한 정면 도전이었다(게다가 다이어먼드는 캔자스대학교의 무명 대학원생이었다).

다이어먼드는 간성 개체의 심리 성적 유연성 이론의 문제를 지적했다. 머니는 인간의 경우, 어떤 개체가 태중에서 "유전적 혹은 호르몬적 불균형"을 경험하더라도 태어날 때는 남녀 중 어느 한쪽 성별로 태어난다고 주장했지만, 그것이 출생 시 성별이 중립이라는 증거는 아니다. 자궁에서 신경계와 뇌도 생식기와 마찬가지로 불분명하게 조직되었을 수 있다. 그래서 그들은 남성이나 여성 양방향으로 발달할 수 있는 신경학적 가능성이 선천적으로 있다. 그러나 유전적 정상 어린이는 그렇지 않다. 다이어먼드의 추정에 따르면, 신체에 모호한 성별이 나타나지 않은 성전환자는 신체와 반대되는 프로그램이 뇌에 내장되었지만 단지 발견되지 않은 것인지 모른다. 다이어먼드는 그 가능성을 뒷받침하는 증거를 권위 있는 해리 벤저민 박사의 보고에서 찾았다. 그 연구에서 환자 87명 중 47명은 자신의 성이 잘못됐다는 생각이 드는 게 "아동기 환경의 영향이라는 증거가 없었다."

다이어먼드가 미처 몰랐지만, 외국 저널에 게재된 무명의 논문이 또 있었다. 알았더라면 그 논문을 인용할 수 있었을 것이다. 그 논문에서는 존스 홉킨스 팀의 6년 전 간성 치료에 대해 의문을 제기했다. 1959년 자 〈캐나다 정신의학 협회 저널 *The Canadian Phychiatric Association Journal*〉에서 토론토의 세 의사 대니얼 카폰, 캘빈 에즈린, 패트릭 린즈가 홉킨스 팀의 통계 연구 방법에 심각한 문제가 있다고 지적했다. "존스 홉킨스의 연구는 인간의 물리적, 심리적 전체성을 고려하지 않고 부분만 비교했고 수학적 검증을 하지 않았다." 캐나다 의사들은 17명의 간성 환자를 연구하면서 존스 홉킨스 팀과 달리 주의를 기울였다. 결과를 주관적으로 해석하지 않도록 연구팀을 둘로 나눠서 한 팀은 내분비학적으로 연구했고, 다른 한 팀은 심리학적으로 연구했다. 비교하기 위해 간성이 아닌 그룹에 관한 연구, 동성애자와 복장도착자 그룹에 관한 연구도 진행했다.

그 결과를 보니, 간성 아동의 생물학적 상태와 성별 정체성이 관련이 없다고 보는 것은 위험했다. 염색체, 생식샘, 호르몬은 간성 어린이가 성인이 되어 두 성 중 어느 한 성을 더 동일시하게 영향을 미쳤다. 캐나다 팀은 존스 홉킨스 팀의 권고가 "허황한 이론"에 기반을 뒀다고 하면서 특히 음경이 작거나 없는 채로 태어난 남아를 예외 없이 거세하여 여아로 바꾸라고 한 권고가 불안하다고 경고했다. 그렇게 성별이 조작된 어린이는 "자라면서 몸의 성과 성별 정체성이 불일치하는 비극을 겪을 수 있다"라고 했다.

캐나다 팀의 논문이 다이어먼드의 논문에 큰 보탬이 될 수 있었지만 다이어먼드는 자신의 논문 출간 후에야 그 논문을 알게 되었다(알고 난 후에는 그다음부터 논문을 쓸 때 그것을 인용했다). "캐나다 팀의 논문은 영향력이 미미했어요. 홉킨스에 비해 너무 변방이었던 거죠." 그러나 1965년에 다이어먼드의 논문이 권위 있는 유명한 미국 저널 〈생물학 리뷰 계간지 *Quarterly Review of Biology*〉에 실렸을 때는 눈에 띌 수밖에 없었다. 존 머니가 그것을 못 볼 리 없었다. 그 저널이 존스 홉킨스에서 출간됐기 때문이다.

나는 다이어먼드 교수와 함께 어질러지고 창문이 없는 그의 사무실에 앉았다. 그곳은 하와이대학교 의학전문대학원 캠퍼스였다. 그는 존 머니와 30년 동안이나 해온 논쟁이 어떻게 시작됐는지 회상했다. 때는 1997년 6월이었고 두 달 전에 다이어먼드와 시그먼슨의 "존/조운" 논문이 오랜 라이벌 존 머니에게 일격을 가한 후였다. 64세의 다이어먼드는 태도가 온건했고 반백의 곱슬머리와 턱수염을 길렀으며 지칠 정도로 쇄도하는 전화, 팩스, 편지에 응대하고 있었다. 기자와 동료 과학자들이 존/조운에 관해 더 상쇄한 정보나 인터뷰를 요청하고 있었기 때문이다. 다이어먼드는 너무 많이 세탁해서 색이 바래고 여기저기 구멍이 숭숭 난 티셔츠에 청바지, 낡은 운동화 차림이었다. 그는 하와이대학교 교수들은 "햇빛으로 봉급을 받는다"라고 말했다. 그의 누리끼리한 안색을 보니 그는 봉급을 별로 받지 않고 있는 것 같았다. 사실 다이어먼드는 호놀룰루에서 30년을 보내는 동안 실험을 하거나 스스로 "동굴"이라고 부르는 작은 사무실의 컴퓨터 앞에서 대부분 시간을 보내면서 성에 관해 100개가 넘는 논문을 써서 저널에 싣고 8권의 책을 쏟아내느라 여념이 없었다. 사무실 벽에는 네 딸의 사진이 붙어 있었고, 어질러진 책상에는 논문, 책, 저널, 로버트 존슨과 백의 테이프 상자들이 쌓여 있었다.

　다이어먼드는 과거 1965년에 그 논문을 쓸 때 존 머니에게 개인적 악의가 없었고 머니에게 무안을 주려는 것도 아니었다고 했다. 단지 지식을 더 쌓고 과학자답게 새로운 주장을 펴고 도전하려는 것뿐이었다고 했다. 심지어 그 논문 출간 후 머니에게 공동 논문을 쓰자는 제안까지 했다고 한다. 두 사람이 자연이냐 양육이냐 논쟁의 반대편에 있지만 그렇기에 더 공동 연구가 가치 있을 거로 생각했다. 그는 자기 생각이 단순했다고 미소지으며 고개를 흔들었다. 한낱 대학생에 불과한 그가 그 분야의 선도적 과학자에게 공동 연구를 제안했던 거다. 게다가 주요 저널을 통해 그 과학자에게 공개 도전장을 내밀었으니 말이다. 다이어먼드는 말했다. "나는 그렇게 하는 게 학문적으로 좋다고 정말로 생각했어요." 그러나 머니의 기분은 달랐다. "머니의 태도는 '왜 내가 너와 그런 걸 하겠느냐? 사람들이 너를 알기나 해?'라는 것이었어요."
그런 반응이 전혀 뜻밖은 아니었다. "나는 그의 이론에 도전했고,
그는 그것을 그에게 시비를 건 거로 생각했어요. 사실 내 의도는
그렇지 않았지만요."

그러나 존 머니처럼 예민하지 않은 과학자라도 다이어먼드
의 침착하고 명백한 논리에 충격을 받았을 것이다. 정상 어린이가
심리 성적 중립 상태로 태어난다는 머니의 이론을 생각 없이 받
아들이던 시대에 기본 과학적 이의를 제기했기 때문이다. 다이어
먼드는 이렇게 썼다. "그 이론을 뒷받침하는 사례가 없다. 즉 정
상적 어린이가 확실히 남자로 태어나서 여자로 잘 양육된 사례가
없다. 중립 탄생 이론 지지자가 근거로 들 사례가 하나도 없는 건
그런 사례를 찾기가 어렵기 때문일 것이다."

그런 사례를 찾기가 어렵지만 불가능하지는 않아 보였다. 어
떤 사건이 일어났기 때문이다. 다이어먼드가 〈생물학 리뷰 계간
지〉에서 도전장을 내민 지 1년 8개월 후, 존 머니 박사는 캐나다
위니펙의 젊은 엄마에게서 편지를 받았다. 쌍둥이 남자 아기 중
한 명이 포경 수술을 받다가 의료 사고를 당했다는 거였다.

# 3
# 험난한 초등 시절

존과 재닛 라이머 부부는 TV에서 머니 박사를 보고 나서
곧 1967년 초에 존스 홉킨스를 처음 방문했다. 젊은 부부는 스무
살, 스물한 살이었고 볼티모어 모뉴먼트 가 꼭대기에 위풍당당하
게 자리 잡은 둥근 곡면 형태의 메디컬 센터에 감탄했다. 머니 박
사의 심리 호르몬 연구부는 뒤뜰에 있는 19세기 영국풍 건물, 헨
리 필립스 정신과 클리닉 안에 있었다. 1900년대 초에 만들어진
삐걱거리는 엘리베이터를 타고 4층으로 올라가야 했다. 머니의
성소라고 할 거기서 주로 그 후 11년 동안 만났는데 인테리어가
심리학자 머니의 특이한 취향을 잘 반영했다. 소파, 동양풍 러그,
여러 개의 화분이 있었고, 안락의자 등받이에는 밝은색 아프간 뜨
개질 천이 걸려 있었으며, 벽난로 위에는 남근, 질, 젖가슴 등 원
주민의 조각 수집품들이 전시되어 있었고, 벽에는 원시적인 부는
화살, 다트, 가면이 걸려 있었다. 라이머 부부로서는 난생처음 보

는 것들이었다. 머니 박사는 유연하고도 자신감이 있어서 전문가다웠고 게다가 벽에는 수많은 자격증이 걸려 있어서 라이머 부부는 마침내 최고의 도움을 받게 됐구나 했다. 재닛은 말한다. "나는 그를 신처럼 우러러봤어요. 그가 말하는 거라면 뭐든 받아들였죠." 머니 박사가 한 말은 라이머 부부가 그토록 듣고 싶어 하던 말이었다.

머니도 여러 글에서 이 첫 인터뷰를 회상했다. 그는 아기를 성전환하면 어떤 이득이 있는지 젊은 부부에게 상세히 설명했다. "비전문 용어로 설명하면서 도표와 성전환을 한 어린이 사진을 사용했다." 머니는 론과 재닛에게 수술을 받으면 아기의 질이 완벽하게 기능할 거라고 말했다. "성교, 성적 쾌락, 심지어 오르가슴까지 가능해요." 임신은 못 하지만, 심리적으로 여성으로 발달해서 남자에게 관능적 매력을 느낄 거라고 했다. 여자로서 결혼하면 얼마든지 자녀를 입양할 수 있을 거라고 했다.

그러나 머니의 이야기에 분명하지 않은 점이 있었다. 재닛과 론은 중학교 3학년, 2학년밖에 못 마쳤는데 그런 시도가 실험에 불과하다는 걸 알았을까? 존스 홉킨스에서 머니와 동료들이 암수동체로 태어난 어린이들에게 성전환 수술을 시행한 적은 있지만, 브루스처럼 정상 생식기와 신경계로 태어난 어린이에게 성 변화를 시도한 적은 없었다. 론과 재닛은 그 차이를 그 후 몇 년이 지나서야 알았다고 오늘날 말한다. 그들이 머니 박사로부터 들은 건 성공이 확실하다는 것뿐이었다. 재닛은 이렇게 회상한다. "그게 되지 않을 이유는 보지 못했어요."

머니가 아이 부모와 면담했던 얘기를 10년 후에 했다. 그 면담 내용을 보면 머니는 성전환을 어서 시작하려고 안달이었던 게 분명하다. 그는 저서 《성 특징 *Sexual Signatures*》에 이렇게 썼다. "만일 부모가 아이를 여자로 성전환하겠다고 결정하면 의사들이 고환을 제거하고 여성 외부 생식기를 당장 만들 수 있다. 그러고 나서 아이가 열한 살이나 열두 살이 되면 여성 호르몬을 투여할 수 있다."

머니 박사는 정말로 서두르고 있었다. 그는 론과 재닛에게 빨리 결정하라고 했다. 그의 이론에 따르면 '성별 정체성 문'이 두 살 반에서 세 살 사이에 닫히기 때문이다. 머니는 그 시점이 지나면 아이의 정체성이 남성이나 여성 중 하나로 굳어진다고 했다. 그때 브루스는 19개월이었다. "아직 아이가 어리므로 어느 성별을 선택하든 나중에 이성에게 에로틱한 관심을 가질 거다. 그러나 최종 결정을 할 시간이 별로 없다."

그러나 론과 재닛은 브루스를 당장 입원시킬 준비가 되어 있지 않았다. 수술로 자녀의 성별을 바꾸는 중대한 결정을 하려면 시간이 필요했다. 그래서 머니 박사에게 집에 가서 생각해보겠다고 했다. 그랬더니 머니 박사가 조급한 마음을 감추지 않았다고 재닛이 말했다. "우리는 위니펙에 돌아온 후 최종 결정을 어서 내려달라는 편지를 받았어요"라고 재닛이 회상한다. "그는 편지에 우리가 '질질 끌고 있다'고 했어요. 하지만 우리는 차분히 결정하고 싶었어요. 이런 일은 들어본 적이 없었거든요."

집에 돌아온 후 론과 재닛은 사람들에게 의견을 물었다. 그

동안 진료한 소아과 의사는 그런 극단적인 방법을 반대했고 전에 조언했던 대로 아이가 유치원에 들어갈 나이까지 기다렸다가 음경성형술의 긴 과정을 시작하라고 했다. 재닛의 어머니 베티는 볼티모어의 전문가 말을 듣는 게 낫지 않을까 했지만 확실한 의견은 없었다. 론은 자기 부모에게 그 얘기를 꺼낼 생각도 못 했다. 반대할 게 분명했기 때문이다.

아이의 운명을 결정할 건 론과 재닛뿐이라는 걸 마침내 깨닫게 되었다. 기저귀를 갈 때마다 그 끔찍한 상처를 보기 때문이다. 재닛은 아들을 딸로 바꾸면 좋은 점을 생각했다. "나는 그때 잘 몰라서 여자가 남자보다 더 부드럽다고 생각했어요. 그건 착각이었죠. 그 후로 여자가 얼마나 드셀 수 있는지 알았어요. 나의 경험으로는 '남자'가 훨씬 더 부드러워요. 그러나 그때는 브루스가 그런 손상을 입었으니까 여자아이로 부드럽게 기르는 게 더 나을 줄 알았어요. 남자로서 증명해 보여야 할 것이 없을 테니까 말이에요."

론 역시 브루스의 성별을 여자로 바꾸면 좋은 점이 있다고 생각했다. "남자아이들이 어떤지 알잖아요. 누가 가장 멀리 오줌을 누나 시합하잖아요. 브루스는 그걸 못할 테니까 다른 아이들이 이상하게 생각할 거예요." 그리고 물론 브루스의 성생활도 문제였다. 론은 그런 수치와 좌절을 겪는 걸 상상할 수 없었다. 그러나 여자가 되면 그런 걸 겪지 않을 거로 생각했다. 머니 박사의 말이 맞는다면 여자가 되면 정상적으로 살고 결혼하고 행복할 것이다.

볼티모어에서 돌아온 지 며칠 후부터 론과 재닛은 아기의 머리카락을 자르지 않고 부드러운 연갈색 곱슬머리가 귀밑까지 자라도록 놔뒀다. 재닛은 재봉틀로 아기 잠옷을 여아용 원피스 잠옷으로 바꿨다. 론과 재닛은 이제 아들을 딸로 여겼다. 머니 박사는 딸로 이름을 지을 때 이전 이름의 첫 글자와 같은 첫 글자를 사용하고 정체성 혼란이 올 수 있으니까 다른 가족의 이름을 따라 짓지 말라고 했다. 재닛은 머니 박사의 지시대로 새 딸 아기의 이름을 '브렌다'라고 지었다.

물론 한 단계가 남아 있었다. 여름에 론과 재닛은 브렌다의 쌍둥이 형제 브라이언을 숙부 숙모에게 맡기고 브렌다를 데리고 볼티모어로 날아갔다. 브렌다는 아직 22개월이라서 머니가 말한 유아 성전환을 해도 안전한 시기였다. 1967년 7월 3일 월요일에 브렌다는 존스 홉킨스 병원 산부인과 수술실에서 거세 수술을 받았다. 집도의는 머니의 성별 정체성 클리닉 공동 설립자 하워드 존스 박사였다. 존스는 그 수술에 대해 별로 기억하는 게 없다고 말한다. 머니와 소아 내분비과 의사 로버트 블리저드 박사가 성전환에 관한 모든 결정을 맡았다고 한다.

존스는 말한다. "나는 주로 아이의 건강 상태와 수술에 관심을 기울였어요. 환자가 건강해서 수술을 견딜 수 있는가 등 말입니다. 다른 건 내가 개입하기 전에 다 잘 준비되어 있었어요." 존스에게는 브렌다 라이머의 수술이 지난 12년 동안 암수동체 아기들에게 거세 수술을 한 것과 별로 다를 게 없었다. 존스 홉킨스 병원도 마찬가지였다. 모든 병원 직원은 이 사례에 대해 언급하지 않았지만. 공보 담당 조앤 로저스는 1998년 겨울에 내게 이렇게 말했다. "1960년대에는 모든 실험적인 수술은 위원회나 이사회의 승인을 받아야 한다는 규정이 있었어요." 그러나 존스 박사의 기억으로 브루스 라이머가 여성으로 성전환하는 역사적 사례를 두고 특별한 위원회나 이사회가 열린 적은 없었다.

수술의 주안점은 양쪽 정소 제거 즉 두 고환을 제거하는 거였다. 존스의 수술실 일지에 따르면 아기를 전신마취 후 수술대에 눕혔고 양발을 ㄷ자형 쇠붙이로 고정해서 의사가 서혜부를 보게 했다. 3개의 집게를 음경에 배치했고 중심선 양쪽으로 두 개의 절개선을 그렸다. 존스 박사가 가위로 음경에 표시된 부분을 1.5cm 길이로 잘라서 고환과 정낭을 들어 냈다. 존스가 메스로 좌우 양쪽 고환을 잘라내고 캣거트 봉합사로 관과 혈관을 묶었다. 그 관은 성인의 정자가 요도로 전달되는 관이다.

음경을 봉합하면서 존스 박사가 남은 음경 피부로 기본적인 외부 질 모양을 만들었다. 밑부분 피부를 잡아당겨 윗부분 피부와 함께 실로 봉합해서 음경을 비어 있는 하나의 주머니가 아닌, 두 개의 대칭을 이룬 늘어진 피부로 만들었다. 그것이 대음순이었다. "상처에 들러붙지 않게 처치된 거즈를 접어 중심선에 넣어 움푹 파인 자국을 만들었다. 그 양쪽에 인공 대음순이 있었다." 존스의 수술실 일지는 그렇게 끝났다.

론과 재닛은 아기에게 거세 수술을 하겠다고 결정했을 때부터 그 효과에 대한 의심을 완전히 접었다고 한다. 머니 박사에 따르면 그런 마음가짐이 중요했다. 성전환 아동의 부모가 의심하면 아이가 자신을 여자로 보는 게 약해질 수 있었기 때문이다.

그러나 머니 박사 자신도 아이의 미래에 관해 의심이 전혀 없었는지 논란이 있다. 1967년 8월 28일, 그러니까 브렌다의 성전환 수술 한 달 후 머니가 쓴 편지에 수술 예후에 대한 우려가 담겨 있다. 그 편지는 론과 재닛이 세인트 보니파스 병원과 수술을 망친 집도의를 고소할 때 그 담당 변호사에게 쓴 것이기 때문이다.

머니는 이렇게 썼다. "보통 유아 성전환이 이뤄지는 건 출생 시 생식기 기형이 있을 때다. 성전환 후 양육된 성별에 맞게 심리 성적 분화가 이뤄질 것으로 예상한다. 그러나 절대적 예측은 불가능하다."

사실 1967년 여름에 브루스 라이머가 거세 수술을 받을 때 머니 박사가 환자의 향후 심리 성적 발달이 "틀림없이 어떻게 될 거라고 예측"하기를 꺼릴 이유가 있었다. 2년 전 머니는 기니피그 태아의 테스토스테론 영향으로 남성화 행동이 일어난 것처럼 사람도 그렇게 되는지 연구했었다. 머니의 지도로 대학원생 앤크 얼하트가 3~13세인 열 명의 소녀를 연구했다. 그 소녀들은 태중에서 과대한 테스토스테론의 영향을 받았다. 어머니가 유산을 피하려고 프로게스틴이라는 합성 스테로이드를 복용했기 때문이다. 캔자스팀의 기니피그 실험처럼 열 명 중 아홉 명이 생식기가 남성화되어 태어났다. 음핵의 크기가 커졌고 음순이 부분적으로 붙어 있기도 했다. 그 어린이들 및 부모와 면담하면서 드러난 사실을 보면, 아홉 명이 다 머니와 얼하트가 (브루스 라이머의 거세 6개월 전

에 출간한 논문에서) "말괄량이 성향"이라고 한 성향을 나타냈다. "남성적인" 옷과 "야외 활동"을 좋아하고, "남자아이들의 장난감(총, 군인 인형 등)"을 좋아하고, "근육을 쓰는 운동과 레크리에이션"을 좋아하고, "여성적인 레이스, 인형 놀이, 아기 돌보기, 집안일"을 별로 좋아하지 않았다.

머니 박사는 생식기가 모호한 어린이 성전환 수술을 할 때 어린이가 출생 시 생식기가 모호했다는 사실을 나중에 알리지 말라고 했다. 브렌다 라이머의 경우도 그랬다. 론은 말한다. "그는 얘기하지 말라고 했어요. 브렌다에게 사실을 말하지 말라고 했고 여자가 아니었다는 걸 알리지 말라고 했어요."

라이머 가족이 볼티모어에서 돌아온 지 얼마 되지 않아 쌍둥이의 두 살 생일을 앞두고 재닛은 브렌다에게 처음으로 드레스를 입혔다. 재닛의 웨딩드레스로 재닛이 직접 만든 특별한 흰 드레스였다. 재닛이 회상한다. "레이스가 달린 예쁜 드레스였어요. 그런데 브렌다는 옷을 찢으려고 했어요. 나는 생각했어요. '오 이런, 자기가 남자인 걸 아는구나. 여자 옷을 좋아하지 않아. 여자가 되고 싶어 하지 않아.' 그러나 다시 생각했어요. '여자가 되고 싶어

하게 가르칠 수 있을 거야. 여자가 되게 훈련 시키면 될 거야.'"

론과 재닛은 최선을 다했다. 갖고 놀 인형을 많이 안겨주고, 단정하고 깔끔하게 하라고 가르치고, 여자라는 정체성을 강조했다. 가령 쌍둥이가 네 살이 되었을 때 브라이언이 론이 면도하는 것을 보고 자기도 하고 싶다고 하자 론은 면도칼이 들어있지 않은 면도기와 면도크림을 주고 놀라고 했다. 그러나 브렌다도 면도기를 달라고 하자 론은 안 된다고 했다. 브렌다가 말한다. "여자아이는 수염을 깎지 않는다고 했어요. 여자아이는 그럴 필요가 없다고 했어요." 재닛이 그 대신 화장을 시켜주겠다고 했지만, 브렌다는 싫다고 했다.

"나도 면도하고 싶어라고 말했던 게 생각나요"라고 데이빗이 말했다. 그것은 데이빗이 브렌다였던 시절의 첫 기억이다. "'아버지는 안 돼. 엄마한테 가봐'라고 하셨고, 나는 '왜 나는 면도하면 안 돼?'하고 울었어요."

브라이언은 부모님이 늘 그런 식으로 자신과 브렌다를 반대 성별로 양육했지만 결국 실패했다고 말한다. "나는 브렌다를 누나로 생각했지만, 브렌다는 절대 여자로 행동하지 않았어요."

지금은 쌍둥이가 같은 성별이 되었지만, 외모가 매우 다르다. 그건 데이빗이 겪은 고충을 보여준다. 1997년 여름에 데이빗이 브라이언을 소개해줬을 때 나는 당연히 브라이언이 '형'인 줄 알았다. 브라이언은 대머리에다 짙은 턱수염을 기르고 덩치가 곰 같아서 데이빗이 어려 보이고 날씬하고 얼굴이 매끈한 것과 달랐다. 브라이언의 얼굴을 자세히 보고서야 눈, 코, 뚜렷한 입 모양

브라이언과 브렌다가 유치원에 다니기 시작할 무렵.
브라이언과 브렌다는 최고의 비교 연구 대상이었다.

이 같다는 걸 알 수 있었다. 데이빗의 일란성 쌍둥이는 사실 '동
생'이었다(비록 겨우 12분 차이였지만).

　어릴 때도 그들의 외모는 매우 달랐다. 유치원 때 둘은 참
귀여웠다. 브라이언은 동그란 눈에 머리를 짧게 잘랐고, 브렌다
는 갈색 눈의 가냘픈 여자아이로 밤색 곱슬머리가 귀여운 얼굴을
둘러싸고 있었다. 그러나 가족, 선생님, 클리닉 직원, 친척의 말
을 종합해보면 브렌다가 움직이거나 말하거나 걸어가거나 어떤
동작을 할 때마다 그런 인상이 확 깨져버렸다.

　브라이언이 웃으며 말했다. "브렌다는 여자 같지 않았다고
아까 말했는데, 정말로 그랬어요. 남자처럼 걸었어요. 앉을 때 다
리를 오므리지 않았어요. 남자들이 하는 얘기를 했고, 청소나 결
혼이나 화장에 대해선 전혀 관심이 없었어요. 우리 둘 다 남자아
이들과 놀고, 눈싸움하고, 군대놀이를 했어요. 한번은 브렌다가

줄넘기를 선물로 받았는데 우리는 그걸 사람들을 묶고 때리는 데만 썼어요. 브렌다는 내 장난감을 가지고 놀았어요. 공구 조립 장난감이나 덤프트럭 같은 거 말이에요. 브렌다가 받은 장난감 재봉틀은 먼지만 쌓였죠." 데이빗은 그 일을 이렇게 기억한다. 결국, 뭐든 분해해서 어떻게 작동하는지 보기 좋아했던 브렌다는 아빠의 스크루드라이버를 몰래 가져와서 장난감 재봉틀을 분해해버렸다.

브렌다는 걸스카우트에 들어갔지만, 걸스카우트가 싫었다. "꽃목걸이를 만들다가 생각했어요. '이게 걸스카우트에서 제일 재미있는 일이라면 난 안 할래.' 남동생은 보이스카우트에서 어떤 재미있는 일을 할까 하는 생각만 났어요." 브렌다는 크리스마스나 생일에 인형을 선물로 받아도 갖고 놀지 않았다. "인형을 가지고 뭘 해요?" 현재의 데이빗이 속상해하며 말했다. "쳐다보고, 옷을 입히고, 옷을 벗기고, 머리를 빗기고…. 정말 지루해요! 차가 있으면 타고 어디에나 갈 수 있어요. 나는 차가 좋았어요." 브렌다는 장난감 총도 원했다. 여덟 살 무렵에 우산을 사러 가게에 가서 계산하려고 줄 서 있다가 근처에 진열된 장난감 기관총을 보고 잠시 주저한 후에 우산을 내려놓고 그 기관총을 샀다. 브렌다가 열 살이 되자 론과 재닛이 브라이언에게 사준 장난감 라이플총으로 명사수가 되었다. 아이러니하게도 브라이언은 그 라이플총에 별 관심이 없었다.

브렌다는 늘 브라이언의 장난감과 옷을 마음대로 사용해서 싸움이 붙었다. 재닛이 회상했다. "늘 몸싸움이 심했어요. 브라이언은 브렌다에 비해 약했어요. 브렌다는 끈질겼어요. 브렌다가 이길 때가 많았어요. 불쌍한 브라이언은 여자아이에게 얻어맞고 속상했죠."

론과 재닛은 브렌다의 행동이 남자 같아서 힘들었지만 머니 박사가 딸이라는 걸 의심하지 말라고 했기 때문에 문제를 키우지 않으려고 여성스럽다고 해석할 수 있는 행동을 할 때만 초점을 맞췄다. 재닛이 말했다. "브렌다는 내 비위를 맞추려고 할 때만 여성스러운 행동을 했어요. 그럴 때는 덜 거칠고, 더 깔끔하고 단정했고, 주방일도 좀 돕곤 했죠."

재닛은 편지로 머니 박사에게 브렌다에 관해 경과보고를 할 때 그런 경우를 강조해서 자신들이 박사의 지시대로 하고 있다는 걸 알렸다. 딸의 남성적인 면도 알렸지만, 머니는 그건 단지 "말괄량이 기질"일 뿐이라고 했다. 재닛은 그 말을 위안으로 삼고 이후로도 그렇게 생각하려고 애썼다. "내 평생 많은 여자를 봤는데 정말로 남자 같은 여자들도 있었어요. 그래서 생각했어요. '별문제 아닐 거야. 여성적이지 않은 여자도 많잖아. 아마 잘 될 거야.' 잘 되기 바라는 마음이 컸어요."

론과 재닛의 부모는 브렌다의 행동에 놀랐다. 론의 어머니 헬렌이 말한다. "다른 여자아이가 집에 놀러 오면 브렌다는 같이 놀지 않고 엄마에게 그 여자아이가 자기 집으로 돌아갔으면 좋겠다고 했어요."

재닛의 어머니 베티가 말한다. "브렌다가 길 건너 남자아이와 싸웠을 때 남자아이가 브렌다를 때리려고 했더니 오히려 브렌다가 그 남자아이를 때렸어요."

재닛의 숙부 숙모 조니와 이블린도 조카가 처한 현실을 알았다. 브렌다가 브라이언을 따라 하는 게 아니라는 걸 알았다. 그들은 브렌다가 수술받는 3주 동안 브라이언을 봐줬기 때문에 브라이언을 잘 알았다. 브라이언은 브렌다가 없을 때는 조용하고 온순하고 예민한 아이였다. 그럴 때는 브렌다와 함께 집안을 쑥대밭으로 만드는 악동이 아니었다. 그래서 조니와 이블린은 '브렌다'가 둘 중 리더이고 브라이언은 브렌다를 따라 난리를 친다고 생각했다. "브렌다가 선동했어요"라고 조니는 말한다. 그러나 조니와 이블린은 론과 재닛에게 말하지 않았다. 이블린이 설명했다. "우리는 그냥 조용히 따라가려고 했어요. 괜히 문제를 일으키지 않으려고 했어요."

한편 브렌다 자신도 뭔가 의심이 들었다. "네 살 반 아이가 어느 날 아침에 일어나서 갑자기 '나는 남자인 것 같아'라고 하지는 않아요. 그러기엔 너무 어려요"라고 데이빗이 설명했다. 그렇지만 뭔가 잘못됐다는 걸 알았다. 남자와 여자의 차이를 이해하기 전부터 말이다. "나는 내가 남동생과 매우 비슷하다고 생각했어요. 내가 남자라고 생각한 건 아니고 우리는 형제인 것 같았어요. 내가 드레스를 입고 있다는 건 별로 중요하지 않았어요."

브라이언은 학교에 다니기 전까지는 브렌다의 남자 같은 행동에 별 의문을 품지 않았다. 브라이언이 말했다. "그런데 1학년인가, 2학년인가일 때였어요. 여자아이들을 보니 머리를 빗고 인형을 안고 있었어요. 그런데 브렌다는 그렇지 않았어요. 전혀요."

그 무렵 브렌다는 환경미화원 아저씨가 되고 싶다고 했다. "브렌다는 그 일이 쉽고 돈을 많이 번다고 했어요"라고 브라이언이 설명했다. "제가 보기엔 이상했어요. 브렌다가 환경미화원 아저씨가 된다니요?" 드디어 브라이언은 브렌다의 특이한 행동이 너무 이상해서 엄마에게 물었다. 재닛은 "그건 브렌다가 말괄량이라서 그런 거야"라고 말했고 브라이언은 그 말을 받아들였다.

그러나 브렌다의 학교 친구들은 받아들이지 않았다. 집 근처에 있는 작은 우드론 유치원에 들어간 브렌다는 당장 남자아이들과 여자아이들 모두의 놀림감이 되었다. 데이빗이 회상한다. "내가 걸어가면 아이들이 낄낄거렸어요. 한 아이만 아니라 반 전체가 그랬어요. 매일 그랬어요. 유치원 전체가 이런저런 일로 나를 놀렸어요."

재닛이 말했다. "유치원 첫날부터 그랬어요. 선생님조차 브렌다를 받아들이지 않았어요. 뭔가 다르다고 느꼈던 거예요."

정말 그랬다. 쌍둥이의 유치원 선생님이었던 오드리 맥그레거가 그로부터 26년 후에 말하기를 브렌다 같은 여자아이는 전무후무했다고 한다. 언뜻 보기에는 맥그레거가 가르쳤던 수천 명의 여자아이와 같았지만 겪어보니 거칠고 자기주장이 강하고 지배하려 하고 여성스러운 관심사가 하나도 없는 특이한 여아였다. 그밖에 또 다른 점이 있었다. 맥그레거는 개학 후 곧 일어났던 사건 이야기를 했다. "브렌다와 같은 반 여자아이가 제게 물었어요. 왜 브렌다는 일어서서 소변을 보죠?"

재닛은 쌍둥이 배변 훈련을 시작하면서 늘 브렌다와 씨름했다. 일어서서 소변을 보지 말라고 설득했다. 그러나 아무리 타일러도 소용없었다. 재닛이 그 문제를 머니 박사에게 얘기했더니 여자아이들이 일어서서 소변을 보려고 하는 건 흔한 일이라며 저절로 해결될 거라고 했다. 그러나 그렇지 않았다. 브렌다가 계속 서서 소변을 봐서 재닛은 청소하느라 골치가 아팠다. 잘린 요도에서 소변이 수직으로 뿜어져 나와 변기가 다 젖었기 때문이다. 이 방법이 효과가 없다는 게 브렌다가 계속 서서 소변을 보는 거에 나타났다. 재닛에겐 믿어지지 않는 현실이었고 감당이 되지 않았다.

유치원 선생님 맥그레거는 머니의 아동 발달 이론을 배운 적이 없었고 브렌다에 관한 의견이 머니와 달랐다. "브렌다의 자연스러운 성향은 남아에 더 가까웠어요." 그뿐 아니라 맥그레거가 보기에 브렌다도 무의식적으로 아는 것 같았다. "브렌다는 자신을 여자아이로 느끼지 않았어요."

맥그레거의 추측이 맞았다. 양성으로 나눠진 학교에 던져진 브렌다는 이제 자신이 뭔가 심각하게 다르다는 걸 알았다. 데이빗이 말한다. "일반적으로 여자는 어떻고 남자는 어떻다는 게 있잖아요. 모두 나를 여자라고 하는데 나는 내가 여자 같지 않았어요. 나는 남자들이 하는 걸 좋아했어요. 뭔가 맞지 않았죠. 그래서 생각했어요. 뭔가 잘못됐어. 나도 이 여자아이처럼 해야 하지만 나는 저 남자아이처럼 하고 있어. 그러니 나는 남자가 되어야 해."

브렌다가 학교에 잘 적응하지 못한다는 게 분명히 드러났다. 유치원 연말 평가 때 브렌다는 사회생활, 학습 습관, 듣기, 말하기, 읽기 등 모든 항목에 미달했다. 학교에서는 브렌다를 유급시키겠다고 했다. 재닛이 존스 홉킨스에 갔을 때 머니 박사에게 그런 고충을 털어놨더니 머니 박사는 브렌다의 IQ 검사를 했다. 연구 조교 낸시 밥로우가 이틀 동안 표준 IQ 검사인 웰셔 지능 척도로 검사했다. 브렌다의 점수는 90점대 후반부여서 인구의 50% 수준이었고 평균 지능이었다. 3주 후에 머니 박사는 결과를 브렌다의 학교에 보냈다. 동봉한 편지에서 그는 브렌다의 문제가 일시적이며 해결되는 중이라고 했고 그건 "어릴 때 입원해서 나쁜 정서적 경험"으로 생긴 "가벼운 부정적 태도" 때문이라고 했다.

그는 이렇게 결론을 내렸다. "현재 상황이라면 나는 브렌다를 진급시키기를 강력히 추천합니다. 지금 나타난 성적 미달은 정서적 문제이므로 유치원에 유급시킨다고 나아지지 않을 것입니다."

위니펙 학교 당국은 머니 박사의 편지를 받고 생각을 바꿨고 1971년 9월에 브렌다는 새 학교 미네통카 1학년에 진급했다.

그러나 브렌다의 문제는 더 심각해졌다. 브렌다가 1학년이 되고 채 두 달도 못 된 10월 29일에 브렌다의 선생님 섀린 프룸이 지역 아동 지도 클리닉에 보고했다. "내가 아무리 애써도 브렌다는 어떤 게임이나 활동에도 관심이 없습니다." 프룸은 브렌다의 부정적인 행동이 절대 "가볍지" 않다고 봤다. 프룸은 브렌다의 태도가 "매우 부정적"이고 동급생들과 완전히 고립되어 "다른 아이들과 정반대로 한다"라고 썼다.

아동 지도 클리닉의 직원 조운 넵스도 그때 브렌다의 생활을 관찰했었고 이렇게 말한다. "브렌다의 어머니는 브렌다를 단정하고 예쁘게 입혀서 등교시켰어요. 브렌다의 용모는 괜찮았어요. 곱슬머리에 커다란 갈색 눈이 참 예뻤어요. 그런데 문제는 브렌다의 행동이었어요. 곧 지저분해졌죠. 아이들과 싸우고 흙장난을 했어요. 브렌다는 정말 거친 아이였어요. 앉아서 책을 보려고 하지 않았어요. 때려눕히고 총을 쏘는 경찰 놀이를 했어요." 브렌다가 여자아이들과 놀려고 할 때도 있었지만 잘되지 않았다고 넵스는 말한다. "여자아이들에게 자기가 원하는 걸 시키고 대장이 되려고 했어요. 카우보이와 인디언 놀이를 시키고 여자아이들을 쫓아다니면서 난리를 피웠죠. 다른 여자아이들은 그런 걸 하고 싶어 하지 않았어요."

론과 재닛은 브렌다가 수술받은 걸 비밀에 부치려 했지만 이제 상황이 그럴 수 없었다. 학교와 아동 지도 클리닉에서 브렌다가 공부와 교우 관계에 문제가 있는 이유를 계속 묻자 론과 재닛은 비밀 공개 허락 서류에 서명하면서 그동안 그들을 진찰해온 동네 소아과 의사 마리아노 탠에게 아동 지도 클리닉에 연락하라고 했다.

닥터 탠은 클리닉 원장에게 편지를 썼다. "이 편지를 반드시 비밀에 부쳐주십시오. 나는 이 두 아이를 1966년 10월부터 진찰했습니다. 이들은 일란성 쌍둥이고 둘 다 남아입니다. 그러나 브루스(지금의 브렌다)가 불행한 의료 사고로 음경이 잘렸습니다." 이어서 탠은 브렌다가 존스 홉킨스에서 성전환 수술을 받았다고 설명했다.

탠의 편지로 클리닉과 학교는 브렌다 라이머에 관해 많이 알게 됐다. 브라이언의 1학년 때 선생님 준 허니가 말한다. "나는 처음에 브렌다를 여자아이로 받아들였지만, 이제 배경을 알고 나서 생각했어요. 그럴 만도 하구나. 그런 엄청난 일이 일어났는데 어떻게 아이가 가만히 앉아서 수업에 집중하겠어? 불가능해."

정말 그랬다. 학년 말에 미네통카 학교 당국은 브라이언은 1972년 가을에 다음 학년으로 진급하겠지만 브렌다는(머니 박사가 아무리 낙관적으로 예상하더라도) 유급되어야 한다고 론과 재닛에게 말했다.

브렌다가 열 살일 때. 데이빗은 나중에 이렇게 말한다. "모두 내가 여자라고 말했지만, 나는 내가 여자 같지 않았어요."

1970년대 중반 어느 크리스마스
브렌다가 할아버지 할머니 댁에 가려고 차려 입었다.

# 4
# 거세지는 학문적 논란

브렌다 라이머가 한 번 더 1학년을 시작하고 4개월 후 1972년 12월 28일에 존 머니가 이 "쌍둥이 사례"를 공개했다.

워싱턴 DC에서 미국 과학 발전 협회 연례 정기 집회가 열렸다. 그 집회의 주제는 "아동기와 청소년기의 성 역할 학습"이었고 이틀 동안 이어진 강연 중에서 머니는 천 명이 넘는 과학자, 페미니스트, 학생, 기자 앞에서 첫 강연을 맡았다. 그 심포지엄은 쇼어햄 호텔 앰배서더 볼룸에서 열렸고 성 발달 분야를 선도하는 쟁쟁한 연구자들이 모였다. 그러나 신문에 대서특필된 건 머니 뿐이었다. 그건 오전 강의 때 머니가 발표한 사례 때문이었다. 더 자세한 내용은 앤크 얼하트와 공저한 저서 《남자와 여자, 소년과 소녀 *Man & Woman, Boy & Girl*》를 보라고 머니가 청중에게 알렸다. 그 책은 마케팅을 위해 머니가 심포지엄에서 강연하는 날 출간되었다.

《남자와 여자, 소년과 소녀》는 4년에 걸쳐 집필된 책이다. 1950년대 초에 머니의 심리 호르몬 연구부를 거쳐 간 수백 명의 암수동체 환자 자료, 그 외에도 머니가 책의 서문에 밝혔듯이 "유전학, 발생학, 신경내분비학, 내분비학, 신경외과, 사회, 의료, 임상심리학, 사회인류학" 등 다양한 과학적 전문 지식을 바탕으로 했고 라틴어 전문 용어와 복잡한 문장 구조 때문에 더 난해했다. 그러나 총 300쪽에 달하는 그 책 곳곳에서 강조하는 핵심은 매우 간단명료했다. 머니가 1950년대 중반에 간성에 관한 논문들에서 피력한 그 개념이었다. 즉 인간의 심리 성적 분화를 결정하는 일차적 요인은 생물학적 요인이 아니라 학습과 환경이라는 것이었다.

　　이미 머니와 얼하트의 연구로 자궁 내에서 과도한 테스토스테론에 노출된 여아는 "말괄량이 기질"을 나타내게 된다는 결과가 나왔었다. 이 책은 그로부터 5년 후에 출간됐기 때문에 출생 전 호르몬이 성인의 성적 행동에 "영향을 미친다"는 사실을 인정할 수밖에 없었다. 그러나 머니는 그 영향이 결정적이지 않다고 주장했다. 그건 여아의 행동에 "특별한 취향"을 추가할 뿐이라고 했다. 출생 전 생물학적 요인이 성별 정체성 형성에 미치는 영향은 출생 후 환경 요인에 비하면 부차적이라고 했다. 성별 정체성이 양육으로 결정된다는 근거로 머니는 간성 환자들의 "쌍"의 사례를 들었다. 즉 증상이 비슷한 간성 환자 두 명이 반대 성별로 둘 다 잘 양육된 사례였다.

　　그러나 자세히 읽어보면 놀랍게도 간성 환자로는 인간의 성 발달을 다 설명할 수 없다고 스스로 인정하고 있다. 인간의 심리 성 분화에 대한 수수께끼를 실험으로 밝히는 데 한계가 있다고 머니가 책 중반부에서 스스로 고백하기 때문이다. "대체로 성별 정체성 분화가 성염색체, 태중 호르몬 패턴, 산후 호르몬 수준으로 결정되지 않는다는 이론을 실험하려면 정상아기를 대상으로 동물처럼 실험할 수 있는 윤리적 자유가 있어야 한다. 그러나 그런 실험을 계획하는 건 윤리적으로 허락되지 않으므로 뜻밖의 기회를 이용하는 수밖에 없다. 가령 정상 남아가 포경 수술 때 의료 사고로 음경을 잃는 경우다."

그러고 나서 머니는 그런 "뜻밖의 기회"가 다가왔고 그 기회를 잡았다고 밝혔다. 아기의 부모가 아들을 여아로 전환하는 수술을 허락했다고 하면서 그 사례가 "아주 특별"하다고 했다. 마침 그 아기가 일란성 남아 쌍둥이였기 때문이다. 그 책의 독자나 심포지엄 청중은 그 중요성을 알아차렸을 것이다. 머니는 생물학적으로 최대한 똑같은 한 쌍의 어린이로 실험을 했던 거다. 그 한 쌍의 어린이는 똑같은 세포로 생명이 시작됐고, DNA의 유전적 청사진이 똑같고, 똑같은 태내 호르몬 속에서 뇌와 신경계가 발달했다. 요컨대 최고로 일치하는 한 쌍이었다.

머니는 브렌다 라이머의 사례가 그의 연구나, 더 나아가 성 연구 역사에 얼마나 특별한지 알았다. 그래서 《남자와 여자, 소년과 소녀》에 이 사례를 강조했다. 즉 책 서론에 먼저 언급했고 여러 군데에 인용했다. 8장 "성별 정체성 분화", 9장 "발달 분화", 10장 "사춘기 호르몬" 등이다. 특히 7장 "성전환과 양육 시 성의 2

형태성"에서 이 사례를 자세히 서술하는데, 매년 브렌다의 가족이 심리 호르몬 연구부에 올 때 브렌다를 직접 관찰한 것과 재닛이 편지나 전화로 말한 것을 기초로 했다.

머니는 브렌다가 "말괄량이 기질"을 보인다고 지나가며 언급했지만, 브렌다가 전형적인 여성적 행동을 보인 수많은 경우에 비하면 사소하다고 무시했다. 그러나 사실 그건 브렌다가 어쩌다 여자아이처럼 행동한 걸 재닛이 희망적으로 보고한 것들이었다. 머니는 브렌다가 서서 소변을 보는 습관이 있다고 밝히지 않았다. 그 대신 재닛에게 말한 것처럼 "많은 여아"가 남아처럼 서서 소변을 보려 한다고 주장하면서 브렌다가 다섯 살이 되고부터는 서서 소변을 보지 않고 브렌다가 이따금 옛날 습관대로 하는 건 단지 "남동생을 모방"하기 때문이라는 식으로 말했다. 그 책 출간 1년 반 전에 브렌다의 공부, 사회성, 정서에 문제가 있어서 머니가 위니펙 학교에 편지를 썼던 사실은 밝히지 않았다.

머니는 브렌다에 대한 실험을 성공으로만 그렸다. 쌍둥이 남동생과 비교할 때 브렌다는 "엄청나게" "눈에 띄게" 정반대라고 했다. 브라이언은 "자동차, 주유소, 공구"에 관심이 있는 반면에 브렌다는 "인형, 장난감 집, 장난감 유모차"에 관심이 많고, 브라이언과 달리 브렌다는 깔끔하다고 했고, 브라이언은 주방일을 싫어하는 반면에 브렌다는 관심이 많다고 했다. 브렌다가 "쌍둥이 중에서 더 주도적"이라고 쓰긴 했지만, 시간이 가면서 달라지고 있다는 식으로 썼다. 세 살이 됐을 때 브렌다가 브라이언을 주도하는 게 "엄마 닭이 병아리를 돌보는" 것 같다고 했다. 대체로 이 사례는 쌍둥이가 양육된 성별대로 취향, 기질, 행동이 정반대로 형성되어서 남아와 여아가 태어나는 것이 아니라 만들어진다고 입증하는 "최고의 실험"인 것처럼 보였다.

이 사례는 마침 왕성해지고 있던 여성 운동과 더불어 부각됐다. 여성 운동은 성차가 생물학적으로 생긴다는 사실을 수십 년째 반박하고 있었기 때문이다. 머니는 신생아가 심리 성적으로 중립 상태라는 논문들을 1950년대에 써서 그것이 현대 페미니즘의 근거가 되었다. 케이트 밀렛은 1970년에 페미니스트의 바이블인 베스트셀러《성 정치학 *Sexual Politics*》에 1950년대의 그 논문들을 인용하면서 남녀 차는 생물학적으로 생기는 게 아니라 사회적 기대와 편견 때문에 생긴다는 증거로 삼았다. 이 쌍둥이 사례는 그런 관점을 지지하는 극적이고 반박할 수 없는 증거로 제시됐다.

머니가 미국 과학 발전 협회의 워싱턴 심포지엄에서 이 사례를 사상 처음으로 발표한 다음 주, 1973년 1월 8일에 〈타임〉 매거진이 보도했다. "이 극적 사례는 여성 해방론자들의 주장을 강력히 지지한다. 관습적인 남성 행동, 여성 행동 패턴이 뒤바뀔 수 있다. 또 주요 성차, 즉 해부적 성차와 심리적 성차가 수정되는 순간에 유전자로 결정된다는 이론에 의문을 제기한다."

〈뉴욕 타임스 북 리뷰〉에서는《남자와 여자, 소년과 소녀》를 "킨제이 보고서 이래 가장 중요한 사회과학 저서"로 추켜세우며 양육의 힘이 자연의 힘을 능가한다는 주장을 이렇게 요약했다. "남아에게 너는 여아라고 하고 여아로 키우면 그 아이는 여성적인 것을 하고 싶어 하게 된다."

쌍둥이 사례는 사회과학 서적부터 소아 비뇨학, 내분비학 서적까지 수많은 책에 인용됐다. "이 책에는 분명한 메시지가 있다. 행동 성향의 성차가 생물학적 근거로 발생하더라도 아동에게 어떤 성별을 배치하고 어떻게 양육하느냐에 따라 사회적 요인이 압도해서 성별을 모호하게 할 수 있다"라고 앨리스 G. 싸전트가 이 사례에 관해 1977년 여성학 교과서 《성 역할 너머 *Beyond Sex Roles*》에 썼다. 사회학자들도 이 사례에 매료되어 인간의 근본 정체성이 사회의 힘으로 형성된 최고의 예라고 했다. 일례로 1977년에 초간 된 《사회학 *Sociology*》교과서에서 이앤 로벗슨은 머니의 연구가 "양육 방식으로 어린이를 쉽게 반대 성별로 기를 수 있고" 인간에게 약간의 선천적 성차가 있더라도 "뚜렷하지 않고 문화 학습으로 극복할 수 있다"는 걸 보여준다고 했다. 1979년에 로버트 콜롯니와 저명한 성 연구자 매스터즈와 존슨이 쓴 《성의학 교과서 *Textbook of Sexual Medicine*》에서는 이 사례를 양육이 자연을 이기는 증거로 이렇게 인용했다. "이 여아는 (유전적으로 남성이지만) 뚜렷이 여성으로 발달하고 일란성 쌍둥이 남동생과 행동이 매우 다르다. 이 여아가 정상적으로 발달하는 것은 인간의 성별 정체성이 유연하고 그 과정에서 사회적 학습과 조건이 비교적 중요하다고 방증한다."

　　머니는 이 사례가 학술지와 일반 언론에 최대한 많이 실리게 힘썼다. 1970년대에 강연을 할 때마다 이 사례를 중심으로 했고 언급하지 않는 경우가 드물었다. 청중에게 더 어필할 방법도 추가했다. 1973년 3월, 유명한 네브래스카 동기부여 심포지엄 때 슬라이드를 보여줬다. 브루스가 음경을 잃은 후 서혜부를 가까이서 찍은 사진과 쌍둥이가 어느 문 입구에 서 있는 사진이었다. 브라이언은 짧은 소매 셔츠와 짙은 색 바지 차림이었고, 브렌다는 민소매 드레스, 흰 양말, 흰 신발 차림이었다. 머니가 직접 찍은 브렌다의 독사진도 있었다. 브렌다는 머니의 사무실에서 소파의 패턴 무늬 깔개 위에 어색하게 앉아 있었다. 꽃무늬 드레스와 운동화 차림에 방어하듯이 왼쪽 무릎을 살짝 들고 왼손으로 얼굴을 가리고 있었다. 머니가 청중에게 말했다. "마지막 사진을 보면 자세가 상당히 여성스럽습니다."

네브래스카 강연 때 머니는 이 사례를 요약하면서 의미심장한 말을 던졌다. 브렌다가 성전환에 성공했으니 "머니가 정상 사례가 아니라 특이한 사례만 연구한다"는 주장이 틀렸다는 것이었다. 그건 머니의 이론에 대한 라이벌, 밀튼 다이어먼드를 두고 한 말이라고 알 사람은 다 알았다.

그러나 사실 다이어먼드는 머니가 "특이한 사례"로 성별 정체성 연구를 하는 걸 반대하지 않았다. 단지 머니가 도출한 이론적 결론에 의문을 제기했을 뿐이다. 1965년에 머니에게 도전하는 논문 출간 후, 다이어먼드는 켄터키주 루이빌대학교에서 가르치면서 간성 연구를 시작했다. 루이빌 어린이 병원의 간성 환자들과 면담하면서 초기 유아기 성전환이 절대로 머니의 말처럼 만병통치약이 아니라는 걸 알게 됐다.

오히려 다이어먼드는 특정 성별로 키우면 아이가 그대로 받아들인다는 주장과 반대인 환자를 여러 명 만났다. 한 여아는 태아일 때 자궁 안에서 과도한 테스토스테론에 노출된 후 태어날 때부터 여자로 길러졌지만 여섯 살 때 어머니에게 자신이 "남자아이"라고 했다. 또 다른 사례로 유전적 남아가 음경이 작게 태어나서 여자로 길렀는데 열일곱 살 때 자발적으로 루이빌 어린이 병원에 와서 남자로 성전환을 시켜달라고 하면서 25번이나 받아야 하는 인공 음경 수술을 받겠다고 하고 원래의 유전자와 염색체대로 살겠다는 의지가 확고했다. 간성 어린이가 생물학적 성별과 반대 성별을 받아들인 것 "같아 보인" 경우에도 성별 정체성이 정말로 바뀌었는지 확실하지 않았다. 그런 사례들은 "인간이 어떤 역할에 유연하게 적응한다는 걸 보여줄 뿐이지 양육의 영향이 돌이킬 수 없이 확고하다고 보여주는 게 아니다"라고 1968년의 저서 《재생산과 성적 행동 *Perspectives in Reproduction and Sexual Behavior*》에서 다이어먼드가 경고했다.

여기저기서 그 책에 주목하는 과학자, 연구자, 의사들이 나타나자 다이어먼드는 용기백배했다. 영국의 두 의사 듀허스트와 고든은 10년간 간성 환자를 치료하고 쓴 책 《간성 장애 *The Intersexual Disorders*》에서 아이가 양육 받은 대로 자신의 성별을 인식하게 된다는 머니의 주장에 의문을 제기했다. 그들은 영국 의사들에게 설문 조사를 해서 간성인 진료 결과가 머니의 주장과 다르다는 사실을 밝히면서 다이어먼드가 루이빌에서 한 간성인 연구를 인용했다. 그로부터 1년 후 1970년에 처음으로 같은 미국인이 다이어먼드와 의견을 같이하여 머니의 인간 심리 성적 분화 이론에 이의를 제기했다.

버나드 쥬거 박사는 맨해튼의 아동 정신과 의사인데 어린 남자 동성애자들과 가족을 치료하면서 성적 취향이 양육과 환경의 결과라는 그 당시 우세한 관점에 의문을 제기했다. 게이 환자들의 가족 역학을 연구하면서 어머니가 지배적이고 아버지는 무심하고 냉담한 경우가 많다는 걸 발견했지만, 가정 속의 아동을 관찰해보니 그것은 아동 동성애의 '원인'이 아니라 '결과'였다. 55명의 어린이를 장기 면담해보니(30년 동안 이어진 경우도 있다) 거의 모든 경우에 남아들이 아주 초기부터 여성적 놀이 선호, 관심, 행동을 나타냈다. 그런데 아버지가 남자의 관심사를 통해 아들과 친해지려고 하다가 거절을 당하니까 정서적으로 뒤로 물러났고 어머니가 그 빈자리를 채워서 소원한 아버지와 지배적인 어머니의 패턴이 만들어진 것이다. 그래서 쥬거 박사는 동성애가 생물학적으로 생긴 것이 아닌가 의심하게 됐다. 그것은 양육으로 결정된다는 통념에 반대된다. 그 통념은 머니와 햄슨 부부가 1950년대에 쓴 암수 동체에 대한 논문들에 상당히 기반을 둔다. 존스 홉킨스 팀이 어떻게 그걸 발견했는지 알기 위해 쥬거 박사는 자세히 살펴봤다.

10여 년 전 캐나다 팀처럼 쥬거 박사도 존스 홉킨스 팀의 방법론, 임상 자료 해석, 통계분석이 심각하게 문제가 있다고 했다. 그 논문들에는 "사례의 연령, 이후 행적, 대안 요법의 역할 같은 자료가 없었다." 또 그사이 15년 동안 새로운 생물학적 증거들이 많이 나와서 홉킨스 팀의 결론에 한층 더 의구심을 드리웠다. 캐나다 팀과 달리 쥬거는 새로운 생물학 발견에 비춰 올바른 통계 방법으로 존스 홉킨스의 자료를 구체적으로 재분석했고, 머니와 햄슨 부부가 인용한 사례들을 낱낱이 파헤쳤다. 생물학적 성별과 반대로 잘 양육됐다고 한 어린이들이 있었는데, 알고 보니 사실은 염색체, 생식샘, 호르몬 등 생물학적 성별 요인과 일치하는 양육을 받았다. 요약해보면, 생물학적 요인보다 양육으로 성별이 결정된다는 증거라고 한 65개 사례 중에서 4개만 타당성이 있었고, 그것도 의심스러운 면이 있었다. 쥬거는 이렇게 썼다. "그 4가지 경우는 다이어먼드가 말한 대로 인간이 성적으로 '유연하게' 적응하기 때문일 수 있다. 아니면 더 자세히 연구하면 밝혀질 생물학적 요인이 있을 수 있다."

쥬거의 논문을 〈심신 상관 의학 *Psychosomatic Midicine*〉 1970년 호에 싣기 전에 편집자가 미리 머니에게 보냈더니 머니는 격노했다.

"눈먼 사람에게 그림을 가르치긴 어려운 법이죠"라고 머니가 운을 떼고 나서 쥬거 박사가 "의도적으로 왜곡해서 샘플을 모았다"고 비난하고 쥬거 박사의 논문이 "논쟁적"이고 "추측에 근거할 뿐"이라고 혹평했다. 또 쥬거 박사가 지적한 구체적인 과학적, 방법적, 통계적 오류에 관해서는 거론하지 않고 편집자를 위협하기만 했다. "이제 쥬거 박사의 원고에 대한 내 기분을 알았을 거요. 그 논문을 싣지 말라고 하면 쉽겠지만 그렇게 하지 않겠어요. 요즘에는 다른 저널도 많으니까 내가 다른 저널을 찾아서 거기 실으면 될 테니까요. 쥬거 박사에게 원고를 근본적으로 완전히 고치라고 하시오." 머니의 지시대로 고친다면 머니에게 동의하는 결론이 될 것이다.

머니가 학계에서 힘이 있으니까 편집자는 그 말을 따랐다. 쥬거에게 머니가 제안한 대로 논문을 고치라고 했다. 쥬거는 거절하면서 머니의 비판에 "내용이 없다"고 했고 "완전히 고치라는 머니 박사의 말은 논문을 영구적으로 폐기하라는 말과 같다"고 했다. 결국, 양측의 합의로 쥬거의 논문과 머니의 반박문이 그 저널의 1970년 9-10월 호에 전문 그대로 게재되었다.

그 후 학계에 논쟁이 더 가열될 수도 있었을 것이다. 그동안 비판이 이어졌기 때문이다. 1959년에 캐나다 팀, 1965년, 1968년에 다이어먼드, 1969년에 영국 팀, 1970년에 쥬거가 비판했지만, 논란을 잠재워버리는 사건이 생겼다. 1972년 연말에 머니의 대표 저서 《남자와 여자, 소년과 소녀》가 출간되어 극찬을 받은 것이다. 특히 그 책의 쌍둥이 사례가 주목받았다.

멜 그럼백 박사는 샌프란시스코 캘리포니아 대학교, 소아 내분비학 전문의이고 세계적 권위자다. 그는 말한다. 결정적인 머니의 쌍둥이 사례로 인간이 태어날 때 심리 성적으로 굳어져 있지 않다는 이론이 보편화 됐고, 모호한 생식기를 가졌거나 생식기가 손상된 유아에게 성전환 수술을 하는 게 보편화 됐다. 존스 홉킨스에 국한됐던 그 수술이 지금은 중국을 제외한 모든 주요 국가에서 이뤄진다. 정확한 통계는 없지만, 한 의사는 적게 잡아도 미국 대도시마다 매년 3~5건이 이뤄지고 미국 전체로 보면 매년 최소 한 백 건이 이뤄질 거라고 한다. 전 세계로 보면 매년 천 건은 될 거다.

의료계가 쌍둥이 사례에 큰 영향을 받았다고 그럼백이 설명한다. "존이 한 컨퍼런스에서 발표했어요. '어떤 쌍둥이 사례에서 한 아이는 이제 여아가 됐고 다른 한 아이는 남아입니다'라고요. 정상 남아를 여아로 바꿨다고 했어요. 엄청났죠. 정말 엄청났어요. 사람들이 얼마나 크게 반응했겠습니까. 그 사례는 뭐든 할 수 있다는 걸 보여줬어요. 정상적 XY 염색체 남성을 신생아 시기에 여성으로 바꿔도 별다를 게 없다는 거예요. 존 머니가 중요 인물이다 보니 그가 하는 말이라면 복음처럼 그냥 다 받아들이는 사람도 있었어요."

그러나 전부 다 그렇지는 않았다. 미키 다이어먼드는 출생전 성 신경계가 어떻게 형성되는지 계속 연구하면서 간성 어린이나 정상 어린이나 모두 심리 성적 중립 상태로 태어나지 않는다는 확신이 더 굳어져서 유아 성전환이 성행하는 것을 우려하게 됐고 정상적 유아의 성별을 바꾸는 건 불가능하다는 확신이 더 굳어졌다. 다이어먼드는 말한다. "그러나 그 당시에는 쌍둥이 사례를 반박할 증거가 없었어요. 이론적으로 반대하는 수밖에 없었죠." 그는 이 사례를 자세히 추적하기로 작정했다. 그건 순전히 과학적인 동기였다. 그러나 이제 머니와 이론적으로 논쟁하는 데 감정까지 상당히 개입되었다 하더라도 이해할만하다. 머니가 《남자와 여자, 소년과 소녀》에서 쌍둥이 사례를 다룬 후 곧 다이어먼드를 비롯해 자신의 논문에 도전하는 사람들을 비난했기 때문이다. 머니는 자신의 견해를 말하면서 신랄하게 꼬집었다. "이 점을 굳이 다시 역설할 필요가 없지만, 아직도 이해하지 못하는 저자들이 있어서 다시 썼다." 그러면서 다이어먼드를 비롯한 사람들이 "수많은 간성 어린이들의 삶을 파괴하고 있다"라고 했다.

《남자와 여자, 소년과 소녀》 출간 당시에 머니와 다이어먼드는 출간된 논문과 책에 관해서만 토론했지만, 그것이 곧 바뀌었다.

1973년 9월, 출간 9개월 후 존 머니는 제3회 성별 정체성 연례 국제 심포지엄의 의장을 맡았다. 장소는 유고슬라비아, 두브로브니크에 있는 호텔 리베르타스였다. 성 발달 분야의 선도적 권위자들이 다 모였다. 머니의 공저자 앤크 얼하트 박사도 있었다. 그는 버팔로에 있는 뉴욕 주립 대학교 정신과 임상 부교수가 되어 있었다. 도널드 롭 박사는 스탠퍼드 의학전문대학원 교수이자 성형외과 의사로서 성전환 수술 전문가였다. 아이라 폴리 박사는 정신과 의사이며 오늘날까지 여전히 성전환 분야 전문가다. 밀튼 다이어먼드는 발표자나 패널로 초청되지 않았지만, 그 컨퍼런스에 참석하러 유고슬라비아에 갔다. 머니는 첫날 기조연설을 했다. 첫날 모든 강연이 끝난 후, 과학자들은 저녁에 칵테일 리셉션에 모였다. 노을 진 에게해를 내다보는 대형 유리창이 있는 방이었다.

다이어먼드가 회상한다. "나는 사람들과 구석에 앉아 있었어요. 머니는 다른 쪽에 앤크 얼하트와 앉아 있었죠. 그런데 갑자기 일어서더니 목청껏 소리를 질렀어요. 미키 다이어먼드, 난 너의 뻔뻔함이 싫어!"

논쟁이 이어졌다.

그 당시 버팔로의 뉴욕 주립대 교수이며 두 사람 모두의 친구이던 번 벌로우가 회상한다. "미키는 데이터가 부족하고 결론을 내리기엔 너무 이르다고 지적했어요. 그러자 존이 갑자기 미키에게 주먹다짐을 했어요. 미키는 맞서 싸우지 않았어요. 그저 '데이터가 부족해요'라고 다시 말했고 존은 소리를 질렀어요. '우리는 성 연구자로서 협력하고 서로에게 도전하지 말아야 해!'" (그러나 다이어먼드는 물리적 충돌을 했던 기억은 나지 않는다고 했다.)

사람들이 둘을 뜯어말렸지만, 파티 분위기가 상당히 어두워졌다. 그러나 그 후에도 머니는 여전히 강의, 논문, 언론을 통해 쌍둥이 사례를 알렸다. 그해 6월에 볼티모어의 〈뉴스 아메리칸 *News American*〉이 머니를 자세히 소개하면서 그 쌍둥이 사례를 성 연구의 획기적 성과로 들었다. 머니는 인터뷰에서 "누가 남아이고 누가 여아인지 의문의 여지 없이 확실합니다"라고 말했다.

그 기사는 이어서 이렇게 말한다. "그러한 발견들이 성 역할 인식에 미칠 영향은 다윈의 진화론에 필적한다."

# 5
# 연구라는 미명 하의 아동 학대

1967년에 브렌다를 거세할 때 머니 박사는 라이머 부부에게 자신이 브렌다를 1년에 한 번씩 만나서 후속 상담을 해야 한다고 했다. 라이머 가족은 어떤 때는 최장 18개월 만에 방문하기도 했다. 그것은 성전환 아동이 성장할 때 수반되는 "심리적 위험을 예방"하기 위해서라고 머니가 라이머 부부의 변호사에게 보낸 편지에 썼다. 그러나 라이머 부부의 진술이나 그 당시 진료 기록을 보면, 그 심리 호르몬 연구부에 갈 때마다 브렌다가 혼란스러워하고 두려워하는 증세가 더 악화했다. 머니의 기록을 보면 브렌다는 네 살 때 첫 번째 후속 방문을 할 때부터 무서워서 발작을 일으켰다. "아이는 미친 듯이 검사를 거부했다. 때리고 발로 차고 사람들을 공격했다"라고 머니가 썼다.

데이빗은 "나에게 무슨 일인가 일어났다는 걸 알았지만 그게 뭔지 몰랐고 알고 싶지도 않았어요"라고 그 이상한 심리 호르몬 연구부에 갔을 때 얼마나 무서웠는지 설명했다. 브라이언도 매번 머니 박사를 만나야 했는데 그게 이상하고 불안했다고 한다. "'우리 반에서 왜 나만 브렌다와 함께 볼티모어에 가서 머니 박사라는 사람과 이야기해야 하는 거지?'라는 생각이 들었고 우리를 외계인 취급하는 것 같았어요." 쌍둥이는 곧 부모와 머니 박사의 동료들이 다 뭔가 숨기고 있다고 확신했다. 브라이언이 말한다. "뭔가 말이 안 되는 게 있었어요. 우리는 아주 어릴 때부터 그걸 알았어요. 그러나 감을 잡지 못했죠. 그게 뭔지 몰랐어요."

두 아이는 다만 머니 박사와 그 팀이 둘의 모든 것에 관심을 기울인다는 걸 알았다. 그들이 하는 질문 중에는 괜찮은 것도 있었다. "어떤 음식을 좋아해?" "엄마가 좋아, 아빠가 좋아?" 같은 거 말이다. 그러나 이상한 질문도 있었다. 머니 박사는 두 아이에게 남자와 여자의 생식기 차이를 아느냐고 하거나 아기가 어떻게 생기는지 아냐고 계속 물었다. 브렌다가 머니 박사와 단둘이 면담할 때는 어떤 장난감을 좋아하는지, 남자아이들과 싸우는지, 여자아이들과 노는 걸 좋아하는지 꼬치꼬치 질리도록 반복해서 물었다. 머니 박사와 그 동료들은 브렌다가 남자아이 같은 행동을 하고 남자아이 같이 느낀다는 사실을 애써 무시하려 했다고 데이빗이 말한다. "그들은 제게 여자아이인 걸 부끄러워하지 말라고 했어요. '여자아이도 남자아이와 똑같은 걸 할 수 있는 거야.' 머니 박사를 보조하는 한 여자는 제게 '그건 그냥 여자아이들의 말괄량이 기질이야. 나도 그랬어. 넌 그냥 말괄량이 같은 거야'라고 했지만 저는 속으로 '아니야, 그렇지 않아'라고 생각했어요."

머니의 심리 호르몬 연구부 기록을 보면 데이빗이 말한 대로 머니와 그 동료들은 브렌다가 토로하는 성적 혼란을 일부러 외면했거나 보고 들을 능력이 없었다. 초기 방문 때는 브렌다가 자신이 여자아이가 아니라고 느낀다는 걸 의식적으로 잘 설명하지 못했지만 머니의 기록을 보면 그런 브렌다의 느낌이 면담과 심리 테스트에 분명히 나타난다.

브렌다가 여섯 살이던 1972년 6월 19일에 심리 호르몬 연구부에 갔을 때 사람을 그려보라는 테스트를 받았다. 누구를 그리느냐로 아이의 성별 정체성을 파악하는 테스트였다. 그랬더니 브렌다는 여자를 그리지 않았다. 흔히 아이들이 그리는 전형적인 남자아이를 그렸다. 검사자는 머니가 지도하는 학생 R. 클라퍼였는데 그가 브렌다에게 그게 누구냐고 물어보니까 "나"라고 했다. 자신과 반대 성별을 그리라고 하자 브렌다는 싫다고 했다. 일지를 보면 "상당히 어르고 달랜" 후에야 다른 그림을 그리고서 그게 "머리를 묶은 브렌다"라고 했다. 그랬다가는 또 그게 "브라이언"이라고 했다가 다시 그건 브렌다라고 했다. 브렌다와 "반대 성별"은 무엇을 입느냐고 하자 "치마"라고 했다.

데이빗은 머니와 그 팀이 원하는 대로 말하는 법을 재빨리 알아차렸다고 말한다. 그래서 머니의 일지를 보면 브렌다가 가끔 "바느질, 청소, 설거지"를 좋아한다고 말했다. 그러나 브렌다가 조용하고 여성스러운 자세를 자주 잃어버렸다고도 기록돼 있다. 1972년 6월 방문 일지를 보면 브렌다가 머니가 원하는 정답이 뭔지 알아내려 애쓰면서 질문자의 기대에 맞춰 황급하게 대답을 바꾸는 걸 볼 수 있다.

한번은 머니가 브렌다에게 남자아이들이 싸움을 걸어오면 맞받아 싸우는지 도망가는지 물었다. 처음에 브렌다는 얼떨결에 "싸워요"라고 했다가 즉시 말을 바꿨다. "아니요, 그냥 도망가요." 머니는 브렌다가 자기가 원하는 대로 대답하는 걸 알아차리고 다시 물었다. 그러나 이제 브렌다는 흔들리지 않았고, 자신은 남자아이들과 싸우지 않는다고 주장했다. "나는 여자아이니까요."

"네가 여자아이야?" 머니가 물었다.

브렌다는 "남자아이가 아니에요"라고 하면서 머니에게 그렇게 말해야 한다고 느끼는 것 같았다. 그러더니 자기가 정답을 말했는지 잘 몰라서 물었다. "여자아이들은 안 싸우죠?"

몇 분 후 머니가 질문을 돌려서 아이들과 싸울 때 손으로 싸우냐고 물었더니 브렌다는 아까 대답했던 걸 뒤집으며 강한 어조로 "주먹으로요"라고 대답했다.

그다음 해 브렌다가 일곱 살일 때 머니의 일지를 보면 이랬다저랬다 대답하는 실수가 확연히 줄었다. 머니가 "기본 질문"을 할 때 브렌다는 재빨리 척척 대답했다.

머니가 물었다. "소꿉놀이 좋아하니?"

"네."

"누가 엄마 역할이야?"

"나요."

"누가 아빠 역할이야?"

"남동생이요."

"아기는 누구야?"

"내 인형이요."

"인형을 어떻게 하니?"

"먹을 걸 줘요. 응, 우유를 줘요. 그게 전부예요."

그러나 그 방문 때도 브렌다가 무의식적으로 자신을 남자로 여긴다는 게 드러났다. 그 대화 후 머니가 브렌다에게 "좋은 꿈"을 꾼 적이 있으면 얘기해보라고 했더니 브렌다는 농장에 한 아이와 말이 있는 꿈을 꿨다고 했다. 그 아이의 성별을 말하기 전에 브렌다는, 머니의 일지에 따르면, "말을 잠깐 멈추고 무슨 단어를 말해야 할지 궁리하더니" 그 아이가 남자아이라고 했다.

브렌다가 말했다. "좋은 꿈이었어요. 그 아이는 뭔가 먹고 싶고 마시고 싶었어요. 침대에 가서 자고 싶었어요. 그게 전부예요."

브라이언과 브렌다를 함께 면담할 때도 브렌다는 여전히 싸움꾼이고 제 고집대로이고 지배적인 투사로 보였다. 머니가 두 쌍둥이를 함께 면담한 일지를 보니 가족, 선생님들, 아동 지도 클리닉 직원들, 그 외 위니펙의 다른 사람들이 말한 것과 일치했다. 브렌다는 둘 중에 더 남성적인 아이였다. 머니가 여섯 살인 쌍둥이에게 인형을 가지고 어떻게 노냐고 묻자 먼저 대답한 건 브라이언이었다. 인형을 안고 먹이고 돌본다고 신이 나서 말했다. 브렌다는 재촉을 받고 나서야 남동생이 한 말을 앵무새처럼 따라 했다.

그 면담 때 머니는 또 다른 질문을 했고 이후 방문 때도 계속 그 질문을 했다. 누가 "대장"이냐는 것이었다. 브라이언이 먼저 자기가 대장이라고 했지만 머니가 보기엔 분명히 그게 아니었다. (벌써 2년 전에 머니는 브라이언이 "브렌다를 많이 따라 하는" 걸 알아차렸다.) 그래서 브라이언에게 다시 정말로 브라이언이 대장이냐고 물었다. 그러자 브라이언의 허세는 금방 무너졌다.

"몰라요"라고 브라이언이 인정했다.

브렌다가 따졌다. "네가 대장이야? 네가 대장이 되고 싶어? 안 돼. 내가 대장이 될 거야."

그 공동 면담 때 머니는 쌍둥이에게 각자 어떤 식으로 싸우냐고 물었다. 브라이언은 싸우긴 하지만 여자아이들하고만 싸우고 특히 자기를 골리는 주황색 머리 여자애하고만 싸운다고 했다.

머니가 물었다. "다른 남자아이들하고도 싸우니?"

브라이언이 대답했다. "아니요, 여자아이들하고만 싸워요." 그러자 브렌다가 설명을 거들었다. 브라이언이 여자애들하고 싸울 때 "내 남동생 건드리지 마"라고 하면서 자기가 브라이언을 보호해줬다고 했다.

1년 후에는 브렌다가 브라이언을 보호해준다고 더 뚜렷하게 말했다. 머니와 단독 면담 때 아이들이 브라이언을 골릴 때 브렌다가 구해줬다고 했다. 그러면서 자기도 모르게 브렌다도 브라이언을 괴롭힐 때가 있다고 털어놨다.

머니가 물었다. "너하고 브라이언하고 싸울 때가 있니?"

브렌다가 대답했다. "네."

"손으로 싸우니, 주먹으로 싸우니? 아니면 발이나... 어떻게 싸우니?"

"주먹, 발, 손으로요."

"네가 브라이언을 때리니, 아니면 브라이언이 너를 때리니?"

"내가 브라이언을 때릴 수 있어요."

"누가 이기니?"

"내가 이겨요."

그 방문 때 머니는 쌍둥이가 공을 어떻게 던지는지 비교했다. 브라이언은 브렌다가 "여자아이처럼" 공을 던진다고 머니에게 말했다. 머니는 신이 나서 그 말이 맞는지 보려고 브렌다에게 고무찰흙 공을 주고 던져보라고 했다. "브렌다는 왼손으로 상당히 직구를 던졌다(두 아이 다 왼손잡이였다). 그냥 손을 어깨 위로 올려 던지는 전형적인 방법이었다."

데이빗은 회상한다. 일곱 살 때는 아직 어려서 생식기 외에 자신이 남동생과 똑같다고 생각하는 걸 잘 표현하지 못했다. 브렌다가 남아와 여아의 생식기 차이에 관해 머니와 얘기할 때 그 개념을 잘 표현하지 못하는 게 분명히 나타났다. 머니는 쌍둥이가 방문하던 초기부터 그런 질문을 했고 두 아이 모두 매우 당황했다. 브렌다는 몇 분 동안 대답을 못 하고 몸을 좌우로 흔들었다. 몸이 굳어서 고추나 질 같은 단어를 말하지 못했다. 그 대신 몇 년 동안 머니와 말을 주고받으면서 터득한 회피 전술을 썼다. 남자아이와 여자아이를 어떻게 구별하느냐는 질문에 제일 처음에는 남자아이는 머리가 짧고 여자아이는 길다고 했다. 머니가 다시 물었다. 브렌다는 남자아이는 바지를 입고 여자아이는 치마를 입는다고 했다. 그런 식으로 몇 분이 지나간 후 마침내 머니가 더 참지 못하고 말했다. "자, 내가 도와줄게. 고개를 내리고 다리 사이를 봐. 남자아이와 여자아이는 거기가 어떻지? 어떻게 다르지?"

브렌다가 반문했다. "거기가 평평하다는 말이죠?"

머니가 말했다. "남자아이는 고추로 오줌을 눠. 그건 소시지 같이 생겼지? 여자아이는 뭐가 있지?"

"몰라요."

"여자아이는 평평해. 남자아이는 그렇지 않아. 둘이 달라." 머니가 반복해서 말했다. "둘은 달라. 이제 알겠지?"

머니는 그 상황을 이렇게 기록했다. 브렌다가 자신도 모르게 말했다. "그러나 우리는 쌍둥이예요. 우리는 쌍둥이예요."

머니는 평상시에 말이 별로 없던 아이가 그렇게 강력히 주장하자 깜짝 놀라서 물었다. "너희가 쌍둥이라는 게 무슨 뜻이야?"

브렌다는 브라이언과 똑같은 점 몇 가지를 소극적으로 나열했다. 왼손잡이이고, 목소리가 똑같고, 눈이 똑같다고 했다. 부끄러워서 생식기에 관해서는 차마 말을 못 하면서 어떻게 그렇게 비슷한 두 아이가 신체적 성별이 "다를 수 있는지" 그 미스터리를 머니가 말해주기를 바랐다. 그러나 머니는 브렌다의 의도를 알아채지 못했거나 무시하고 원래 하던 대로 장난감, 친구, 학교, 싸움에 관한 준비된 질문을 여느 때처럼 이어갔다.

쌍둥이가 나이 들수록 머니의 질문은 노골적이었다. 브라이언이 말한다. "머니 박사는 '여자하고 섹스하는 꿈을 꾸니? 발기되는 일이 있니?'라고 묻곤 했어요. 브렌다에게도 마찬가지로 '이런 생각을 하니? 저런 생각을 하니?'라고 물어봤어요."

머니는 쌍둥이의 성 의식을 알아보면서 브렌다와 브라이언이 각각 여자아이, 남자아이로 느끼도록 프로그래밍하려고 했다. 머니의 이론에 따르면 어린이가 성 의식을 가지려면 아주 어릴 때부터 남녀 성 기관의 차이를 알아야 한다. 그는 음란물이 그 목적에 좋다고 생각했다. 그의 책 《성 특징》에 이렇게 썼다. "노골적인 성행위 장면이 아동의 성교육에 사용될 수 있고, 사용되어야 한다." 머니는 그런 장면이 "성별 정체성 및 성 역할을 강화한다"라고 했다.

브라이언이 말한다. "그는 옷을 입지 않은 남자아이, 여자아이들의 사진을 보여주곤 했어요." 데이빗은 어른의 성교 사진도 보여줬다고 말한다. "그는 '엄마들, 아빠들이 하는 걸 사진으로 보여줄게'라고 말하곤 했어요."

머니는 이중적인 성격이었다고 쌍둥이들이 증언한다. 브라이언이 말한다. "엄마 아빠가 있을 때와 없을 때 달랐어요." 부모가 있을 때 머니는 자애롭고 온화했다. 아이들만 있을 때는 딱딱거렸고, 특히 아이들이 말을 거역하면 더 심해졌다. 쌍둥이가 특히 저항했던 건 머니가 옷을 벗고 서로의 생식기를 관찰하라고 했을 때였다. 데이빗은 그 심리학자의 말에 따르지 않으려 했던 걸 기억한다. "그가 제게 옷을 벗으라고 했어요. 저는 하지 않았어요. 그냥 서 있었어요. 그랬더니 그가 '지금!'이라고 소리를 꽥 질렀어요. 한 대 칠 것 같았어요. 그제야 옷을 벗고 덜덜 떨며 서 있었죠." 브라이언도 그 일을 회상하면서 "옷을 벗어, 지금!"이라고 했다고 소리를 질러 흉내 냈다.

쌍둥이는 몰랐지만, 머니 박사가 아이들에게 시킨 생식기 관찰은 머니의 이론에서 어린이가 자신을 남자나 여자로 인식하는 데 중요했다. 그래서 머니는 브렌다의 성전환이 성공하려면 그것이 중요하다고 생각했던 거다. 머니는 그 시기의 중요성을 강조하는 글을 썼다. "성별 인식이 확실히 생기려면 그 기반은 남녀의 생식기와 생식 행동의 차이를 인식하는 거다. 그러나 우리 문화는 어린이에게 그걸 막는다. 모든 영장류는 어릴 때 자신과 이성의 생식기를 관찰하고, 자위하고, 삽입 및 성교 동작을 놀이로 한다. 어디서나 모든 어린이는 그렇고, 인간 외 영장류도 그렇다. 잘못은 그걸 즐기지 않는 것뿐이다."

그러나 두 아이는 억지로 하는 그런 행동을 즐기지 못했다. 특히 "삽입 및 성교 놀이" 말이다. 브라이언에 따르면 머니 박사는 쌍둥이가 여섯 살일 때 처음 그걸 시켰다. 머니의 사무실 소파 위에서 브렌다는 네 손발로 땅을 짚고 엎드리게 하고 브라이언은 브렌다의 뒤에서 무릎 꿇고 가랑이를 브렌다의 엉덩이에 대게 했다. 혹은 브렌다를 등을 바닥에 대고 누워 다리를 벌리게 하고 브라이언이 브렌다 위에 엎드려 눕게 했다. 브라이언에 따르면 최소한 한 번 그걸 즉석 사진기로 찍기도 했다.

쌍둥이가 받은 모든 요법 중에서 특히 그런 상담이 둘 모두에게 가장 깊은 흉터를 남겼다. 오늘날에도 데이빗은 그 얘기를 꺼린다. "기억하고 싶지 않은 것들이 있어요." 그는 1989년에 장차 아내가 될 제인 폰테인에게 그 얘기를 했다. TV에서 CIA가 사람들의 생식기에 전기 고문을 했다는 다큐멘터리를 보고 나서였다. 제인이 말했다. "데이빗은 존 머니의 일 때문에 울었어요. 그런 모습을 본 적이 없었어요. 위로해줬죠. 머니 박사가 네 손발로 엎드리게 하고 브라이언이 자기 엉덩이에 올라타게 했대요. 그러고서 사진도 찍혔대요. 바로 그 얘기를 한 적이 있어요."

브라이언은 그 성교 흉내를 얘기할 때마다 감정이 복받쳤다. "정말 힘들어요…. 왜 우리에게 그런 걸 시켰는지 지금도 모르겠어요"라고 브라이언이 말한다.

만일 브라이언이 존 머니의 이론을 연구했다면 알았을 것이다. 존 머니는 아동 성 리허설 놀이 이론을 책, 논문, 강연, 기자회견으로 사반세기가 넘는 동안 역설했다. 건강한 성별 정체성 확립에 그게 필수적이라고 말이다.

머니가 아동의 성교 흉내에 매료된 건 1969년 말에 뉴사우스웨일즈대학교 교수 세 명과 호주 북부 해안 지역에 갔을 때였다. 거기서 머니는 해안 지대에 사는 욜릉우(Yolngu) 원주민 부족을 2주 동안 탐방했다. 머니는 그들이 전부 이성애 집단이고 어떤 심리 성적 혼란이나 역기능도 없다고 주장했다. 그 부족 초등학교에 갔을 때 머니는 여덟 살 어린이가 하는 말을 들었는데 "친척인 두 여섯 살 아이들이 전날 밤에 모닥불 가에서 니기니기를 흉내 냈다"고 하는 거였다. 머니에게 통역해준 십 대 초반 아이는 그것이 "성교"를 의미한다고 했다. 그래서 그 부족에 아무런 성 혼란도 없다고 생각한 머니는 아동기의 "성 리허설 놀이"가 성인기에 건강한 성별 정체성을 만든다는 이론을 만들었다. 그 논문은 1970년에 〈영국 의료 심리학 저널 *British Journal of Medical Psychology*〉에 처음 실렸다.

"욜룽우 부족은 나체나 어린이의 성 놀이에 관해 솔직하다. 어린이도 성차, 성 기관의 의미, 생식 및 남성이나 여성의 정체성에 관해 솔직하다." 머니의 이론에 따르면, 반대로 서구 사회는 어린이의 성 놀이를 금지해서 해롭고 동성애, 소아성애, 정욕으로 인한 살인을 양산한다고 했다.

그러나 머니와 같이 출장을 갔던 J. E. 코트 교수는 거의 30년 동안 욜룽우 부족을 연구했지만, 어린이들이 성 리허설 놀이를 하는 걸 자신이나 다른 연구자가 본 적이 없다고 했다. 코트 교수는 욜룽우 성인은 성적 문제가 전혀 없다는 주장도 의심했다. 정신과 의사로서 수십 년 동안 그 부족에서 많은 성인이 가진 다양한 "성 노이로제"와 각종 역기능을 치료했다고 했다.

그럼에도 불구하고 머니는 그 후 30년 동안 욜룽우 부족은 어린이들이 성 리허설 놀이를 해서 심리 성적 혼란이 없다고 거의 모든 강연 때마다 말하고 다녔다. 그는 《남자와 여자, 소년과 소녀》의 한 단락에서 성 리허설 놀이를 다뤘고, 그 이론에 대한 논문을 1975년에 〈더 사이언스 *The Sciences*〉 지에 실었다. 1970년대 중반에 《성 특징》을 쓸 때는(라이머 쌍둥이를 치료하던 때이기도 하다) 아동기 성 리허설 놀이가 필요하다고 역설했다. "도대체 우리 문화는 어떻게 된 건가? 어린이가 성을 탐구하면 역병처럼 여긴다.... 어린이가 생식기의 차이를 보지 못하게 하고 절대로 성교 리허설을 못하게 한다. 성교는 인간의 보편적 행동이며 양성이 서로 다르면서도 조화롭게 행동해야 하는 유일한 것인데도 말이다!"

포르노 잡지 〈제네시스 Genesis〉와 1977년 4월 인터뷰에서 머니는 울분을 토했다. 어린이가 성 리허설 놀이를 하고 심리학자가 관찰하는 게 금지됐기 때문이다. "유아나 청소년의 성 리허설 놀이 금지 결과에 관한 연구가 전혀 없다. 그런 걸 연구하면 불량청소년을 양산한다거나 외설적이라고 감옥에 갈 수 있기 때문이다. 어린이가 성교 게임을 하는 걸 보겠다고 연구비를 신청한다면 거절당하고 신문에 대서특필될 것이다!" 1984년에도 같은 말을 했다. 성을 연구하는 학자가 "어린이가 정상적이고 건강한 성 리허설 놀이를 하는 걸 촬영"하면 "범죄"가 된다고 한탄했다. 〈오늘날의 심리학 Psychology Today〉 지와 인터뷰 할 때 어느 책에 실린 어린이의 성교 사진을 진행자 콘스탄스 홀덴에게 보여주면서 "우리는 이 어린이들의 사진을 봤으니 범죄자가 된 겁니다"라고 말했다.

1988년에 〈오프라 윈프리 쇼〉에 출연했을 때는 원래의 주제인 간성에서 돌발적으로 벗어나서 주구장창 설파해온 이론을 다시 꺼냈다. "저는 1970년대 초에 호주 북부 해안 지대 원주민을 연구했습니다. 너무 흥미롭게도 거기는 성적 금기가 없고 아이들이 성 리허설 놀이를 하는 게 일반적이고 벌하지 않았어요.... 너무 놀랍게도 거기는 양성애자나 동성애자가 없었습니다." 머니가 그런 얘기를 할 줄 몰랐던 오프라는 이야기를 다른 데로 돌리려고 가로막았다. "머니 박사님, 어려운 이야기네요." 그러나 머니는 멈추지 않고 성 리허설 놀이를 노골적으로 묘사하면서 그것을 욜릉우 부족에게서 직접 봤다고 했다. 1년 후에도 머니는 여전히 캐나다의 TV 프로그램 〈디 오리지널스 *The Originals*〉에 출연해서 사회가 내숭을 떨면서 아동의 성 탐구를 금지한다고 비웃었다. "내가 보기에 분명히 성 리허설 놀이는 어린이를 성적 정상으로 자라게 하는 자연의 섭리입니다."

　　머니의 성 리허설 이론을 들어본 적도 없는 브라이언과 브렌다는 영문도 모르고 무슨 의식처럼 머니의 지시대로 자세를 취하면서 어리둥절했고 머니가 그것을 유아 성전환 실험의 열쇠로 여긴다는 걸 몰랐다.

　　당연히 브렌다는 일곱 살부터 더 심하게 볼티모어에 가지 않으려 했고 머니는 론과 재닛에게 아이가 좋아하도록 가족 휴가를 겸해서 존스 홉킨스에 오라고 했다. 재닛이 말한다. "그래서 우리는 브렌다에게 디즈니랜드와 뉴욕에도 갈 거라고 구슬렸어요."


　　이때부터 머니 박사는 브렌다와 면담할 때 질 수술에 더 초점을 맞췄다. 브렌다가 22개월 때 거세를 받은 건 여성화 1단계에 불과했다. 존스 박사는 브렌다의 신체가 거의 완전히 성장할 때까지 기다려서 남은 두 수술을 하려고 했다. 첫째는 요도를 여성의 위치로 낮추는 것이고, 둘째는 완전한 질 관을 만드는 것이었다. 머니 박사가 보기에는 브렌다가 그 두 가지 수술을 받아야 할 이유가 절실했다. 그의 이론에서는 성별 정체성을 "배우려면" 생식기 모양이 중요하기 때문이다. 그는 브렌다의 심리 성적 전환이 완전해지려면 신체적 성전환이 완수되어야 한다고 생각했다.

그런데 한 가지 문제가 있었다. 브렌다는 절대로 수술을 받지 않겠다고 했다. 머니의 개인 진료 일지에 따르면, 질 수술 이야기를 처음 꺼낸 건 1973년 4월 24일에 브렌다가 왔을 때였다. 그는 짐짓 무심한 듯 이야기를 꺼냈다.

다른 아이들과 싸우는지, 남자아이와 여자아이를 어떻게 구별하는지 등 다른 때와 같은 질문을 오래 한 후 머니가 말했다. "아, 네게 말할 게 있어. 네 다리 사이가 다른 여자아이들과 똑같지 않다는 거 알지?"

"네." 브렌다가 대답했다. 브렌다는 그걸 상당히 잘 알았다. 브렌다의 음부에는 피부 속에 작은 돌기 같은 게 있었고 흉터 자국이 있었다. 브렌다는 왜 그런지 모르고 불안해서 그 부분을 보지도 않고 만지지도 않았다.

머니가 말했다. "그것에 대한 뉴스가 있어. 이 병원에서 그걸 고칠 수 있어. 그러면 원래 모양대로 될 거야."

"네?" 브렌다가 반문했다.

머니는 수술하면 오줌을 똑바로 눌 수 있다고 말했다. (머니의 이론에 따르면 브렌다가 일반적인 여자들처럼 소변을 보지 않는 건 음부 수술이 다 끝나지 않아서라고 했다.) 머니가 물었다. "네가 몇 살이 되면 그 수술을 받을 수 있을까?"

브렌다는 머니가 곤란한 질문을 할 때 자주 써먹는 대답을 했다. "모르겠어요."

머니는 다음에 올 때 내년에는 여덟 살이니까 그때 하자고
했다. 브렌다는 묵묵부답이었다. 머니는 "흰옷을 입은 의사 선생
님"이 "거기 아랫부분을 고쳐줄" 거라고 길게 설명했다. 마침내
브렌다가 입을 열었다.

"안 할래요."

브렌다는 요지부동이었다. 오늘날 데이빗이 설명하길 그건
병원이나 의사, 주사가 무서워서가 아니었다고 한다. 뭔가 어렴
풋이나마 깨달았기 때문이었다. 부모, 의사, 선생님들, 다른 누가
뭐라 하던 자신은 여자아이가 아니고 절대로 여자아이가 될 수 없
다는 걸 알았다. 데이빗은 설명했다. 일곱 살의 브렌다가 장래를
꿈꿀 때 그리는 건 스물한 살의 턱수염을 기른 남자가 멋진 차를
가지고 친구들과 어울리는 것이었다. "나는 그런 남자가 되고 싶
었어요"라고 오늘날 데이빗은 어릴 적 꿈을 회상한다. 그런 꿈을
품은 브렌다는 음부 수술을 받으면 자신의 성별이 아닌 다른 성별
에 갇힐 거라고 확신했다.

머니 박사는 유명한 연구 사례가 달린 일이라서 아이의 저항
을 꺾으려고 갖은 애를 다 썼다. 1973년 4월 24일 일지를 보면 머
니가 방향을 튼다. 브렌다에게 질 입구와 질 관을 만드는 것에 관
해 가르치려고 머니가 물었다. "아기가 어디서 나오는지 아니?"

브렌다가 대답했다. "엄마 배에서 나와요."

머니가 본론에 더 접근했다.

"그럼 아기가 어떻게 나오는지 아니?"

브렌다는 머니의 술수에 걸려들어 뭐라고 말해야 할지 몰라서 말을 웅얼거렸다.

머니가 다시 물었다.

"아기가 태어날 때가 되면 어떻게 나오지?"

다시 브렌다는 말문이 막혔다.

머니가 말했다. "다시 한번 더 물을게. 아기가 태어날 때 어떻게 엄마에게서 나오지? 어디로 나오지?"

브렌다는 머니가 폭발하기 직전이라는 걸 알고 무슨 말인지 못 알아들은 척하며 외쳤다.

"아! 엄마가 아기를 낳아요."

그러나 머니는 호락호락하지 않았다.

"어머니가 어떻게 낳지?"

마침내 브렌다가 대답했다.

"음, 몰라요. 학교에서 안 배웠어요."

머니가 물었다. "내가 사진을 좀 보여줄까?"

브렌다의 대답은 기록에 없다.

머니가 계속 말했다. "이건 《두 탄생 *Two Births*》이라는 책이야." 머니는 커다란 화보집을 브렌다에게 보여줬다.

1년 전에 출간된 《두 탄생》은 1970년대 초의 고급 화보집이었다. 에드 버린이라는 사진가가 두 히피 여성의 출산 장면을 찍었다. 큰 흑백 화보집은 전문적이고 아름답게 출산 전, 출산 중, 출산 후를 노골적으로 담고 있었다. 벌거벗은 두 여성이 얼굴을 찡그린 채 젖가슴이 부풀고 아기 머리가 나올 때 질 입구가 확장

된 걸 근접 촬영했다.

머니가 화보집 책갈피를 넘겨 보여주며 말했다.

"봐. 이 엄마 안에 아기가 있어. 준비돼서 막 나오려고 해....
여기서 정말 나오네. 봐. 머리가 나오기 시작했어.... 여기 다 나
왔어."

머니가 말을 이었다. "아기가 태어나는 사진을 보여준 건 너
는 저 밑에 아기 구멍이 아직 없기 때문이야." 머니는 갑자기 다
시 "이 병원에 있는 의사 선생님이" 브렌다에게 "아기 구멍"을 만
들어줄 수 있다고 말했다.

그러나 얼굴을 찡그리고 다리를 벌린 여자들 사진을 보여주
며 머니가 설명해도 브렌다는 질 수술을 하지 않겠다고 했다. 이
어서 머니 박사가 성교에 관해 설명해줘도 마찬가지였다.

머니는 어떻게 음경이 질에 들어가는지 설명하고 난 후 말했
다. "이런 이야기를 모르는 아이들이 많아. 설명해주는 의사 선생
님이 없기 때문이야. 다행히 그걸 알더라도 아이들은 그 얘기를
많이 하지 않는 게 좋아."

"네." 브렌다가 대답했다.

"너는 꽤 똑똑하지?"

"아니요."

"아니야, 너는 똑똑해."

"아니요, 나는 똑똑하지 않아요." 브렌다가 말했다.

"똑똑하잖아." 머니가 우겼다.

브렌다는 대답이 없었다.

"뭐라고?" 머니가 물었다.

브렌다는 묵묵부답이었다.

"너는 똑똑한 아이야." 머니가 말했다.

"아니에요." 브렌다가 또 말했다.

"너는 내가 특별히 예뻐하는 아이야."

아무리 머니가 아첨해도 브렌다가 꿈쩍도 하지 않자 브렌다를 아끼던 머니는 짜증을 내고 화내기 시작했다. 항복하고 수술을 받으라는 압력이 커질수록 브렌다도 엇나갔다. 1974년 봄이 되자 곧 여름이 되면 또 심리 호르몬 연구부에 맞서야 한다는 생각에 브렌다는 더 견디지 못했다.

데이빗은 말한다. "나는 신경쇠약에 걸렸어요. 여름에 그 사람을 만난 다음에 곧 개학이라는 걸 생각하니 엎친 데 덮친 격이었어요. 만 아홉 살이 된 여름에 구석에서 웅크리고 떨며 울던 게 기억나요."

론과 재닛은 딸이 스트레스받는 걸 보고 여름에 가려던 걸 미뤘다. 그러나 결국 론은 딸을 도울 사람은 머니 박사뿐이라는 생각에 가을에 브렌다를 존스 홉킨스에 데려가기로 했다. 그래서 1974년 11월 19일에 가족이 다시 심리 호르몬 연구부에 갔다. 이틀 동안 방문하면서 모두 힘들었지만, 특히 브렌다가 그랬다. 녹음된 일대일 면담을 들어보니 머니가 말을 시켜도 브렌다는 묵묵부답이었다. 외마디만 웅웅거릴 뿐이었다. 머니가 질 수술 이야기를 꺼내자 브렌다는 밖으로 뛰쳐나가 복도에 있던 아빠를 발견하고 꼭 붙어 있었다.

오늘날에서야 데이빗은 깨달았다. 만일 머니 박사와의 사이에 무슨 일이 있는지 부모에게 말했다면 재닛과 론은 브렌다를 다시 존스 홉킨스에 데려가지 않았을 거다. 존 머니가 머리를 써서 압박하고, 회유하고, 음란물을 보여주고, 생식기를 보게 하고, 여러 자세를 취하게 한 것 등등 말이다. 그러나 브렌다는 그 생각을 못 했다. 이유는 간단하고도 안타깝다.

데이빗이 말한다. "나는 부모님이 아시는 줄 알았어요. 부모님이 보호자이고 나를 여기 데려오셨으니까 무슨 일이 일어나고 있는지 아신다고 생각했어요."

# 6
# 피폐해지는 가족

론과 재닛은 쌍둥이와 머니 박사가 뭘 하는지 몰랐다. 재닛이 말한다. "그들은 쌍둥이를 어딘가로 데려갔어요. 머니 박사는 작은 사무실에서 주로 나와 이야기했고 론과 이야기하기도 했어요." 그 심리학자가 브렌다와 브라이언에게 태도가 다를 줄은 꿈에도 몰랐다. 론과 재닛에게는 어김없이 예의 바르고 친절했으니까 말이다. 머니 박사의 다른 면을 본 건 딱 한 번이었다. 론이 말한다. "한번은 우리가 예고 없이 사무실에 들어갔더니 그가 비서에게 호통을 치고 있었어요. 사소한 일로 비서를 씹고 있었죠. 비서가 우편물을 보내지 않았거나 뭐 그런 거였어요. 우리를 보더니 멈추더군요."

그런 불길한 사건이 다시 없었기 때문에 론과 재닛은 어쩌다 한 번 그 심리학자가 폭발했었나 보다 했다. 그들은 여전히 머니를 흉금을 털어놓을 친구로 생각했다. 한편 머니는 그들을 까다로운 브렌다를 함께 다룰 동료로 여겼다. 1974년 11월의 난처한 방문 때 머니 박사는 론과 재닛을 따로 불러서 "숙제"를 줬다. 기회를 잘 봐서 브렌다에게 질 수술 얘기를 솔직하게 하라고 했다. 그리고 다음번 방문 때 브렌다가 생식기 검사를 받게 하는 게 중요하다는 뜻을 넌지시 비췄다.

머니는 그 만남 후 개인 일지에는 더 단호하게 썼다. "내년에는 신체검사를 꼭 해야만 한다. 문제를 다룰 최적의 시간이 있는데 그걸 거부하면 내년에 최적기가 지나갈 것이다. 올해 벌써 지나갔는지도 모른다." 브렌다의 강한 저항에 대한 좌절감이 그 일지에도 묻어난다. "브렌다가 긴장해서 거세게 반응할 때는 귀엽거나 여성스럽지 않다."

론과 재닛은 위니펙으로 돌아가서 숙제에 착수했다. 머니는 론과 재닛에게 남성, 여성의 성 기관 차이를 브렌다가 알도록 나체를 보여주라고 했다. 《성 특징》에서 머니는 부모의 생식기를 보여주는 게 아동이 양성애자로 올바로 자라는 데 중요하다고 했고, 심지어 부모가 자녀 앞에서 성교하라고 권하기까지 했다. "그런 경험을 시키며 침착하게 지도하면 성교육이 되고 성별 정체성 및 성 역할이 강화된다"라고 말이다.

재닛과 론은 쌍둥이 앞에서 성관계를 갖는 데는 선을 그었다. 하지만 재닛은 다른 숙제는 했다. 브렌다 앞에 가능한 한 자주 옷을 벗고 나타났다. 아이는 엄마가 집안에서 벗고 돌아다니는 것을 보고 당황하고 놀랐다. 데이빗이 회상한다. "존 머니에게 갔다 온 후 어머니가 갑자기 집안에서 벌거벗고 돌아다니셨어요."

치료가 잘 되길 간절히 바라는 마음에 재닛은 머니의 지시를 절대로 어기지 않으려 했다. 재닛이 말한다. "그는 우리에게 누드 비치에 가보라고 했어요. 론과 나는 거기 가서 옷을 벗었지만, 쌍둥이는 벗지 않으려 했어요." 또 재닛은 브렌다에게 질 수술 이야기를 "꺼내 보려고" 했지만, 역시 결과는 안 좋았다. "다른 이야기를 하다가도 그 이야기가 나올 기미만 보이면 브렌다는 나가버렸어요."

라이머 가정은 분위기가 점점 더 살벌해졌다. 부모가 머니의 지시대로 억지로 수술을 받게 하려고 하는 걸 브렌다가 알았기 때문이다. 브렌다는 부모에게 공개적으로 반항하기 시작했다. 행복해야 할 크리스마스도 시련이 되었다. 브렌다는 클리펠드에 사는 론의 가족에게 갈 때 파티 드레스를 입으라고 하면 화를 냈다. 브렌다는 친척을 만나러 가는 걸 언제나 싫어했다. 론과 재닛이 여자처럼 옷을 입고 행동하라고 압력을 줬기 때문이다. 게다가 조부모, 숙부 숙모들의 눈초리가 항상 따가웠다. 데이빗이 말한다. "어른들은 내가 1년 동안 얼마나 변했는지 마치 벌레를 관찰하듯 봤어요. 내가 시선을 느끼고 바라보면 시선을 회피했죠. 아빠에게 '친척들하고 있으면 왠지 거북해요'라고 했더니 아빠는 아주 조용히 '알아'라고 하셨어요."

론의 가족이나 친척은 브렌다가 성전환한 걸 알았다. 그래서 론은 왜 그들이 자기 딸을 그렇게 보는지 알았다. 또 론은 그들이 어떻게 보고 있는지 마음 깊은 곳에서 알았다. 론이 말한다. "브렌다가 일곱 살 무렵이 되자 나는 이게 잘되고 있지 않다는 걸 알

앉어요. 그러나 다른 방도가 없었어요."

론도, 재닛도 이게 잘못된 결정이었다는 엄청난 사실을 받아들일 수 없었다. 그래서 서로 간에도 거리를 두고 그걸 깨닫게 하는 사람을 다 멀리했다. 론은 이제부터 부모를 최대한 만나지 않을 작정이었다.

브렌다의 문제는 계속됐다. 그 가을에 아동 지도 클리닉에서 또 연락이 왔다. 학교에서 브렌다의 문제 행동이 심해졌고 "행동 과잉에다가 말을 듣지 않고" "우울해" 보인다고 했다. 게다가 브라이언까지 브렌다 때문에 정서적 문제가 커지고 있다고 했다.

브라이언이 설명한다. "그때 나는 브렌다를 시기했어요. 엄마 아빠는 브렌다만 걱정하느라 나에게 무관심했어요. 나는 중요하지 않은 것 같았어요. 그래서 관심을 끌 만한 행동을 시작했어요." 브라이언은 성공했다. 3월에 동네 가게에서 뭘 훔치다가 들켜서 가게 주인이 손해를 배상하라고 위협했다. 이제 재닛과 론은 두 손 두 발 다 들었다.

8년 전 브렌다가 성전환 수술을 받을 때 동네 소아과 의사는 브렌다가 아들이었던 게 기억나지 않도록 다른 곳에 가서 새 출발을 하라고 했다. 그때는 거절했지만 이제 그게 지혜로워 보였다. 위니펙에서 시달리던 모든 것에서 벗어나고 싶었다. 서로 간에, 론의 부모로부터, 아동 지도 클리닉으로부터, 모두로부터 최대한 거리를 두고 싶었다.

그래서 1975년 봄에 론과 재닛은 집, 가구, 가재도구, 1966년형 폰티액 자가용을 팔았다. 그리고 0.5 톤 체비 캠핑카를 샀다. 짐을 싣고 서쪽의 브리티시컬럼비아주로 갔다. 거기 사는 론의 친구가 그곳에 일자리가 많다고 했기 때문이다. 그러나 론은 치밀한 계획 없이 이주를 감행했다. 미래를 전혀 내다보지 않아서 나중에 자책했다. 가재도구를 다 팔아버려서 브리티시컬럼비아에서 모든 걸 다 새로 사야 했기 때문이다.

론이 말한다. "거기 도착해서 생각했어요. '오 하나님, 내가 도대체 무슨 짓을 한 걸까? 어떻게 그냥 짐을 싸서 떠나왔을까? 바보 같으니라고!'" 오랜 후에야 왜 그렇게 황급하게 삶의 뿌리를 뽑고 브리티시컬럼비아로 갔는지 깨달았다고 재닛이 말한다. "우리는 도망갔던 거예요."

머니 박사의 개인 일지를 보면 머니 박사도 그들의 동기를 알았다. "브리티시컬럼비아로 이사 간 건 지리적으로 좀 벗어나려다가 너무 멀리 간 것 같다. 특히 조부모 가족과의 문제 때문이었을 거다. 그러나 또 모르지. 만족스러운 결과가 될지도."


그들은 브리티시컬럼비아 깊숙이 숲이 우거지고 인적이 드문 산간 지역으로 갔고 애쉬튼 크릭이라는 작은 동네에 자리 잡았다. 가장 가까운 읍내라고 해봤자 인구 2,500명에 불과한 엔더비였다. 론은 이동식 주택을 사서 야영장에 세웠다. 쌍둥이는 작은 애쉬튼 크릭 학교 4학년에 들어갔다.

데이빗이 말한다. "작은 시골 학교였어요. 그러나 어느 학교든 문제는 마찬가지였어요. 내 마음이 불편하면 어느 학교도 불편해요. 천 개의 학교에 가보더라도 마찬가지일 거예요. 왜냐면 여자아이들은 이쪽, 남자아이들은 저쪽이라는 기준이 있었기 때문이에요. 분리되는 거죠. 나는 어느 방향으로 가야 하죠? 나는 아무 데도 속하지 않는 이방인이었어요. 그건 어디 가도 달라지지 않아요. 이 학교에서 저 학교로, 또 다른 학교로 가봐도 달라지지 않아요."

4월에 가족은 머니 박사를 만나러 다시 볼티모어에 갔다. 이제 거의 만 열 살이 되어가는 브렌다는 머니 박사에 대한 태도가 더 나빠졌다. 인상을 쓰고, 퉁명스럽고, 거의 입을 다물었고, 질문에 전혀 대답하지 않고 끙끙댈 뿐이었다. 그러나 남에게 말하고 싶지 않은 부끄러운 충동이 생겨서 비밀로 하고 있던 게 드러났다. 그 방문 때 머니 박사가 브렌다와 개인 면담을 하면서 떠오른 문제를 론에게 알려줬다.

론이 회상한다. "머니가 브렌다에게 남자나 여자 중에 어떤 파트너를 갖고 싶냐고 묻자 브렌다가 여자라고 했대요." 그래서 머니 박사는 론과 재닛에게 만일 브렌다가 레즈비언이면 어떻게 할 거냐고 물었다. 론은 말문이 막혔지만 머니 박사가 그걸 너무 심각하게 생각하지 않는 것 같아 안도하며 동성애에 관한 생각을 털어놨다. "그게 인생에서 가장 중요한 문제는 아니라고 생각해요."

머니도 그렇게 생각한 건지 쌍둥이에 관한 다음 논문에 그 사실을 싣지 않았다. 그 논문은 그 해의 더 나중에 〈성 행동 자료집 *Archives of Sexual Behavior*〉 잡지에 "아블라티오 음경"이라는 제목으로 실렸다. 그것은 성 기관이 완전히 절단된 의학적 상태를 가리키는 라틴어 용어다. 그 논문에서 성전환 성공 데이터를 요약 정리하면서 브렌다가 행복한 소녀 시절을 보내고 있다는 주장을 증거로 추가했다. 브렌다가 최근에 워싱턴 동물원에 놀러 갔던 얘기를 머니에게 했다고 한다. 머니는 논문에 이렇게 썼다. "동물로 바뀔 수 있다면 무슨 동물이 되고 싶냐는 표준 질문을 했더니 브렌다는 원숭이가 되고 싶다고 했다.... 나는 물었다. '남자 원숭이가 되고 싶어, 여자 원숭이가 되고 싶어?' 브렌다는 '여자 원숭이요'라고 하면서 그 이유로 '나는 이미 여자니까요!'라고 말했다."

브렌다가 여성의 정체성을 확고히 밝힌 것 같지만 좀 의문의 여지가 있다. 심리학자의 기대에 부응하여 대답한 걸 수 있는 데다가 1973년 4월 24일의 그 면담을 녹음할 때 머니가 릴 테이프 녹음기를 잘못 작동시켜서 브렌다가 한 말을 알아듣기 어려웠다. 머니는 그 대화 녹음을 들으며 이렇게 썼다. "이어폰을 귀에 대고 힘껏 눌렀더니 이제 조금 들린다....나는 왜 원숭이가 되고 싶냐고 물었고 브렌다가 한 대답은 녹음에서 들리지 않는다. 내가 기억하기로 나는 브렌다가 대답한 걸 즉시 이해하지 못했는데 브렌다가 손동작으로 나무에 올라가 매달려 흔들릴 수 있기 때문이라고 했다. 그다음에 나는 남자 원숭이가 되고 싶은지, 여자 원숭이가 되고 싶은지 물었다. 브렌다의 대답을 녹음에서 알아들을 수 있다. 여자 원숭이라고 했다. 왜냐고 물었더니...그 대답은 녹음에서 '나는 이미 여자니까요'라는 것이었다. 이때 여자(girl)의 발음은 '그리를'로 들렸다."

1998년에 그 면담 녹취를 처음 보고서 데이빗은 자기가 "여자(girl)"라고 말한 게 아니라 다른 때처럼 회피 전략을 쓴 거라고 했다. 머니는 원숭이의 성별이 뭐냐고 질문했지만, 브렌다는 질문에 맞게 대답하지 않고 어떤 종류의 원숭이가 되고 싶은지 대답했다고 했다. 데이빗이 말한다. "나는 고릴라라고 했어요." 라이머 가족은 전부 캐나다 시골 특유의 딱딱 끊어지는 억양이라서 고릴라라는 단어가 잘못 녹음되면 "그리를"로 들리기 쉬웠다. 머니가 그걸 "여자(girl)"로 해석한 건 그 과학자가 주관적 희망으로 데이터를 해석한 것이지 정말로 브렌다의 성별 정체성을 보여주는 게 아니었다.

그 불분명한 해석 문제는 도외시한 채 머니의 "아블라티오 음경" 논문은 매우 낙관적 논조로 끝났다. "가족 외에는 아무도 브렌다가 남자로 태어났다는 걸 모른다. 사람들은 그런 생각을 꿈에도 하지 않을 것이다. 브렌다는 활달하고 정상적인 여자아이로 행동하고 남자다운 쌍둥이 남동생과 분명히 달라서 아무도 달리 추측하지 않는다."

그해에 머니는 브렌다가 얼마나 성공적으로 탈바꿈했는지에 관한 다른 책을 출간했다. 과학 및 의학 분야 동료 말고 일반 대중을 독자로 한 책이었다. 그 책은 언론인 패트리샤 터커와 공저한 《성 특징》이다. 그 책은 대중에게 어필하는 베스트셀러 심리학 서적 스타일로 집필됐다. 머니는 더 많은 사람에게 어필하고 싶었던 거다. 또 브렌다의 성전환을 가장 자세하고도 읽기 쉽게 기술했다. 그전까지 성전환에 관해 쓴 글은 의학 용어로 점철되어 이해하기 어려웠던 반면에 《성 특징》에서는 브렌다의 이야기를 시

종일관 유쾌한 성공담으로 그렸다.

머니가 그 책에 이렇게 썼다. "유아기 때는 여아가 더 활발했지만, 아이들이 네 살이 되었을 때는 누가 여아이고 누가 남아인지 확실히 알 수 있었다. 다섯 살이 되자 여아는 벌써 바지보다 치마를 좋아하고, 리본 머리 장식, 팔찌, 하늘하늘한 블라우스를 좋아하고, 아빠의 귀여운 딸내미가 되었다. 아동기 내내 여아는 남동생과 함께 고집이 세고 에너지 넘치는 말괄량이였지만 분명히 여아였다." 머니는 브렌다의 성전환이 "정상적 아기가 태어날 때 성별 정체성이 열려 있다는 증거"라고 하면서 그 후 아동의 발달을 보면 가족이 거세 결정에 잘 적응한 걸 알 수 있다고 했다.

그러나 사실은 《성 특징》 책이 서점에서 팔리고 있을 바로 그때 라이머 가족은 브리티시컬럼비아에서 그 결정에 잘 적응하지 못한 채 힘겹게 살아가고 있었다.

론은 힘든 실직 기간 후 마침내 제재소에서 일하게 됐지만, 여전히 딸에 관해 얘기하기를 꺼렸고 중요한 의학적 결정들을 앞두고 갈팡질팡하고 있었다. "나는 일 중독이에요"라고 론이 인정한다. "걱정거리가 있으면 일에 파묻혀요." 론은 브렌다의 상황에 직면하고 대처하지 못했다. 론이 보기에 브렌다는 그전 해에 존스홉킨스에 가기 전에 신경쇠약에 걸렸었고, 남자다운 기질이 드러났고, 질 수술 얘기를 꺼내지도 못하게 했고, 학교 성적이 안 좋았고, 게다가 "레즈비언 성향"이 있었다. 그래도 론은 제재소에서 초과 근무를 하고 터덜터덜 집으로 걸어와서, 말없이 저녁을 먹고, TV를 보며 맥주를 마실 뿐이었다. 침대로 가서 재닛 옆에 눕

지도 않고 그저 TV를 보다 잠들 때가 많았다.

　재닛의 상황도 별반 다를 게 없었다. 브리티시컬럼비아에 온지 6개월 만에 재닛은 극도의 소외감을 느꼈다. 그녀가 말한다. "얘기를 나눌 가족이 없었어요. 친구는 좀 생겼지만, 그들은 진짜 나나 진짜 브렌다에 관해 몰랐어요." 진짜 브렌다를 아는 유일한 사람은 론이었지만, 론은 브렌다에 관한 얘기를 하지 않으려고 했다. 데이빗은 그 작은 이동식 주택 안에 가득했던 혼란상을 생생히 기억한다. "엄마는 울며 소리를 질렀고 아빠는 술을 마셨어요."

　그 여름에 재닛의 상태가 나빠졌다. 심각한 우울증에 빠져서 왜 이런 일이 일어났는지만 생각했다. 재닛이 말한다. "현실이 아닌 것 같았어요. 특히 힘들었던 건 나는 늘 기독교의 살아계신 하나님을 인식했기 때문이에요. 하나님이 길을 만드신다고 했는데…. 나는 생각했어요. '도대체 이 시련에 무슨 목적이 있단 말인가? 고통에 고통이 끊이질 않아. 이 끔찍한 삶에 무슨 목적이 있단 말인가?'" 재닛은 감정의 기복이 심해져서 폭발해서 화를 내다가 울면서 무기력증에 빠졌다 했다. 자신이 제정신 아닌 것 같을 때도 있었다. 현실과 공상을 구별 못 하는 "정신 이상"일 때도 있었다.

　브라이언이 말한다. "엄마가 뭘 할지 예측할 수 없었어요. 살얼음판 위를 걷는 것 같았어요. 방과 후 집에 오면 무슨 일이 일어날지 몰랐어요." 재닛은 그 지역 의사들에게 진료를 받았다. 재닛이 말한다. "그러나 별로 도움이 되지 않았어요. 한 여의사는 제게 말했어요. 아기를 또 가져서 바빠져야 할 것 같아요. 나는 말했죠. '아기를 또 가지라고요? 말도 안 돼요!'"

론과 재닛의 사이는 소원할 대로 소원해졌다. 그 여름에 재 닛은 동네의 어떤 남자와 바람을 피웠다. 론을 괴롭히기 위해서였 다. 그 사실을 알게 된 론은 망연자실했다. 재닛은 죄책감에 빠져 서 수면제 한 통을 입에 털어 넣었다. 그러나 론이 발견하고 엔더 비에 있는 병원에 싣고 갔다. 재닛이 퇴원한 후 이혼 얘기도 나왔 지만 결국 둘은 함께 헤쳐나가기로 했다. 그러나 초가을이 되자 엎친 데 덮친 격으로 이동식 가옥에 불이 나서 다 타버리는 와중 에 가족사진과 모든 가재도구마저 타버렸다.

1976년 11월, 위니펙에서 도망 온 지 1년 5개월이 되던 때, 그들은 화재 후 얼마 남지 않은 짐을 꾸려 위니펙으로 돌아갔다. 도피했더니 문제만 커졌다고 인정할 수밖에 없었다. 재닛이 우울 증에 빠지고 자살을 시도하고, 이혼할 뻔하고, 론이 술을 더 많이 마시게 되자 쌍둥이는 눈에 띄게 더 나빠졌다. 브라이언은 다른 아이들에게 폭력과 분노를 표출했다. 브렌다는 감정을 더 숨겼지 만 불안하고 우울했다. 부모에게 적대감과 불신을 가졌고 특히 엄 마에게 더 그랬다. 그러나 브렌다는 그런 감정을 감추려 했다. 어 떻게든 부모의 이혼을 막으려 했던 거다. 데이빗이 설명한다. "다 내 잘못이라고 생각했어요. 그래서 부모님 비위를 맞추려고 여자 처럼 행동했어요."

그러나 그렇게 하는 게 전보다 어려웠다. 11살 생일을 지나 고 나니 신체적 변화가 생겼기 때문이다. 어깨가 딱 벌어지고 더 남자 같아졌다. 목과 이두박근도 굵어졌다. 목소리도 가끔 변성기 쇳소리를 냈다.

전반적으로 라이머 가족이 브리티시컬럼비아에 살 때는 1975년 5월자 〈뉴욕 타임스 북 리뷰 *New York Times Book Review*〉 내용과 정반대였다. 린다 울프라는 사람이 존 머니의 《성 특징》을 읽고 이렇게 리뷰를 썼다. "의료 사고로 음경을 잃은 일란성 쌍둥이 남아는 부모의 선택으로 여성화 수술을 받은 후 진짜 여아로서 만족스러운 아동기를 보내고 있다."

2 부
# 드러난 출생의 비밀

# 7
# 지역 의료진

라이머 가족은 1976년 11월 중순에 위니펙으로 돌아가서 다시 삶을 꾸렸다. 재닛은 잡화점 계산원으로 일했고 론은 푸드 트럭 회사에서 운전하다가 곧 창업했다. 위니펙의 이스트 엔드에 있는 카프리 모텔에 잠시 살면서 브렌다와 브라이언을 애거씨즈 드라이브 초등학교에 입학시켰다. 쾌적한 중산층 동네, 칼리지 하이츠 변두리에 있는 작은 학교였다. 이때까지 브렌다가 받은 심리 치료는 1년에 한 번씩 존스 홉킨스에 갈 때 받은 상담뿐이었다. 그러나 애거씨즈 드라이브 초등학교에 들어가고 나서 달라졌다. 브렌다가 불안해하고 친구들과 어울리지 못하는 걸 보고 버그맨 교장 선생님이 아동 지도 클리닉에 다시 보고했기 때문이다. 1년 반 전에 브렌다를 맡았던 독서 지도사 조운 넵스가 1976년 가을에 다시 브렌다를 면담했다.

넵스는 이제 열한 살이 된 브렌다에 대해 이렇게 기록했다.

"브렌다는 남성적인 것에 관심이 많다. 트리 하우스 만들기, 카트 라이딩, 모형 비행기에 관심이 많다.... 브렌다는 브라이언보다 경쟁심이 강하고 활달하며 집에서나 학교에서나 훨씬 덜 단정하다." 클리닉의 심리학자 면담한 결과를 보면 브렌다는 "자신의 생식기에 무슨 일이 일어났다는 두려움이 있고 자살 충동이 있다"고 했다.

브렌다의 사례는 키잇 시그먼슨 박사에게 인계되었다. 그는 34세이고 온화한 성격의 아동 지도 클리닉 정신과 과장이었다. 그는 위니펙에서 북쪽으로 차로 한 시간 거리에 있는 작은 어촌 김리에서 태어나고 자랐다. 위니펙에 있는 매니토바 대학교에서 정신과 공부를 하고 아동 지도 클리닉에 들어온 후 승진에 승진을 거듭했다. 시그먼슨은 겸손하게 말했다. "저는 베이비붐으로 인구가 많이 늘기 전에 태어나서 나이에 맞지 않게 과분한 자리에 앉게 되었습니다."

노련한 정신과 의사라도 브렌다 라이머의 사례는 힘들었을 거다. 시그먼슨은 머니 박사가 쓴 글을 읽고 브렌다가 여성으로 성별 정체성이 확립됐다고 알고 있었다가 브렌다를 처음 만났을 때 우선 외모에서부터 놀랐다. 그가 회상한다. "브렌다는 치마를 입고 다리를 벌리고 앉았어요. 한 손은 무릎 위에 턱 얹고 있었죠."

시그먼슨은 브렌다의 행동을 쌍둥이 남동생과 비교 관찰하기로 하고 임상 동영상 촬영을 준비했다. 옆 방의 유리창 너머에서 동영상 촬영을 했고 정신과 의사 도린 마기가 쌍둥이를 면담했다. 정확히 말해서, 면담을 시도했다. 브렌다는 1년에 한 번씩 심리 호르몬 연구부에 갔던 것 때문에 낯선 사람이나 상황에 대한 불신이 강해서 늘 조심했다.

데이빗이 회상한다. "방이 컸고 아무것도 없이 의자 세 개만 있었어요. 내 의자, 남동생 의자, 우리하고 얘기하는 여자분의 의자였어요. 그분은 공책에 뭘 적었어요. 저에게 앉으라고 했죠. 그러나 나는 의심이 들어서 그 방을 구석구석 살펴봤어요. 그런데 유리창 밖에 카메라가 있었어요." 브렌다는 브라이언에게 카메라가 있다고 외치고 방에서 나가버렸고 다시 들어가지 않았다.

동영상 촬영이 중단됐지만, 브렌다의 기분, 동작, 태도가 정확히 촬영되어서 시그먼슨은 위니펙의 정신과 의사, 내분비과 의사, 소아과 의사들을 소집해 보여줬다. 그 회의에 참석했던 마기가 말한다. "그날 브렌다를 본 사람들은 한결같이 브렌다가 남자아이 같다고 했어요." 의사들이 모여서 대화하고 토론했지만 머니가 시작한 치료를 계속할 수밖에 없다는 쪽으로 곧 결론이 났다. 돌이킬 수 없는 것 같았다. 또 시그먼슨은 브렌다 사례가 의학계에서 유명하다는 걸 알았다. "이건 너무 유명하고 중요한 사례였어요. 그래서 우리는 그 연구 성과에 협조하려고 했어요."

브렌다의 여성 성별 정체성을 강화하려고 시그먼슨은 여성 정신과 의사에게 브렌다를 진료하게 했다. 그는 닥터 마기를 생각했다. 닥터 마기는 눈매가 예리하고 활달하며 책임감이 강했다. 그녀도 시그먼슨처럼 브렌다의 사례가 처음부터 힘들었다. 브렌다와 면담하던 초기인 1976년 12월 30일에 마기는 브렌다가 가끔 특히 관찰을 당할 때 여성적인 태도로 말하는 것을 알아챘다. 마기는 일지에 이렇게 적었다. "남성적, 여성적 동작과 특징이 섞여 있다." 브렌다가 가끔 여성적으로 행동하는 게 정말로 자신을 여자로 인식하기 때문인지 의구심이 들었다. 마기는 일지에 이렇게 적었다. "브렌다는 상대방이 듣고 싶어 하는 말을 하는 것 같다. 가령 '나는 여자아이예요'라고 하는 것 말이다."

면담할수록 마기의 의심은 커졌다. 브렌다는 자신이 "머리를 기르고 여자 옷을 입은 남자아이"라고 자주 확신 있게 말했고 사람들도 브렌다를 보고 "남자아이처럼 보이고 남자아이처럼 말한다"고 했다. 또 브렌다는 생식기 여성화 수술을 말도 꺼내지 못하게 하고 존스 홉킨스에 다시 안 간다고 했다. 거기 가면 사람들이 브렌다를 쳐다봤고 "어떤 남자가 나체 사진을 보여줬다"고 했다.

마기는 존 머니가 이 사례에 관해 쓴 걸 읽었기 때문에 의아했다. "논문을 보고 이 아이를 보면 서로 맞지 않았어요. 논문에 쓴 것과 달랐어요." 론과 재닛도 머니가 묘사한 부모가 아니었다. 머니는 《성적 특징》에서 브렌다의 부모가 어쩔 수 없이 아기의 성전환을 허락했지만, 지금은 매우 만족한다고 했다. 그러나 마기가 론, 재닛과 직접 면담을 해보니 최근에 이혼할 뻔했고, 론은 술을 너무 많이 마시고 있었고, 재닛은 우울증과 자살 시도를 겪었다고 했다. 행복하게 딸을 키우는 것과 거리가 멀고 가까스로 살아가며 머니 박사의 지시대로 브렌다를 키우려고 노심초사하고 있었다.

마기가 브렌다를 만나려고 애거씨즈 드라이브 초등학교에 처음 갔을 때 론과 재닛이 얼마나 노예처럼 머니 박사의 지시를 따르는지 알 수 있었다. 12월 매서운 추위로 모든 여학생은 바지를 입고 있었다. 치마를 입은 건 브렌다뿐이었다. 재닛에게 왜 브렌다에게 바지를 입히지 않았냐고 물었더니 재닛이 어쩔 수 없다는 듯 말했다. "머니 박사가 치마를 입히라고 했어요." 마기는 위니펙은 (볼티모어와 달리) 겨울 날씨가 너무 추우니 브렌다도 다른 여자아이들처럼 바지를 입히라고 했다. 그제야 재닛이 필요할 때만 치마를 입히겠다고 해서 브렌다도 반의 다른 여자아이들처럼 청바지를 입게 됐다.

1977년 1월 3일, 브렌다를 맡은 지 한 달 반 후에 마기는 존 머니에게 편지를 썼다. 브렌다의 문제 행동을 알려주면서 "브렌다와 가족이 문제에 더 잘 대처하도록 도우려고" 하니 브렌다의 정보를 더 달라고 했다. 브렌다가 무슨 수술을 받았고(머니의 출간물에는 항상 이 부분이 빠져 있었다), 어떤 수술이 예정돼 있고, 브렌다와 가족이 "성전환에 적응하도록" 머니가 어떻게 도왔는지 물었다.

머니는 1월 17일에 답장을 보냈다. 머니는 상냥한 어조로 닥터 마기가 브렌다를 맡아서 기쁘다고 했다. 그는 브렌다의 2단계 질 수술은 브렌다가 "병원을 극도로 무서워해서" 아직 못했다고 하면서 "존스 홉킨스에서 25년 동안 일하면서 브렌다 같은 경우는 딱 한 번밖에 없었다"고 했다. 호르몬 치료나 수술 이야기만 꺼내면 브렌다가 "패닉에 빠져서 대화가 안 됐고 소리를 지르며 뛰쳐나갔다"고 했다. 그러나 이제는 상황이 "급해져서" 브렌다가 두려움을 이겨내야 한다고 했다. 사춘기가 되기 전에 호르몬 요법과 수술을 꼭 받아야 한다고 했다. "브렌다가 거부하지 않게 해주는 게 브렌다를 도와주는 것입니다"라고 머니가 편지에 썼다. 브렌다의 성전환에 론과 재닛이 적응하지 못했다는 말은 받아들이지 않았다. 머니는 말했다. "아이의 부모를 도우려면 부모가 아이의 성전환에 적응하게 해주기보다 부부 서로에게 적응하게 해주십시오." 특히 재닛이 우울증과 감정 기복을 통제하게 도우라고 했다.

마기는 머니의 그런 답장에 당황했다(재닛을 담당할 정신과 의사는 마기가 이미 찾아줬고, 재닛은 항우울제를 먹고 곧 기분이 나아질 상황이었다). 마기는 말한다. "나는 문제가 아이의 엄마 때문만은 아니라고 생각했어요." 그러나 머니가 워낙 유명한 심리학자이고 이 사례를 더 잘 알고 이미 경험했기 때문에 머니 말대로 브렌다와 면담을 이어나가면서 여자라고 주입하고 존스 홉킨스에 다시 가서 생식기 수술을 받아야 한다는 쪽으로 은근히 몰고 갔다.

마기는 말한다. "그러나 저항이 심했어요!" 브렌다는 뿌루퉁하니 화난 얼굴에 무반응으로 일관했고 입도 떼지 않으며 미간을 찌푸리고 애꿎은 땅바닥만 노려보거나 했다. 음경이나 질 같은 단어만 나와도 아이는 걷잡을 수 없이 패닉에 빠졌다. 질 수술을 받지 않고 심리 호르몬 연구부에 가지 않겠다는 생각이 요지부동이었다. 마기가 1월 20일 일지에 이렇게 썼다. "브렌다는 머니 박사와 함께 여자 나체 사진을 보지 않겠다고 했고, 머니 박사를 보러 가지 않겠다고 했다."

　마기는 아이가 극도로 싫어하는 걸 보고 놀랐다. 그런데 머니 박사는 브렌다와 가족이 얼마나 힘들어하는지 잘 모르는 것 같았다. 마기는 2월 2일에 다시 머니에게 편지를 썼다. 이번에는 훨씬 더 길게 썼고 브렌다의 문제를 뚜렷이 밝혔다. 다른 아이들보다 2년 뒤처져 있고 등교 '첫날부터' 순조롭지 않았다. 브라이언은 브렌다가 '말괄량이' 같아서 '당황하고' 있었다. 브렌다는 친구를 못 사귀고 자기는 다른 여자아이들과 다르다고 얘기하고 다녔다. 브렌다는 '여성적 체형이 되는 데 관심이 없고' 자신의 몸에 대해 느끼는 거라곤 '더럽다'라는 것뿐이었으며, 여전히 수술을 거부하고 있었고, "어떤 남자가 나체 사진을 보여주는 볼티모어에 가기 싫다"고 했다. 브렌다는 머니 박사를 보러 가지 않겠다고 했고 만일 가야 한다면 도망가버리겠다고 위협했다. 마지막으로, 마기는 브렌다가 거부하지만, 볼티모어에 다시 가도록 애쓰고 있다고 했다. "저도 브렌다가 호르몬 요법을 시작해서 여성의 특징을 갖기 바랍니다"라고 했다.

　머니가 2월 9일에 보낸 답장은 간단했다. 마기가 걱정하며 제기한 많은 문제에 대해서는 일언반구도 없이 그냥 마기와 "긴밀히 협력"하게 되어 기쁘다고 하면서 브렌다가 존스 홉킨스에 다시 오도록 도와준다고 하니 "안심"이라고 했다.

　그러나 머니의 안심은 오래가지 않았다. 마기가 두 달 동안 더 애썼지만 헛수고였다. 브렌다는 여전히 존스 홉킨스에 다시 가지 않겠다고 했다. 마기는 아무리 많은 요법을 동원하더라도 거부감이 사라지지 않을 거라고 판단했다. 그래서 봄에 마기는 론과 재닛에게 볼티모어에 가서 질 수술을 받게 하는 대신 위니펙에서 하자고 했다. 그러면 라이머 가족이 시간, 에너지, 돈을 엄청나게 아낄 수 있을 뿐 아니라, 브렌다도 존스 홉킨스에 갈 걱정을 하지 않아도 됐다.

론과 재닛은 아직도 머니의 계획에서 조금이라도 벗어나길 두려워했다. 그래서 머니 박사가 허락하면 그렇게 하겠다고 했다. 마기는 4월 18일에 다시 머니에게 편지를 써서 위니펙에서 수술하는 방안을 의논했다. "존스 홉킨스에 다시 갈 특별한 이유가 있는 게 아니라면요"라고 단서를 달았다.

머니는 존스 홉킨스에 다시 올 이유가 많다고 답장했다. 그 이유를 두 페이지에 빽빽이 써서 보냈다. 겉으로는 온화한 것 같았지만, 가장 유명한 연구 대상을 놓치지 않겠다는 절박함이 묻어났다.

머니는 이렇게 시작했다. "물론 당연히 라이머 가족은 어디서 수술받을지 선택할 수 있습니다. 어떻게 결정하든 따르겠습니다. 그렇지만 존스 홉킨스와 연결 고리를 잃지 않는 게 가장 지혜로운 결정이겠죠. 존스 홉킨스와 위니펙 의료진의 협진이 이뤄진다면 좋겠습니다." 그러면서 존스 홉킨스에서 "의학적 심리학, 내분비학, 수술의 협진이 긴밀하게 이뤄져야" 얻을 수 있는 이점이 있다고 했다. "협진해보지 않은 전문가들이 함께 일할 때 발생할 충돌을 예방할 수 있다"고 했다. 또 하워드 존스의 질 수술 기술이 뛰어나다고 했다. 그는 십여 년 전에 브렌다의 거세 수술을 했고 인공 질 수술도 그가 하기로 예정되어 있었다. 그러나 아무리 잘 설득하더라도 왜 집에서 몇 분 거리 병원에서 수술받지 않고 수천 킬로미터나 떨어진 곳에 가서 복잡하고 추후 처치도 필요한 수술을 받아야 하는지 설명하기에 역부족이다 보니 어디서 수술을 받든지 브렌다를 계속 만났으면 좋겠다는 요청으로 마무리했다. "브렌다를 전처럼 앞으로도 1년에 한 번씩 봤으면 좋겠습니다."

라이머 부부는 머니가 위니펙에서 수술하는 걸 반대하지 않자 계획을 바꿔도 된다고 했다. 그러나 수술 후 1년에 한 번씩 볼티모어에 가서 경과를 보자는 제안에 대해서는 다시 머니의 말에 말려들었다. 만일 브렌다가 위니펙 정신과 의사들에게 진료를 받고 두려워하지 않게 된다면 심리 호르몬 연구부에 가서 머니 박사에게 상담을 받겠다고 했다. 재닛이 말한다. "다른 방도가 없었어요. 머니 박사만큼 우리나 브렌다를 잘 아는 사람이 없었어요."

# 8
# 학교 친구들

브렌다가 애거씨즈 드라이브 초등학교 6학년이 되던 봄에 정신과 주치의가 바뀌었다. 닥터 마기는 가정 문제로 위니펙을 떠나 북쪽으로 80km 떨어진 작은 동네 브랜든으로 갔다. 마기는 브렌다를 매니토바 대학교 의전원 출신 32세 닥터, 재니스 인지먼슨에게 맡겼다. 인지먼슨은 합리적인 프로이트 학파 추종자였고 알고 보면 상당히 재치 있고 따스한 사람이었지만 겉으로는 꼼꼼하고 정확하게 분석에만 몰두하는 냉정한 사람 같아 보였다. 위니펙 아동 지도 클리닉 직원은 아니었고, 개인 병원을 운영했으며 병원은 위니펙 시내에 있었다. 첫 진료는 1977년 5월 6일에 있었다. 그녀는 환자를 처음 보고 놀랐다.

인지먼슨이 말한다. "서류상으로는 아이가 여성의 성별 정체성을 받아들였다고 했는데 겉으로 보기에 이 아이는..." 그녀는 주먹을 쥐고 팔로 권투 자세를 취했다. "터프한 여자아이 같았어요. 상당히 남자아이 같았어요. 우락부락했죠."

　면담 중에 브렌다가 하는 말도 대체로 첫인상과 일치했다. 의사가 듣고 싶어 하는 말을 브렌다가 일부러 할 때도 있었지만 ("나는 예뻐지고 싶어요. 나는 남자가 아니라 여자아이예요") 그 말에 이어 숨돌릴 사이도 없이 곧 반대 감정을 표출했다. 브렌다는 남자 옷을 좋아하는 것에 대해 변명했다. "나는 이렇게 입는 게 좋아요. 치마를 입는 건 뭔가 아닌 것 같아요. 그렇게 입으면 안 될 것 같은 느낌이 들어요." 남자아이들에 대해 어떻게 느끼느냐고 물었더니 "때려눕히고 싶어요"라고 했다. 그다음에 브렌다가 한 말을 듣고 나서 프로이트 학파의 상징주의를 신봉하는 인지먼슨은 당황했다. "만일 남자아이가 자기를 손가락으로 건드리기라도 하면 아빠의 도끼로 그 손가락을 잘라버리겠다"고 했어요. 특히 인지먼슨이 질 수술 이야기를 꺼내자 브렌다는 반항했다. "나는 그 수술을 받지 않겠다고 결정했어요. 그 얘기는 하고 싶지 않아요."

　그 말에 심란했지만, 그래도 인지먼슨은 브렌다가 여성 성별 정체성을 형성했다는 머니 박사의 말을 받아들였다. 다른 도리가 없다고 느꼈기 때문이다. "결정은 이미 내려졌다고 생각했어요. 이 문제를 들쑤셔서 '이건 잘못된 결정이었어'라고 한다면... 누가 그럴 수 있겠어요?" 그래서 인지먼슨은 (전임자 마기처럼) 브렌다에게 여자로 살도록 정체성을 주입하고 빨리 질 수술을 받도록 권하려고 했다. 그러나 첫 면담부터 인지먼슨은 이 사례가 뭔가 불편했다. 특히 아이가 무의식적으로 자신이 남자인 걸 아는 것 같으면서도 그걸 발설하면 안 된다는 것도 아는 것 같았다.

인지먼슨이 설명한다. "아이와 얘기해보면 통상적으로 남자들의 관심사를 얘기했어요. 그건 놀랄 일이 아니에요. 여자아이들도 그럴 수 있어요. 그런데 눈에 띄는 건 브렌다가 그런 얘기를 하기를 부끄러워했다는 거예요. 아니, 힘들어했어요." 브렌다는 그걸 드러내지 않고 싶어 했다. 그러면서 하는 말이 '비밀'이 있는 것 같다고 했다. 또 '탐정'이 되어 그 비밀을 풀고 싶다고 했다. 심리 치료 때 그런 모순이 생길 수 있다. 브렌다는 비밀을 알고 싶지만 한편 알고 싶지 않기도 했다. 일반적으로 심리 치료를 받는 사람들은 문제의 원인을 알고 싶어 하면서도 한편으로는 알고 싶어 하지 않는다. 감춰진 사실이 좋은 것일 때만 알고 싶어 한다.

인지먼슨에 따르면, 브렌다는 감춰진 진실이 좋은 거라고 믿고 있었다. "브렌다는 이렇게 생각하고 있었어요. '나는 아무 문제도 없는데 왜 사람들이 자꾸 나를 파헤치려고 하지?' 뒤돌아보면 브렌다의 생각이 맞았어요. 이런 거였죠. '나는 남자야. 그러니 나는 아무 문제도 없어. 신체적으로 내가 여자라면 뭔가 문제가 있는 거야.' 브렌다는 이런 곤란한 입장이었어요. '내가 남자라고 인정하면 내가 신체적 문제가 있다는 걸 인정해야 해. 그렇다면 도대체 내게 무슨 일이 일어난 거지?'"

인지먼슨이 보기에 브렌다가 반항하는 건 자신이 모르는 진실이 있다고 어렴풋이 알기 때문이어서 두 번째 면담 후 브렌다의 부모를 만났다. 론과 재닛에게 브렌다에게 알릴 날을 준비하라고 했다. 태어났을 때 어땠고, 어떤 의료 사고가 있었고, 그래서 어떻게 성전환을 하게 됐는지 말이다. 인지먼슨은 론과 재닛에게 말했다. "브렌다에게 알려야 해요. 그리고 그걸 받아들이게 도와줘야 해요." 인지먼슨은 그래야만 브렌다가 질 수술을 받는 수밖에 없다고 깨달을 것이라고 생각했다. 그러나 인지먼슨의 일지를 보면, 론과 재닛은 브렌다에게 진실을 말하는 걸 무서워했다.

재닛이 말했다. "의사 선생님이 말씀해주셨으면 좋겠어요." 그러나 인지먼슨은 부모에게 듣는 게 옳다고 했다. 처음에는 서서히 멍석부터 깔아야 한다. 인지먼슨은 브렌다가 결국 모든 걸 알게 될 때를 대비해 정서적 준비를 시켰다.

며칠 후 론이 브렌다와 단둘이 이야기를 나눴다. 브렌다의 침대 위에 나란히 걸터앉아서 겨우 이야기를 꺼냈다. 브렌다가 아기였을 때 의사가 수술하다가 "밑 부분에 실수를 저질러서 다른 의사들이 첫 번째 의사의 실수"를 고쳐야 한다고 했다. 그러나 브렌다가 태어날 때 성별이 뭐였고, 성전환 했고, 그 "실수"가 뭔지 설명하는 건 너무 힘들어서 못 했다. 게다가 브렌다도 관심을 보이지 않았다. 브렌다는 그런 얘기를 더 듣고 싶지 않다는 반응이었다. 론이 나중에 인지먼슨에게 보고한 바에 따르면, 그 "실수를 저지른 의사"에 대해 듣고 브렌다가 보인 반응은 "그래서 그 의사를 때려줬어요?"라는 것이었다.

데이빗의 설명에 따르면, 아버지가 쭈뼛거리며 "사고" 얘기를 할 때 그게 브렌다가 남자였는데 여자로 바꾸는 수술을 했다는 거라고 꿈에도 생각 못 했다고 한다. "백만 년이 지나도 그런 생각은 못 할 거예요. 그래서 나는 아빠가 무슨 말씀을 하시는지 몰랐고 알고 싶지도 않았어요."

한편 브렌다는 학교에서도 늘 그렇듯 힘들었다. 학교의 사회복지사가 브렌다에 대해 이렇게 썼다. "등교한 지 나흘 만에 교장 선생님은 브렌다가 친구들과 어울리지 못한다고 했다. 브렌다는 '남자처럼 보인다 등등'의 이유로 놀림을 받는다."

그러나 시간이 가면서 브렌다도 말괄량이 여자아이들 그룹에 들어가게 됐다. 대장은 헤더 레거리라는 여자아이였다. 흑갈색 단발머리에 웃음이 환한 아이였다. 현재의 헤더가 말한다. "나도 저학년 때 여러 번 따돌림을 당한 적이 있어서 그게 어떤 건지 알아요. 그래서 나는 절대로 다른 사람에게 그렇게 하지 않아요. 절대로요." 축구와 피구를 하고, 정글짐을 타고, 로드바이크를 타는 그 말괄량이들 그룹에 브렌다가 딱 맞아 보였다. 브렌다는 헤더가 다가오자 처음에는 불신하다가 마침내 마음을 열고 헤더 그룹에 어울리기 시작했다. 데이빗이 말한다. "헤더는 나의 제일 첫 번째 친구였어요. 나는 친구가 뭔지 몰랐었어요."

헤더는 브렌다가 가식이나 배신이 없다고 하며 소중히 여겼다. 과거 다른 여자아이들 사이에서나 현재 말괄량이 그룹에서도 그런 문제로 관계가 힘들어지고 평화가 깨지곤 했기 때문이다. 헤더가 말한다. "브렌다는 말을 많이 하지 않았어요. 그러나 말을 하면 악의나 거짓이 없었어요. 참 정직했어요. 브렌다가 어떤 말을 하면 그건 사실이었어요."

그러면서도 헤더는 브렌다가 뭔가 "이상하다는" 걸 간파했다. 특히 브렌다가 심하게 불안해했다고 한다. "브렌다는 별일 아닌 것에 불안해했어요. 가령 자전거로 대학교를 통과해가는 거 말이에요. 나는 늘 그렇게 했거든요. 그런데 브렌다는 혼자 굉장히 불안해했어요." 그것은 브렌다가 말하는 방식에까지 영향을 미쳤다고 한다. "어떤 때는 단 한 문장을 말하는 것도 힘들어했어요."

브렌다가 이상한 건 그것만이 아니었다. 헤더가 설명한다. "내가 알기로 브렌다는 신체적으로 여자아이였어요. 그러나 행동이나 말을 보면 여자인 걸 싫어했어요. 우리 그룹 여자아이들은 남자아이들과 경쟁했어요. 우리는 남자아이들이 하는 걸 우리도 할 수 있다고 증명하고 싶었어요. 그러나 우리는 남자아이들에게 그걸 그냥 보여주고 싶어 했어요. 남자아이들과 말다툼을 하더라도 몸싸움까지는 안 했어요. 나는 얼굴에 상처가 나는 건 싫었어요. 그러나 브렌다는 남자아이들과 싸웠어요. 맞아도 개의치 않았죠." 헤더가 잠시 말을 멈추고 생각에 잠겼다. "나도 말괄량이였지만 남자아이가 되고 싶진 않았어요. 그러나 브렌다는 남자아이가 되고 싶어 했어요."

헤더가 받은 그런 인상이 한층 더 굳어지는 계기가 있었다. 어느 날 학교 운동장에서 헤더는 브렌다의 정수리 근처에 작은 땜빵이 있는 걸 봤다. 거기에 머리카락이 나지 않는 건 브렌다가 아기였을 때 일어난 사고 때문이었다. 아빠가 전기 프라이팬으로 음식을 하고 있을 때 브렌다가 전깃줄을 잡아당겨서 뜨거운 기름이 튀었던 거다. 그러나 브렌다는 헤더에게 다르게 얘기했다. 헤더가 회상한다. "일부러 뜨거운 프라이팬을 머리에 뒤집어써서 머리카락을 태워버리려고 했대요. '남자처럼 대머리가 되려고' 했대요."

브렌다는 헤더와 친구가 되면서 교실에서 벌어지는 새롭고 위험한 기류를 점점 감지하게 됐다. 처음 그걸 눈치챈 건 여자아이들이 얘기할 때 "반했다", "데이트", "키스" 같은 단어들이 들려서였다. 그리고 선생님이 보지 않을 때 남자아이들과 여자아이들이 쪽지를 주고받았다. 한 쪽지를 봤더니 사랑 편지였고 하트가 그려져 있었다.

　　브렌다에게 난처하고 당황스러울 수 있는 상황이 전개되고 있었다. 브렌다는 그런 데이트 하고는 담을 쌓겠다고 결심했다. 그 결심을 지키기는 어렵지 않을 것 같았다. 브렌다에게 이성으로 관심을 보이는 남자아이는 아무도 없었으니까. 그러나 모든 동급생이 성에 눈뜨고 있는 상황에서 브렌다가 완전히 벗어날 수는 없었다. 가은에 헤더는 브렌다를 같은 반 학생의 생일 파티에 데려갔다. 처음에는 순조로웠다. 생일을 맞은 아이의 부모가 감독하는 가운데 아이들은 눈 가리고 당나귀 꼬리 붙이기 게임이나 색깔에 맞춰 바닥 짚기 게임 등 흔한 게임을 하면서 동요를 틀었다. 그러나 부모가 1층으로 내려가자 완전히 달라졌다.

　　데이빗이 회상한다. "한 아이가 동요 음반을 내려놓고 분위기 나는 음반을 올렸어요. 그리고 다른 아이가 불을 껐어요. 그러더니 갑자기 모든 아이가 슬로우 댄스를 추며 분위기를 잡았어요. 나는 뻘쭘하니 헤더를 봤고 헤더도 뻘쭘하니 나를 봤어요. 남은 건 우리 둘뿐이었어요." 둘은 재빨리 1층으로 내려갔다. 데이빗이 말한다. "그러나 문틈으로 소리가 들렸고 무슨 일이 일어나고 있는지 느낄 수 있었어요."

동급생들이 짝을 짓는 걸 보고 어땠냐고 데이빗에게 물었더니 잠시 생각하고 나서 대답했다. "부러웠던 것 같아요. 그 아이들은 자기가 있어야 할 자리를 알았으니까요. 그러나 나는 그 어떤 사람이나 어떤 것도 편하지 않았어요."

브렌다가 점점 더 소외되고 있다는 게 닥터 인지먼슨과 면담할 때 나타났다. 의사는 브렌다가 마음을 열고 생식기에 관해 얘기하게 해서 마침내 수술받게 하려고 끈질기게 애썼지만, 브렌다는 요지부동이었다.

그녀는 브렌다와 면담하기 시작한 지 3개월째에 이렇게 썼다. "얘기를 나눠보려고 했지만, 브렌다는 무반응이다. 입을 다물고... 허공을 멍하니 응시하면서 고개를 돌리고 있었다.... 그러더니 이 방이 답답하고 마음이 답답하다고 하면서 나가겠다고 했다."

# 9
## 마지막 존스 홉킨스 방문

✳

1977년 여름에 브렌다는 갑자기 닥친 새로운 공격에 맞서야 했다. 볼티모어에 갈 때 여러 번 머니 박사는 "정상적인 여자아이"가 되려면 곧 약을 먹어야 할 거라고 했었다. 그건 여성 호르몬 에스트로겐을 말한 거였다. 브렌다는 어깨가 넓고 엉덩이가 작은 남자아이 체형인데 호르몬을 복용하면 여성 사춘기 효과가 나타난다고 했다. 그러나 브렌다에겐 가슴이 커지는 것도 질 수술만큼이나 악몽이었다. 그래서 애거씨즈 드라이브 초등학교 6학년을 마친 후 어느 날 아빠가 알약이 많이 든 봉지를 주면서 먹으라고 하자 브렌다는 의심했다.

브렌다가 물었다. "이게 무슨 약이에요?"

론은 어떻게 말하면 좋을지 몰라서 우물쭈물하다 말했다. "네가 브라를 입게 만들어줄 약이야."

데이빗이 회상한다. "나는 '브라 같은 거 하고 싶지 않아!'라고 하면서 화를 무지 냈어요."

브렌다가 얼마나 그 호르몬 약을 거부했는지는 에스트로겐 요법을 처방해주는 소아 내분기과 의사 제러미 윈터 박사에게 보인 반응으로 알 수 있다. 그는 34세의 위니펙 아동 병원 교수였고, 존경받는 내분비과 의사 앨프리드 본지오바니 밑에서 배웠다. 본지오바니는 존스 홉킨스의 로슨 윌킨스 밑에서 배웠다.

윈터는 학문적 계보가 그렇다 보니 머니의 쌍둥이 사례의 방법론이나 결론을 의심하지 않았다. 브렌다를 만나기 전에는 아무 문제도 없는 줄 알았다.

윈터가 말한다. "나는 차트를 받아서 모든 정보를 봤어요. 나는 《남자와 여자, 소년과 소녀》도 읽었고 그대로 믿었어요. 그래서 '그렇군. 모든 게 들어맞아. 이 아이를 보고 나서 이렇게 해야겠어'라고 생각하고 있었어요." 즉 그는 아이에게 에스트로겐을 투여하고 곧 질 수술을 하려고 했다. 그러나 상황은 그렇게 돌아가지 않았다.

윈터가 말한다. "브렌다는 클리닉에서 제일 힘든 환자였어요. 우리는 어린이 환자들과 관계가 좋다고 자부하고 있었어요. 일반적으로 화기애애하게 아이들과 이야기를 주고받았죠. 그러나 브렌다는 입을 꽉 다물고 화나 있었어요. 나는 이렇게 물었어요. '피검사를 해도 되니?' '아니요.' '너를 검사해도 되니?' '아니요.' 그래서 저 혼자 독백으로 에스트로겐을 복용하고 질 수술을 받는 게 중요하고 그러면 굉장히 좋아질 거라고 주절거렸죠."

윈터에 따르면 브렌다는 존스 홉킨스에 절대 가지 않겠다고 말했다. 윈터가 회상한다. "내 평생 병원에 가는 걸 그렇게 싫어 하는 환자를 본 적이 없어요." 그러나 윈터는 브렌다가 에스트로 겐을 복용하게 하는 수밖에 없었다. 8월 말이면 벌써 열두 번째 생일이라서 시급히 그 전에 복용을 시작해야 했다.

브렌다는 계속 거부했지만 윈터, 부모, 닥터 인지먼슨이 계 속 간청하자(게다가 머니 박사는 약을 먹지 않으면 팔다리의 비율이 맞 지 않게 될 거라고 위협했다) 마침내 열두 살 생일 전날부터 약을 먹 기 시작했다. 아니, 먹는척했다. 부모가 보지 않을 때 약을 변기 에 버렸다. 데이빗이 말한다. "약이 물속에서 풀어져 분홍색이 번 지던 게 생각나요. 부모님이 보시기 전에 재빨리 변기 물을 내렸 어요." 그러나 론과 재닛이 곧 알아채고 브렌다가 매일 약을 꿀꺽 삼킬 때까지 지켜보고 있었다. 그 에티닐 에스트라디올 0.02mg은 나중에 0.75mg으로 증량되었다.

곧 브렌다는 가슴이 봉긋 솟아올랐고 허리와 엉덩이에 지방 층도 생겼다. 그런 변화는 브렌다에게 깊은 자괴감을 줬다. 여성 적으로 변하는 모습을 감추려고 폭식하기 시작했다. 하루에 아이 스크림콘을 여러 개 먹으면서 허리가 40인치가 됐다. 지방층을 늘려서 가슴과 엉덩이의 변화를 좀 감췄지만, 가을에 일어난 다른 신체적 변화는 감추지 못했다. 인지먼슨이 가을 면담 때 기록했 다. "브렌다는 변성기로 목소리가 갈라져서 걱정하고 있다."

브렌다의 목소리가 갑자기 저음으로 변한 걸 내분비과 의사 윈터도 잘 설명할 수 없었다. 브렌다는 고환(남성 호르몬 분비 내분 비샘)이 없고 에스트로겐 요법을 하고 있어서 의학적으로 보면 변성기가 오지 않아야 했다. 지금 윈터가 생각하기로는 브렌다의 성대와 후두에 변성기가 찾아온 건 부신에서 안드로겐 분비가 증가했기 때문이었던 것 같다. 이유야 뭐든 한 가지는 확실했다. 브렌다는 목소리가 남동생 브라이언처럼 변하고 있었다. 브렌다는 엄마에게 왜 그런지 물었다.

재닛은 TV 시트콤 〈그 여자 *That Girl*〉에 나오는 여배우 말로 타머스 얘기로 둘러댔다. "그 여자도 목소리가 허스키하잖아. 그런 여자도 있어."

브렌다는 그렇게 납득하고 가을에 새 학교에서 7학년(중1)이 됐다. 글렌우드 중학교는 걸어서 5분 거리에 있는 큰 공립학교였다. 브렌다는 글렌우드의 사회생활에서 가장 변방으로 밀려난 소외된 아이들 그룹에 들어갔다. 한 여학생은 간성(intersexual)이었다. 다른 여학생은 오른쪽 다리에 복잡한 금속 보철을 하고 왼쪽보다 7~8cm 짧아서 키높이 신발을 신었다. 또 다른 여학생 에스더 헤이즐하워는 폴란드 증후군 환자였다. 그 선천적 질환으로 성장이 저해되어 한 손이 좀 말라비틀어졌고 오른쪽 가슴의 성장이 완전히 지체되었다. 에스더는 브렌다를 보자마자 즉시 동질감을 느꼈다고 한다.

에스더가 말한다. "처음에 브렌다는 다가가기 어려웠지만 뭔가 공감이 됐어요. 그건… 뭐랄까, 슬픔이었어요. 브렌다를 보면 나를 보는 것 같았어요." 그러면서도 에스더는 둘이 매우 다르다는 걸 느꼈다. 브렌다는 다른 소녀들과 달랐다. 에스더가 말한다. "브렌다는 여성스러운 여자는 아니었어요." 게다가 신기하게도 브렌다와 함께 있으면 이성과 함께 있는 것 같은 기분이 들었다. 에스더가 말한다. "브렌다와 함께 있으면 안전하다는 기분이 들었어요. 내가 작으니까 아이들이 나를 때릴 때가 있는데 함께 있으면 브렌다가 맞서줬어요."

데이빗은 에스더의 우정에 감사했지만 서로 다르다 보니 친해지지 못했다고 말한다. "에스더는 항상 남자 얘기를 했어요." 브렌다가 이성으로서 남자아이들에게 관심을 표현한 적이 있냐고 에스더에게 물었더니 에스더가 웃었다. "아니요! 전혀 없어요. 그건 키가 120cm인 내가 농구팀에 들어가려고 하는 것과 같을 거예요."

브렌다가 7학년(중1)이 되고 6개월 후 닥터 인지먼슨은 존 머니에게서 경과보고를 요청하는 편지를 받았다. 그러나 타이밍이 좋지 않았다. 왜냐면 이틀 전에 라이머 가족과의 면담이 처참하게 끝났기 때문이다. 1978년 2월 20일 일지에 따르면 인지먼슨이 위니펙에서 정신과 진료를 시작한 후 14개월이 지났지만, 브렌다는 여전히 수술을 거부했다. 브렌다는 단 한마디도 없이 겨울옷의 후드를 뒤집어쓰고 팔짱을 끼고 있었다. 수술에 대해 무슨 말이라도 해보라고 하자 마침내 눈물을 터뜨렸고 어른들은 속수무책이었다. 인지먼슨이 일지에 기록했다. "부모와 나는 아무 말도 할 수 없었다." 그러고서 곧 면담이 끝났다.

그 난처한 상황이 아직도 머릿속에 생생한 중에 인지먼슨은 머니에게 답장을 썼다. 브렌다가 호르몬을 복용하게 됐지만 다른 성과는 없다고 했다. "공식적인 수술 계획은 없습니다. 언제가 좋을지 논의도 못 했습니다." 브렌다가 "진료를 잘 받지 않으려 하고 계속 생식기 검사를 거부한다"고 했다.

머니가 이 편지를 어떻게 받아들였는지 모른다. 머니의 답장은 비서가 간단히 작성한 거였다. "1978년 3월 8일에 브렌다 라이머의 경과보고를 해주셔서 머니 박사님이 감사하다고 하셨습니다. 저희는 그 보고를 받아서 매우 기쁩니다." 그것이 전부였다.

그 후 머니는 이 사례에 대한 더 자세한 의견을 곧 개진했다. 그해에 영국에서 발간된 글 모음집 《성적 행동의 생물학적 결정 요인 *Biological Determinants of Sexual Behavior*》의 한 장을 머니가 썼다. 이번에도 머니는 이 사례에 대해 밝은 전망을 그렸다. 한 페이지 가득히 브렌다와 브라이언의 사진이 실렸다(심리 호르몬 연구부에 갔을 때 찍은 사진이었다). 둘이 흰 배경을 바탕으로 나란히 서 있었다. 브렌다는 패턴 무늬, 짧은 팔의 짧은 원피스를 입고 긴 머리를 어깨까지 드리웠다. 브라이언은 짧은 소매 셔츠에 짙은 색 청바지를 입었고 머리를 짧게 깎아 귀가 드러났다. 두 아이의 얼굴은 각각 큰 검은 점으로 가려졌지만 턱, 눈썹 등 얼굴 윤곽이 똑같다는 걸 알 수 있었다. 글로 미뤄볼 때 검은 점으로 가려진 두 아이의 얼굴이 행복하게 웃고 있을 것 같았다. 머니가 이렇게 썼다. "이제 사춘기가 된 여아는… 여성의 성별 정체성과 성 역할을 가지고 있으며 남동생과 확연히 다르다."

그러나 주의 깊은 독자라면 성전환 쌍둥이의 예후가 좋지 않다는 증거를 포착했을 것이다. 같은 장에 머니가 쓴 내용 때문이다. 그것은 과다한 테스토스테론이 태중의 여아에게 미치는 역할에 관한 연구였다. 머니에 따르면 그것은 놀이, 장난감, 선호하는 직업을 남성화할 뿐 아니라(머니와 얼하트가 11년 전에 발표한 내용), 다른 행동도 남성화했다. 머니는 이렇게 썼다. "간성이나 동성애 가능성이 커진다는 일차적 증거가 있다."

그런데 머니의 유명한 사례인 이 성전환 쌍둥이는 테스토스테론보다 열 배나 강력한, 태아의 고환에서 생성하는 남성 호르몬의 영향을 태중에서 받았다. 그러니 사춘기가 되면 여성에게 이성적으로 끌릴 가능성이 크다고 간파한 독자들도 있었을 거다. 그러나 브렌다의 성적 지향이라는 중요한 질문에 관해 머니는 (론과 재닛에게 브렌다가 레즈비언이라고 얘기한 걸 잊기라도 했는지) 이 책에서는 브렌다가 어떤 파트너를 선호하게 될지 알 수 없다고 했다. 머니는 브렌다의 성별 정체성에 대해 이렇게 결론을 내렸다. "최종 증거는 어떤 이성에게 끌리고 어떤 성적 공상을 하느냐로 나타날 것이다."

브루스 라이머가 브렌다로 바뀐 11년 동안 동네 의사들은 존 머니를 만나서 논의한 적이 없었다. 그러나 1978년 봄에 제러미 윈터가 존스 홉킨스 의학 전문 대학원 생식 생물학 세미나에 강사로 초청받았다. 윈터는 머니에게 만나자고 했고 4월 4일에 심리 호르몬 연구부에서 만났다. 윈터는 지역 의료진이 머니의 계획대로 브렌다에게 시행하기가 매우 어려운 상황이라고 자세히 털어놨다. 브렌다는 생식기 검사를 거부했고, 질 수술 얘기를 꺼내지도 못하게 했고, 볼티모어에 다시 가지 않겠다고 했고, 호르몬

약을 먹지 않으려 할 때가 많았다. 그러나 머니 박사는 그 얘기를 대수롭지 않게 여겼다고 한다.

윈터가 말한다. "그는 자신만만했어요. 모든 게 완벽하고 아무 문제도 없다고 했어요. 내가 순진하고 어려서 염려하는 거라고 했어요. 시간이 지나면 다 괜찮다는 걸 알게 될 거라고 했어요."

머니의 진료 일지 내용도 그렇다. 브렌다가 '결정할' 수 있게 될 거라고 자신하면서 브렌다가 '흰 가운을 입은 의사들을 극도로 무서워하는 건' 8개월 때 있었던 포경 수술의 기억이 깊이 자리 잡고 있기 때문이라고 했다. 그리고 "브렌다는 자신이 음경이 있었고 한때 남아로 여겨졌다는 걸 아는 것 같다"고 했다. 그렇지만 머니는 브렌다가 곧 질 수술을 받겠다고 할 거로 생각했고, 존스 홉킨스에서 수술할지도 모른다고 생각했다. 일지에서 머니는 브렌다가 "성에 관해 얘기하는 거나 성교육 책을 보는 걸 극도로 거부한다"고 윈터에게 말했다. 윈터에 따르면, 머니는 윈터에게 성교육 자료를 보여줬다. 윈터가 말한다. "머니는 브렌다가 동성애자인지, 양성애자인지, 이성애자인지 알아보는 데 사용할 음란물 사진을 내게 보여줬다."

윈터가 제기한 문제를 머니가 대수롭지 않게 여기고 또 그런 자료를 보여줘서 마음이 불편했지만, 그래도 윈터는 그 회의 결과를 긍정적으로 받아들이기로 마음먹었다. 비록 브렌다가 거부하고 있지만 저명한 세계적 성별 정체성 전문가가 극복할 수 있다고 하니 다행이라고 생각했다. 또 세계적 권위자인 그가 위니펙 의료진이 그동안 한 일을 치하해줘서 다행이었다. 윈터가 말한다. "전문가 앞에서 한참 신참인 나는 우리가 한 일이 옳다고 확인을 받아서 기뻤습니다."

그러나 브렌다가 존스 홉킨스와 그 수술을 극도로 거부한다는 게 곧 모두에게 드러났다. 특히 존 머니에게! 1978년 5월 2일, 그러니까 윈터가 볼티모어에 갔다 오고 한 달이 지난 후에 다시 라이머 부부는 브렌다와 브라이언을 데리고 머니 박사와 면담하러 갔다. 브렌다는 극렬히 저항하다가 뉴욕에도 놀러 갈 거라는 말에 겨우 동의했다. 그러나 아무리 맨해튼에 놀러 가더라도 존스 홉킨스에서 너무 힘들어서 결국은 그게 마지막 볼티모어행이 되고 말았다.

그때 브렌다가 존스 홉킨스에 갔을 때 일어난 일은 몇 주 후 머니가 윈터에게 쓴 편지에 잘 나타난다. "브렌다는 지난번에 왔을 때보다 이야기를 많이 했고, 진료에 참관한 두 학생에게도 편하게 대했지만, 성별이나 성별 관련 주제, 수술 얘기는 뚜렷이 거부했습니다.... 브렌다는 그런 얘기가 이어지자 참지 못하고 남동생이 있는 방으로 가려고 해서 내가 따라가면서 면담을 마친다는 의미로 어깨에 손을 얹었더니 기겁을 하고 도망갔습니다. 그건 대부분 어린이가 편하게 받아들이는 겁니다. 한 학생이 브렌다를 따라가 다독였고 둘은 별말 없이 1~2km 정도 걷다 돌아왔습니다." 머니는 많은 부분을 생략한 그 이야기를 마치면서 그 학생을 '여자'라고 했다. 그러나 알고 보니 그 여자는 원래 남자였다. 남성에서 여성으로 성전환자인 그를 머니가 섭외해서 브렌다에게 질 성형술을 받으면 뭐가 좋은지 얘기해주라고 했던 거다.

라이머 가족의 존스 홉킨스 방문은 여느 때처럼 시작했다. 즉 브렌다는 여느 때처럼 불안, 분노, 우울증을 나타냈다. 그때 브렌다가 받은 문장 완성하기 테스트에 그게 잘 나타난다. "다른 집에 비해 우리 집은 …다"라는 미완성 문장에 브렌다는 "엉망이다"라고 썼다. "나는 대부분의 여자아이들이 …하다고 생각한다." "착하지 않다." "나는 대부분의 여자들이 …하다고 생각한다." "역시 착하지 않다." "나는 결혼이라는 것이 …하다고 느낀다." "지겹다." "만일 내가 성관계를 갖는다면…" "싫을 거다. 남자아이가 나에게 키스하더라도 마찬가지다." "나의 미래는 …할 거 같다." "나쁠 거 같다."

거기다 설상가상으로 머니 박사가 성전환자를 만나게 하자 브렌다는 기분이 절망에서 경악으로 굴러떨어졌다.

데이빗이 회상한다. "머니 박사가 말했어요. '앞으로 너에게 일어날 일을 미리 겪은 사람을 소개해줄게.'" 브렌다는 그게 화장을 하고 여자 옷을 입고 여자 헤어스타일을 한 남자라는 걸 금방 알아챘다. 그 사람의 목소리는 허스키했고 인위적 고음이었다. 데이빗이 말한다. "그는 그 수술에 관해 얘기했어요. 그 수술을 받고 나서 너무 좋고 삶이 달라졌다고 했어요."

브렌다는 꼼짝도 하지 않고 집중해 듣는 거로 보였다. 그러나 사실 머릿속에서는 공포심이 점점 커지고 있었다. 데이빗이 말한다. "나는 생각했어요. '나도 저렇게 되는 거야?'"

성전환자는 얘기를 다 하고 나서 브렌다를 다시 머니 박사의 사무실로 데려갔다. 머니는 책상 앞에 앉아 브렌다를 기다리고 있었다. 브렌다는 머니의 책상 옆 1인용 소파에 앉았다. 성전환자는 근처 다른 소파에 앉았다. 머니의 일지를 보면 그다음에 무슨 일이 일어났는지 알 수 있다.

　머니가 브렌다에게 말했다. "하고 싶지 않으면 성기 수술을 하지 않아도 돼. 그러나 생각이 바뀌면 십 대든, 삼십 대든, 언제든 해도 돼. 이제 너도 나이가 들었으니 직접 수술 허가서에 서명해야 하고 아무도 억지로 수술을 못 시켜. 사실은 약도 네가 원하지 않으면 억지로 먹게 할 수 없어. 그러나 거짓말하면 안 되는 거 알지?"

　머니 박사는 그런 얘기를 거의 10분이나 늘어놓으면서 어르고 달래다가 위협하고 화내다가 했다. 아무도 억지로 강요하면 안 된다고 하면서 수술을 받아야 한다고 계속 얼렀다. 브렌다의 "성별 정체성"에 관해 얘기하면서 성별 정체성이 없이는 온전한 사람이 되지 못한다고 하고 다시 수술 얘기를 하고 "여성 성기"에 관해 얘기했다.

　브렌다가 말을 꺼내려고 하자 머니 박사는 "성기 기형"으로 태어난 환자의 "좋은 이야기"를 들려주겠다고 하면서 "음핵"과 "음경"에 관해 얘기하기 시작했다. 브렌다가 다시 뭔가 얘기하려고 하자 머니는 "마저 얘기할게"라고 브렌다의 말을 막았다. 그 환자도 브렌다처럼 어릴 때는 성별에 관해 얘기하지 않으려고 해서 머니는 어린이가 싫어하는 얘기를 억지로 하면 안 된다는 걸 안다고 하면서 브렌다에게 말을 좀 해보라고 했다. "나에게 무슨 말이라도 해도 돼. 소리 지르지 않을게. 미쳤다고 하지 않을게.

나는 그냥 듣고 도와주고 대답해줄 거야. 뭐든 말하렴."

마침내 머니가 입을 다물자 브렌다는 딱 한 가지 질문을 했다.

"다 하신 거예요?"

"응, 끝났어."

브렌다는 일어서더니 급히 방문 쪽으로 갔다. 머니와 성전환자는 브렌다에게 다가갔다. 성전환자는 5층으로 브렌다를 데려가서 따로 만나겠다고 말했다. 머니 박사가 브렌다에게 손을 뻗었고 브렌다는 그의 손가락이 어깨에 닿자 자기를 수술실로 끌고 가려는 줄 알고 몸을 홱 돌려 머니의 손길을 뿌리쳤다. 현재의 데이빗은 어떻게 머니의 사무실에서 나갔는지 기억하지 못한다. 데이빗은 말한다. "그냥 달린 것만 기억나요. 그게 전부에요."

브라이언은 대기실에서 기다리고 있었다. 그가 말한다. "문이 덜컹 열렸어요. 그리고 브렌다가 쏜살같이 뛰쳐나갔어요. 존 머니가 소리를 질렀고, 연구복을 입은 사람들이 쫓아갔어요."

근처의 다른 사무실에서 면담 중이던 재닛과 론이 소동을 듣고 복도로 나왔다. 재닛이 말한다. "머니 박사가 달려갔고 그가 브렌다를 잡으려고 하는 동안 우리는 조교들과 기다리고 있었어요."

브렌다는 정신없이 달리다 계단으로 옥상에 올라갔다. 성전환자가 잡으려고 따라갔다. 브렌다는 옥상 둘레 낮은 벽돌 담에 숨으려고 몸을 숙였다. 현재의 데이빗은 그다음에 일어난 일을 기억하지 못한다. 그 성전환자(이름은 심리 호르몬 연구부 일지에서 화이트로 삭제되었다)가 일지에 기록한 걸 보면 브렌다는 사람들이 쫓아오자 네 개의 층계참을 뛰어 내려가서 병원 후문을 통과해 주차장으로 도망갔다. 성전환자는 병원 뜰을 수색하다가 브렌다가 뜰 입구로 들어가는 걸 봤다. 그래서 쫓아갔지만, 다시 브렌다가 보이지 않았다.

성전환자는 프런트 데스크에서 머니의 사무실에 전화해 경과 보고를 하고 다시 나갔다. 2분 후에 문 쪽으로 가는 브렌다를 발견하고 성전환자는 마음을 가라앉히게 좀 걷자고 했다. 브렌다는 응했지만, 말을 하거나 가까이 오지 말라고 했다. 성전환자는 이렇게 일지에 기록했다. "우리는 걸었다. 브렌다는 나보다 1m 정도 뒤에서 따라왔다." 그런 이상한 모양새로 브렌다와 소위 브렌다의 조언자가 될 사람은 침묵 속에 여덟 블록 정도를 걷다가 다시 병원으로 돌아왔다.

그들은 병원 입구에서 비올라 루이스를 만났다. 그 연구부에서 브렌다가 약간이나마 신뢰하는 몇 안 되는 사람 중 하나였다.

루이스는 브렌다를 인근 쉐라톤 호텔로 데려갔다. 브렌다가 돌아올 때까지 거기 있으라고 해서 론과 재닛이 거기서 기다리고 있었다.

호텔 방에서 부모와 동생을 만난 브렌다는 다시 머니 박사를 만나라고 하면 죽어버리겠다고 했다.

1978년 5월에 브라이언, 론, 재닛이 볼티모어에 마지막으로 가는 중이다. 브렌다가 사진을 찍고 있어서 사진 속에 없다.

# 10
# 사춘기

위니펙에서 볼티모어로 돌아온 라이머 부부는 새로운 난관에 봉착했다. 이번에는 브렌다가 일으킨 문제가 아니라 위니펙 의료진 문제였다. 몇 주 전 닥터 인지먼슨이 출산 휴가차 브렌다를 진료하지 못하게 됐다. 인지먼슨은 브렌다를 다른 정신과 의사, 닥터 실라 캔터에게 맡겼다. 저돌적이고 직설적인 여성 캔터는 브렌다의 사례를 위니펙의 다른 의료진과 다르게 봤다. 캔터는 브렌다의 진료 기록과 아동 지도 클리닉 일지를 보고 브렌다와 부모를 함께 면담하고 나서 라이머 부부에게 브렌다가 성전환을 한 건 완전히 실패니 다시 남자로 당장 성전환을 하라고 통보했다.

시그먼슨은 캔터는 늘 그런 식으로 돌발적으로 행동했다고 말한다(캔터는 암으로 작고했다). 시그먼슨이 말한다. "그녀는 훌륭한 정신과 의사이지만, 어떤 문제에든 너무 주관이 뚜렷해서 거부 반응을 일으켰어요." 분명히 라이머 부부는 거부 반응을 보였다.

머니 박사의 지시에 의심이 들어도 묵묵히 애쓰는 중이었기 때문이다.

평소에 과묵하던 론이 말하고 나섰다. 재닛이 회상한다. "남편이 화가 많이 나서 말했어요. '우선 브렌다가 남자가 되고 싶어 하는지 알아야 해요. 속단하지 마세요.' 남편은 브렌다가 여자가 되지 못한다는 걸 아직 받아들이지 않고 있었어요." 재닛도 마찬가지였고, 윈터 박사도 마찬가지였다. 윈터 박사는 닥터 캔터와의 논쟁에서 라이머 부부 편을 들었다. 윈터는 뒤돌아볼 때 캔터가 브렌다의 상태를 정확하게 평가했다고 인정하지만, 문제에 접근하는 태도가 잘못이었다고 생각한다. 윈터가 말한다. "의학적 정답을 알더라도 사람들이 따라오도록 기다려줄 줄 알아야 해요. 그렇지 않으면 아무리 좋은 계획도 소용없어요."

론과 재닛은 윈터의 호응에 힘입어 시그먼슨에게 캔터를 빼달라고 요청했고 시그먼슨은 수락했지만, 곤경에 빠졌다. 위니펙의 정신과 여의사 세 명이 이미 거쳐 갔고 또 다른 여의사를 찾아야 했기 때문이다. 그들은 브렌다를 여의사에게 맡겨 여성 성별 정체성을 강화하려 했다. 그런데 마땅한 여의사가 없었다.

의사들이 애쓰는 동안 브렌다도 난관을 타개하려고 전략을 모색하고 있었다. 가을에 브렌다가 글렌우드 8학년(중2)이 됐을 때 동기생 에스더 헤이즐하워는 브렌다가 확 달라진 걸 알아챘다. 평소에 청바지와 티셔츠만 입고 화장도 전혀 안 하던 브렌다가 여름 방학 동안 달라져서 나타났다.

에스더가 말한다. "브렌다가 교실에 들어왔는데 체크무늬 베이지색 바지 정장을 입고 단정한 머리에 립스틱과 마스카라를 하고 핸드백을 들고 있었어요. 여자다우려고 애쓰는 게 보였어요."

그건 사실이었다. 심리 호르몬 연구부에 가서 힘들었던 일 이후 브렌다는 수술을 받지 않으려면 최선을 다해 협조하고 여자 역할을 해서 행복하다는 걸 보여줘야겠다고 생각했다. 그러면 억지로 수술받게 하지 않을 거라 생각했다. 또 혹시 사람들이 하는 말대로 여자로 살려고 정말 애쓰면 여자처럼 느껴질지도 모를 일이었다. 데이빗은 말한다. "나는 협조하기로 작정하고 애썼어요. 속으로는 힘들고 불쾌하고 언짢고 어색했지만, 압력이 너무 크니까 최선을 다했죠."

론과 재닛이나 위니펙 의료진은 브렌다가 가을부터 그렇게 바뀌자 처음에 상당히 좋아했다. 사회복지사 다우니가 새 학년이 시작하는 9월 초에 브렌다의 아동 지도 클리닉 일지에 기록했다. "브렌다의 부모는 브렌다가 새 학년이 되고서 학교생활에 훨씬 더 열심을 낸다고 말한다. 특기할 사실은 브렌다가 다른 여자아이들과 쇼핑하러 갔다는 거다." 여자아이들이 함께 동네 백화점에 간 건 베일리 선생님 덕분이었다. 베일리 선생님은 브렌다를 동정하는 여자아이들을 따로 불러서 브렌다의 옷차림이나 화장이 좀 부족한 점이 있으니 도와주라고 했다. 원래는 브렌다의 엄마가 화장이나 옷차림을 도와줬겠지만, 최근 재닛이 주차장에서 일하게 되어 아침 일찍 출근하느라 브렌다 혼자 알아서 해야 했다. 그렇지 않았다면 브렌다가 서툰 화장을 하고 론과 쇼핑하러 가서 직접 고른 촌스러운 베이지색 바지 정장을 입고 등교하는 일은 없었을 거다.

에스더가 말한다. "그 바지 정장은 별로였어요. 게다가 립스틱도 얼굴에 번져서 광대 같았어요."

데이빗도 그렇게 말한다. "여자애들이 내 옷차림을 한 번 보더니 '너를 데리고 쇼핑하러 가야겠구나!'라고 했어요."

그래서 같이 허드슨 베이 백화점에 가서 여자애들이 브렌다에게 여성적인 파란 터틀넥 스웨터와 예쁜 청바지 한 벌을 골라줬다. 엄마가 퇴근하자 브렌다는 남자 같은 걸음걸이를 어떻게 고쳐야 하냐고 물었다. 그게 유치원 때부터 놀림감이었다. 재닛은 머리에 책을 얹고 허리를 꼿꼿이 세우고 우아하게 걸으라고 가르쳐줬다. 데이빗이 회상한다. "부자연스러웠어요. 좀 하고 나니까 온몸이 굳었어요. 그래도 그렇게 걸어야 한다고 하니 열심히 연습했어요."

글렌우드 중학교는 금요일 저녁마다 학교 체육관에서 댄스 시간을 가졌다. 아이들이 다 갔고 브렌다도 갔다. "나는 유니섹스 디스코 복장으로 차려입었어요. 청바지에 하이힐 부츠를 신었죠. 그리고 부모님께 걱정근심을 털어버리러 갔다 오겠다고 했어요." 그러나 로드 스튜어트의 "네가 섹시하니?"가 쿵쿵 울려 퍼지는 학교 댄스장에서도 복잡한 마음을 털어버릴 수 없었다.

데이빗이 말한다. "나는 주로 네다섯 명 여자아이들 그룹에서 춤을 췄어요." 그러나 브렌다는 가끔 남자아이와도 춤을 췄다. 데이빗이 말한다. "나는 여자니까 남자아이들과 춤을 춰야 한다는 생각에 부응해서 남자아이와도 춤을 췄어요. 어떤 남자아이들에게 '같이 춤출래?'하고 물었어요. 그러면 나를 빤히 쳐다보다가…" 그 말을 하며 데이빗은 코를 찡그렸다. "그 아이는 '아니, 아니, 괜찮아'라고 했어요." 그러나 남자아이들이 수락한 때도 몇 번 있었다. 데이빗이 말한다. "빠른 춤일 때도 있었고 느린 춤일 때도 있었어요." 남자아이의 품에 안겨 춤을 추며 돌 때 뭔가 맞지 않는다는 느낌이 고통스럽게 다가왔다. 낭만적이고 가슴이 두근거리기는커녕 당황스럽고 극도로 어색했다. 어느 금요일 저녁에는 학교 킹카 중3 남학생이 브렌다가 여자애들에게 놀림을 당할 때 방어해주면서 장난스럽게 브렌다에게 입 맞췄다. 데이빗이 말한다. "그건 그냥 뺨에 가볍게 입 맞춘 거였어요. 집에 가서 이런 생각이 들었어요. '그건 아니야. 싫어. 그렇게 돼야 하는 거지만, 너무 싫어.'"

브렌다는 그런 의심이 자꾸 든다고 상담 시간마다 얘기했지만, 항상 무시됐다. 데이빗이 말한다. "정신과 의사들이나 심리학자들은 그런 '혼란스러운 느낌은 정상'이라고 했어요. 나는 그게 아닌 거 같은데 사람들은 항상 그런 쪽으로 얘기했어요. 그러나 사실 내가 무슨 생각을 하는지 정말 아는 건 나뿐이에요. 그런 게 나를 더 미치게 했어요."

그래도 브렌다는 꾹 참았다. 그 가을에 한 그룹의 여자아이들이 브렌다를 잠옷 파티에 초대했다. 데이빗이 말한다. "한 아이가 작은 술 한 병을 몰래 가져왔어요. 나는 마시지 않고 마시는 척했어요. 술병을 입에 댔지만, 혀로 구멍을 막아서 한 방울도 마

시지 않았어요. 거기서
다들 남자아이들 이야기
만 했어요. '너는 누구를
좋아해?' 그런 거였죠.
그래서 나도 '아, 그래,
나는 이 아이, 저 아이를
좋아해'라고 했어요. 동
성애자가 들키지 않으려
고 이성을 좋아하는 척

브라이언과 브렌다가 열네 살일 때.
브렌다의 출생의 비밀을 알기 얼마 전이다.

하는 것처럼요. 다른 아이들하고 똑같이 했어요. 그래야 다른 아
이들하고 똑같이 대해줄 테니까요."

브렌다의 감정은 그 자리의 다른 여자아이들과 다르다는 게
분명했다. 특히 여자아이들이 잠잘 준비를 할 때 그랬다.

데이빗이 말한다. "한 여자아이가 내 앞에서 옷을 벗었어요.
나는 당황해서 시선을 돌렸어요. 그러자 그 아이가 말했어요. '괜
찮아. 당황하지 마. 우리는 같잖아.' 그 아이는 자신의 브라를 보
여주며 '어때?'라고 물었어요. 나는 '몰라. 예쁘네. 나는 레이스가
좋아'라고 했지만, 얼굴이 빨개졌어요. 영화 속의 미세스 다웃파
이어가 된 기분이었어요." 그렇게 속옷만 입은 여자아이들에 둘
러싸여 있을 때 자동적인 신체 반응이 없었냐고 하자 데이빗은 비
유로 대답했다. "팔이 잘려도 목말라 죽을 지경이면 팔의 남은 부
분이 자연히 물잔 쪽으로 움직일 거예요. 그건 본능이에요. 내면
에 있죠."

그러나 이제 브렌다는 댄스장에서나 파티에서나 교실에서나 거리에서나 모든 본능을 부인하고 억누르고 감췄다. 데이빗이 말한다. "나는 로봇 같았어요." 그는 매일 매 순간 그저 생존하려고 연기했다. "조심해서 정상으로 보이려고 애쓰면서도 너무 튀지 않으려고 했어요. 속으로 생각했어요. '지금은 미소지을 때야.' 그러면서 미소를 지었죠. '지금은 다리를 꼴 때야.' 그러면서 다리를 꼬았죠. 항상 남보다 한 수 앞서가며 생각했어요. 체스 게임을 할 때처럼요."

그러나 그 체스 게임에서 브렌다는 지고 있었다. 브렌다에게 잘해주라는 선생님 말씀에 몇 명은 호응했지만, 대다수는 계속 브렌다를 조롱하고 비웃었다. 에스더 헤이즐하워가 말한다. "안타까웠어요. 브렌다가 애쓰면 애쓸수록 결과가 더 나빠졌어요. 애들이 더 심하게 따돌렸어요."

중2 때 브렌다를 괴롭힌 웬디 홀더스턴은 지역 스타 가수의 딸이고 예쁘고 인기가 있었는데 브렌다를 '괴짜', '남자 같은 아이', '목소리가 굵고 눈이 움푹 들어간 아이'로 기억한다. 그런 특징 때문에 브렌다는 '원시녀'라는 별명이 생겼고 곧 반에서 다 그렇게 불렀다. 처음에 브렌다는 아이들이 놀려도 '여자답게' 참았지만, 어느 날 더 참지 못했다. 학교 복도에서 웬디의 멱살을 잡고 밀어서 웬디가 라커에 쿵 부딪히고 바닥에 쓰러졌다. 남자아이들도 브렌다를 놀리면 그렇게 됐다. 에스더가 말한다. "그게 브렌다가 유별난 점이었어요. 짓궂게 놀리는 남자아이들과 싸웠어요. 주먹을 날렸죠. 나도 그렇게 할 수 있다면 얼마나 좋을까 생각했어요."

데이빗은 브렌다였을 때 자기를 놀리는 남자아이들을 때려준 걸 생각하면서 회한에 잠긴다. "그랬더니 나를 더 괴짜로 생각하고 따돌릴 뿐이었어요."

11월 말 아동 지도 클리닉 일지에 브렌다의 교우 관계나 학업에 대한 기대가 다시 사그라들었다. 다우니가 11월 27일에 이렇게 썼다. "브렌다는 반에 친구가 없다." 깜짝 놀랄 정도로 심각한 건 브렌다의 지적 능력이 급격히 퇴화한 거다. 다우니가 일지에 기록했다. "브렌다는 요일이나 달의 철자도 제대로 쓰지 못한다. 5학년 철자법이 너무 어려워서 4학년 과정으로 내려갔다. 교실의 일과를 따라가지 못한다.... 자기 사물함의 비밀번호를 몰라서 다른 아이들이 열어주기를 기다린다."

데이빗은 그 상황을 기억한다. "그런 일을 겪다 보면 공부는 뒷전이 되기 마련이에요. 시험은 안중에도 없어요. 생존하려고 허덕이니까요." 아동 지도 클리닉의 조운 넵스도 브렌다의 처지를 딱하게 봤다. "브렌다는 하루, 한 시간을 버텨내려고 생존의 싸움을 했다."

중2의 시간이 흘러갈수록 브렌다는 버텨내기가 점점 더 힘들어졌다. 신체적 자아와 정신적 자아의 괴리가 커졌고 덫에 갇힌 혼란한 느낌이 점점 더 심해져서 자살로 벗어나고 싶었다. "목을 맬 밧줄이 계속 머릿속에 맴돌았어요"라고 데이빗이 말한다.

브렌다가 그렇게 절박한 사춘기를 보내는 와중에 마침내 키잇 시그먼슨은 브렌다를 맡을 새 정신과 의사를 찾았다. 특별한 재능이 있고 동정심이 많은 닥터 메리 맥켄티였다.

1979년 1월 2일에 첫 상담을 받으러 아동 지도 클리닉에 있는 닥터 맥켄티의 방에 들어간 브렌다는 깜짝 놀랐다. 백발의 할머니가 미소로 맞이했기 때문이다. 트위드 직물 치마와 어울리는 재킷을 입은 닥터 맥켄티는 155cm 정도 단신이었다. 데이빗이 말한다. "손주에게 줄 쿠키를 굽는 할머니 같았고 정신과 의사 같지 않았어요."

정말로 메리 맥켄티는 전형적 정신과 의사는 아니었다. 프로이트 학파에서는 정신과 의사와 환자 간에 과도한 개인적 접촉이나 따스함이 있으면 안 된다고 했지만, 맥켄티는 그런 규칙을 거부했다. 항상 환자를 따스하게 북돋아 줬는데 그건 맥켄티 자신의 어린 시절에 대한 반작용이었다. 맥켄티는 1916년에 부유한 집안에서 태어나 자랐다(스코틀랜드에서 이민 온 아버지는 큰 곡물 회사 리처드슨즈에서 일했다). 그러나 내면을 살피고 따스하게 표현하는 집안은 아니었다. "그녀가 스코틀랜드식 양육을 받은 건 정신의학과 맞지 않았어요"라고 이블린 로우드먼이 말한다. 둘이 처음 만난 건 1934년에 매니토바 최초 의예과 여학생들이 되었을 때다. 이블린이 다시 말한다. "그러나 메리는 다른 사람들에게 민감한 사람이었고 인간이 어떤 존재인지 생각하면서 비로소 삶을 이해하게 되었어요."

맥켄티는 1940년대 초에 위니펙의 어린이 병원에서 첫 직장 생활을 시작하여 아동 전문 정신과 의사로 재능을 발휘했다. 맥켄티는 어린이가 방어하는 무의식에 무단 침입하지 않았다. 그 대신, 어린이 눈높이에 맞춰 게임을 하고 그림을 그리고 색칠하고 글을 쓰게 했다. 어린이가 그런 활동에 집중하는 동안 방어벽을 허물고 말과 행동으로 자신을 표현하게 됐다. 그런 식으로 맥켄티가 어린이에게 압력을 주지 않고 다가갔기 때문에 밤에 오줌을 싸거나 머리카락을 뽑는 노이로제 증상을 보이던 어린이가 마술처럼 치유되었다고 로우드먼은 회상한다. "그 어린이 병원에서 정말로 누굴 고친 정신과 의사는 맥켄티뿐이었어요"라고 로우드먼이 감탄하는 목소리로 말했다.

1960년대 후반에 맥켄티는 위니펙 아동 지도 클리닉 초창기 때 고용되어 곧 가장 어려운 어린이 환자에게도 성과를 나타냈고 명성을 얻었다. 사실은 키잇 시그먼슨이 1976년 말에 브렌다 라이머의 난처하고 복잡한 사례를 처음 인계받았을 때부터 맥켄티에게 맡기려 했지만, 그때는 맥켄티가 양쪽 유방절제술을 받고 회복하던 때라서 거절했다. 시그먼슨은 1978년 가을에 다시 맥켄티를 찾았다. 브렌다를 맡겠다는 정신과 여의사가 없었기 때문이다. 맥켄티는 시그먼슨의 절박한 상황을 알고 받아들였다.

론과 재닛은 온화한 할머니 같은 이 정신과 의사를 좋아했다. 브렌다는 당사자이다 보니 더 신중했다.

한편으로 브렌다는 맥켄티에게 끌렸다. 이 정신과 의사가 친절하게 대화하듯이 말하고 일지 기록에만 골몰하지 않아서 좋았다. 상담 시간에 클루, 쿠티, 농구, 쏘리! 등 보드게임을 하거나 그림을 그리거나 색칠하거나 잼말놀이(어려운 발음 연습 게임–역주)

를 하는 것도 좋았다. 맥켄티는 가끔 브렌다에게 기분이 어떠냐고 묻거나 뭔가 적기도 했지만, 다른 의사들과 달랐다. 데이빗이 회상한다. "의사 선생님이 뭘 적길래 내가 '아, 또 뭘 적으시네요. 나를 염탐하는 거죠?'라고 했더니 의사 선생님은 '어머, 얘, 아니야. 우리가 제대로 하고 있는지 체크해서 너를 더 잘 도우려는 거야'라고 하셨어요."

그러나 다른 한편, 브렌다는 맥켄티를 완전히 신뢰할 수 없었다. 이 정신과 의사가 친절한 건 수술대로 끌고 가려는 술책에 불과한 것인지도 모른다고 생각했기 때문이다. 그건 브렌다에게 악몽이었다. 맥켄티의 진료 일지를 보면, 브렌다는 맥켄티가 진심으로 친절한지 테스트했다. 맥켄티를 괴물로 그려서 보여주거나, 클리닉에 있는 장난감 기관총으로 맥켄티를 위협해 "인질"로 잡거나, "메리 맥켄티의 사형 집행 영장"을 쓰거나 했다. 이 정신과 의사는 거부하지 않았다. 브렌다가 맥켄티를 흉측하게 그린 그림을 잘 보관하고 게다가 그 그림 밑에 기꺼이 자기 이름을 써넣기도 했고, 포로가 된 척하면서 브렌다가 겨눈 총구 앞에서 걸어가기도 했고, 브렌다가 쓴 "사형 집행 영장"에 자신의 인적 사항을 적어넣기도 했다.

데이빗이 말한다. "나는 그 의사 선생님을 시험했고 선생님은 합격하셨어요." 마침내 브렌다는 일부러 도발하던 걸 멈추고 상담 시간을 기다리게 되었다. 데이빗이 말한다. "우리는 서로를 환자와 의사로 보지 않았어요. 우린 친구였어요."

브렌다에게 친구가 절실히 필요한 때가 다가왔다. 오랜 악연이 다시 이어지게 됐기 때문이다. 1월에 브렌다가 맥켄티에게 털어놓았다. 우연히 어머니의 우편물 중에서 머니 박사의 편지를 봤는데 그가 위니펙에 온다고 했다. 위니펙의 의학전문대학원에서 강연 초청을 받은 김에 브렌다와 가족을 방문하겠다고 했다. 맥켄티는 브렌다가 그 방문을 두려워했다고 일지에 기록했다.

그 후 두 달 동안 머니의 방문을 앞두고 브렌다가 갈수록 불안해했다고 맥켄티는 일지에 적었다. 1월 31일에 브렌다는 머니 박사, 쌍둥이 남동생, 자신이 나오는 악몽을 꿨다고 맥켄티에게 털어놨다. "머니 박사는 망토를 두른 마술사였는데 우리를 휙 사라지게 할 수 있다고 했어요. 나는 잠이 깨고 나서 우리가 사라진 줄 알았어요." 맥켄티는 브렌다가 두려워하는 걸 진정시키려고 그 심리학자가 와도 만나지 않아도 된다고 말해줬다. 둘은 같이 "머니 박사를 만나고 싶지 않아 클럽"을 만들었다. 맥켄티는 회원 등록란에 서명했다. 브렌다도 자기 이름을 쓰고 "회원 모집!"이라는 문구를 덧붙였다. 한 달 후 머니가 오기 두 주 전에 브렌다는 또 꿈을 꿨다. "나는 예쁜 파란색 드레스를 입고 멋진 신발을 신었어요. 그런데 치마가 너무 타이트해서 찢어졌어요. 모든 게 깨끗했고 바닥도 청소되어 있었어요. 뭔가 중대한 일이 있을 것 같았어요. 근처에 옷장이 하나 있었어요. 우리 집에 그런 옷장이 있어요. 그런데 나를 그 옷장에 넣을까 봐 무서웠어요."

1979년 3월 22일 주간에 위니펙에 전형적인 꽃샘추위가 닥쳤다. 오랫동안 쌓인 눈더미는 자동차 배기가스에 시커멓고 하늘은 잿빛이었다. 론은 다지 다트 자가용을 끌고 위니펙의 보건 과학 센터로 머니 박사를 태우러 갔다(머니 박사가 거기서 강연했다). 머니는 더러운 눈더미가 야속했다. 머니가 좋은 인상을 받고 돌아가도록 날씨가 좋기를 바랐기 때문이다.

집에서 재닛도 머니가 위니펙이나 특히 라이머 가족에게 좋은 인상을 받고 돌아가기를 바랐다. 2년 전 이사 오면서 2천 달러를 들여 대대적으로 리모델링을 했다. 평소 재닛은 자신의 역량 안에서 최대한 멋지게 꾸며놓고 사는 게 뿌듯했다. 그런데 이제 가장 세련된 미적 감각의 소유자 머니 박사의 눈으로 보니 달랐다. 재닛이 말한다. "이사 올 때부터 깔려 있던 황금색 카펫은 세탁했던 거지만, 지금 보니 지저분했어요. 벽도 칠한 지 너무 오래됐고, 소파도 노란 실 자국이 보이는 베이지색 낡은 싸구려 소파였어요."

그래서 집 앞에 차가 멈추는 소리가 나자 재닛은 상당히 걱정했다. 그러나 머니 박사는 라이머 가족의 소박한 거실로 들어온 후 애써 모든 걸 상냥하고 편안하게 받아들였다. 지난번에 라이머 가족을 볼티모어에서 만났을 때 힘들었던 걸 전혀 티 내지 않았다. 물론 론과 재닛도 그 일을 떨쳐버리려 애썼다.

재닛이 말한다. "그는 친구나 삼촌이 오랜만에 놀러 온 것 같았어요." 머니 박사는 론이 만든 벽장이 멋지다고 하고 또 벽에 걸린 재닛의 펜화를 칭찬했다. 그러나 쌍둥이는 지하실에 콕 박혀 있고 올라와서 머니 박사를 만나지 않았다.

어른들은 주방 식탁에 앉았고 론이 머니에게 맥주를 대접했다. 머니는 캐나다 맥주를 마시며 뉴질랜드 시골에서 보낸 어린 시절 얘기를 했다. 그때 유성을 한 번 봤고 지진이 자주 나서 어머니가 주방 선반에 그릇이 떨어지지 않도록 실을 매 놨다고 했다. 머니는 고향 사람들이 좋아하던 흑맥주 얘기를 하면서 위니펙에도 흑맥주가 있냐고 물었다.

한두 시간 들르려고 왔던 머니 박사가 어떻게 거기서 자고 갔는지 론과 재닛은 자세히 기억하지 못한다. 재닛이 회상하기로, 머니가 시계를 쓱 보더니 비행기를 놓쳤다고 했다. 론은 눈 때문에 볼티모어행 비행기가 취소되었나보다 했다. 어쨌든 머니 박사의 사정을 안 론과 재닛은 예의상 자고 가라고 했다. 여분의 침대라고는 응접실의 에어 매트리스밖에 없었다. 놀랍게도 그 저명한 심리학자는 수락했다. 론은 손님을 대접하려고 치킨을 주문했다. 아이들은 그동안 계속 지하실에 숨어 있었다. 그러나 결국 부모가 올라오라고 했다.

거실에서 어색하게 마주하는 동안 머니가 학교생활을 잘하고 있냐고 물었다. 대답은 브라이언이 했다. 학교 공부에 관해 이런저런 이야기를 하면서 위니펙이 어떠냐고, 얼마나 오래 위니펙에 있냐고 물었다. 브라이언이 말한다. "그러고 나서 우리는 자리를 뜨려고 했어요." 두 아이가 지하실로 도망가기 전에 머니가 지갑을 꺼냈다. 어차피 호텔비로 쓸 돈이었다고 하면서 두 아이에게 15달러씩 줬다. 쌍둥이는 지하실로 서둘러 내려갔다. 그리고 머니 박사가 아침에 공항으로 출발할 때까지 올라오지 않았다. 그게 라이머 가족과 머니 박사의 마지막 대면이었다.

그 직후 존 머니는 위니펙에서 구설에 올랐다. 머니가 떠난 후 〈위니펙 프리 프레스 Winnipeg Free-Press〉지는 대학교에서 입추의 여지가 없이 열렸던 인간의 성 컨퍼런스를 이틀 연속으로 보도했다. 첫날 보도에 "학생들과 의료진이 성 훈련의 가치를 토론했다"라고 대서특필했다. 또 "강사의 도덕관에 대해 문제가 제기됐다"라고 했다. 머니가 특이한 성행위를 담은 노골적인 슬라이드를 보여줘서 일부 학생들이 불쾌해했다고 보도했다. 그 슬라이드들은 원래 머니의 정규 강의 내용이었다. 의대생들이 다양한 변태 행위에 "둔감해지도록" 머니가 고안한 거였다. 이미 그 전에 1971년에 머니가 처음 존스 홉킨스 의학전문대학원에 그 커리큘럼을 도입했을 때 볼티모어 언론에 평지풍파가 일었었다. 그 슬라이드에는 수간, 소변 마시기, 대변 먹기, 다양한 절단 집착 등의 성행위가 노골적으로 담겨 있었다. 보도에 따르면, 위니펙에서 강의하는 둘째 날, 머니는 다섯 여자와 세 남자가 그룹 섹스를 하는 도색 영화를 상영하고 나서 교수들과 의학전문대학원 1학년 학생들에게 결혼은 "마음이 돈을 따라가는" 경제적 계약에 불과하고, 근친상간을 범죄시하지 말아야 하고, 계부가 수양딸과 자면 어머니는 "거추장스러운 남편을 처리할 수 있어서 홀가분하다"라고 말했다.

로버트 마틴 박사는 임상 심리학자이며 매니토바 대학교 정신의학과 소속이다. 그는 머니의 강연에 참석했었다. 마틴이 말한다. "그는 그 시대의 전형적인 인물이었어요. 사람들에게 충격을 주고 일부러 도발하기를 좋아했어요. 그리고 매우 거만하고 자신만만했죠. '촌사람들'을 '계몽'하겠다는 식이었어요. 너무 서슴없는 그런 태도가 거슬렸어요. 물불 가리지 않고 덤비는 사람 같았어요. 잊을 수 없는 사람이죠."

스티브 와이솔도 참석했었고 동의한다. 그는 런던 플릿가에서 일했었고 〈프리 프레스〉의 의학 전문 기자로서 논쟁을 불러일으켰던 머니의 강연을 보도했다. 그가 말한다. "그동안 산전수전 다 겪어본 나였지만 그런 성 관련 자료가 발표되는 걸 보고 놀랐어요." 특히 대변 먹기 같은 괴상한 성적 집착에 관해 머니가 일부러 아무렇지도 않게 말해서 놀랐다. 강연 직후에 그가 머니를 인터뷰했다. "나는 물었어요. '의사 지망생들에게 앞으로 환자가 그런 요구를 하거나 그런 걸 하더라도 놀라지 말라는 건가요?'" 와이솔은 머니가 그 질문을 무시했다고 말한다. "머니는 내가 그렇게 편협하고 구식이라는 게 놀랍다는 식이었어요."

라이머 부부는 〈프리 프레스〉를 읽지 않아서(그들은 대중적 연예 신문 〈트리뷴〉을 읽었고 거기에는 이 기사가 실리지 않았다) 그들의 집에서 묵고 간 손님이 어떤 평지풍파를 일으켰는지 몰랐다. 브라이언만 머니 박사가 TV 9번 채널에 나온 걸 잠깐 봤지만, 언뜻 지나가며 본 거라 무슨 내용인지 몰랐다.

머니 박사가 위니펙에 왔다 간 며칠 사이, 브렌다는 닥터 맥켄티의 치료를 더 적극적으로 받았다. 닥터 맥켄티가 볼티모어에서 온 그 심리학자와 결탁하고 있을지 모른다는 의심이 완전히 사라진 것 같았다. 4월 4일에 상담하러 왔을 때는 가족과 부활절을 보낸 후라서 완전히 여성적인 차림새였다. 목선 주름이 우아한 검은색 상의와 빨간 석류석 펜던트 목걸이와 마스카라를 하고 있었다. 그러나 브렌다는 맥켄티가 외모를 칭찬하자 뿌루퉁하니 손사래 치면서 화장했다는 사실마저 부인했다. 다음 상담 시간에는 "나는 치마가 싫어요. 장례식하고 결혼식 때만 입어요"라고 말했다. 5월 4일에는 맥켄티가 이렇게 일지에 썼다. "브렌다가 핸드백에 뭐가 들었는지 보여줬다. 엄마가 준 빗, 마스카라, 립글로스, 립스틱이었다. 그러나 브렌다는 '나는 이런 거 싫어요'라고 쾌활하게 말했다."

6월 8일 상담 때 가장 극적인 정신 치료 돌파가 일어났다. 맥켄티의 일지를 보면 첫 구절부터 분명히 조짐이 보인다. "브렌다는 아무 게임도 하고 싶어 하지 않더니 곧 자신의 의학적 상태에 관해 물었다." 늘 의료진을 경원시하던 브렌다가 진료를 받은 지 10년 만에 처음으로 자신의 생식기가 다른 여자아이들과 다르다는 문제를 꺼냈다. 브렌다는 의사가 "뭔가 실수를 저질렀다"고 아빠가 설명했다고 했다. 맥켄티는 브렌다는 어떻게 생각하냐고 물었다.

브렌다가 말했다.

"엄마가 내 다리 사이를 때렸던 것 같아요."

맥켄티는 브렌다가 한 말을 즉시 키잇 시그먼슨에게 보고했다. 두 정신과 의사는 의논하면서 브렌다가 엄마에 관해 한 말이 심리분석 이론과 딱 들어맞는다고 생각했다. 프로이트가 주창한 오이디푸스 콤플렉스 이론 말이다. 그건 모든 인간이 어떤 발달

단계에서 남아나 여아로 심리 성적으로 분화한다는 이론이다.

오이디푸스는 그리스 비극의 불운한 영웅인데 모르고 어머니와 동침하고 아버지를 죽였다. 오이디푸스 콤플렉스의 기반인 프로이트의 생각은 남녀 불문하고 모든 어린이가 초기 유아기에 어머니에게 에로틱하게 애착하여 어머니를 두고 아버지와 경쟁한다는 거다. 프로이트에 따르면 남아는 오이디푸스 콤플렉스로 "거세 불안"을 갖는다. 아들이 성적 위협이 되니까 아버지가 아들을 거세할 거라는 두려움이다. 프로이트에 따르면 여아는 오이디푸스 콤플렉스로 "음경을 부러워한다." 즉 이미 거세가 됐다고 생각한다는 거다. 음경이 있었는데 부모 중 한 명이 음경을 제거했다고 생각한다는 거다.

프로이트 이론에 따른 여아의 정상적 발달을 살펴보면, 여아는 잃어버린 음경을 되찾으려고 어머니에게 향하던 유아기의 에로틱한 욕망을 아버지에게로 돌린다. 그래서 아버지와 성교를 해서 빼앗긴 음경을 되찾으려 한다. 그러면서 "정상적" 이성 지향성을 갖는다. 프로이트는 심리 치료란 여러 이유로 아동기에 오이디푸스 콤플렉스가 잘 풀리지 않아서 생긴 정신 질환과 노이로제를 치료하는 거라고 봤다. 심리분석 이론에 따르면 해결 방법은 원래 있는 거세 불안을 깨닫고 그걸 입으로 말하는 거다. 그런데 마침 브렌다가 엄마가 자신의 성기를 손상한 것 같다고 말했던 거다.

그런 근거로 시그먼슨과 맥켄티는 브렌다의 말이 모든 여성이 갖는 오이디푸스 콤플렉스의 표현이길 바랐다. 시그먼슨이 말한다. "그래서 우리는 뭔가 진전이 있는 것 같다고 생각했어요."

그러나 동시에 시그먼슨은 브렌다의 말을 다르게 해석할 수도 있다는 걸 알았다. 브렌다는 행동이 매우 남성적이고 정상적인 음경과 고환이 있는 남아로 태어났는데 (어머니의 허가 하에) 그걸 잃은 게 사실이기 때문이다. 그렇게 보면 브렌다의 말은 오이디푸스 콤플렉스 면에서 큰 성과가 아니었다. 그렇게 추상적인 게 아니었다. 자신의 생식기에 흉터가 있고 엄마가 우울증과 죄책감에 시달린다는 사실에 근거해서 어린이가 안타까우면서도 논리적인 설명을 한 거였다. 그렇게 보면 브렌다가 맥켄티에게 한 말은 자신을 여자로 받아들인다는 게 아니라 오히려 정반대다. 엄마가 자신을 거세한 게 아닌지 두려워한 게 아니고 정말 자신에게 무슨 일이 일어난 건지 알고 싶어 한다는 거다. 그건 자신이 남자라는 사실을 받아들일 때가 다가오고 있다는 징후 같았다. 이미 브렌다는 무의식적으로 늘 알고 있었다.

어느 해석이 맞든지 간에 이제 시그먼슨과 맥켄티는 브렌다의 치료에 결정적 시기가 다가온 걸 알았다.

6월에 일어난 사건들로 재닛도 결정적 시기에 이르렀다. 재닛은 브렌다가 한 말을 전해 듣고 대경실색했다. 재닛은 이미 딸 때문에 버거운 슬픔과 죄책감을 겪고 있던 터라 더 감당하기 어려웠다. 재닛이 말한다. "나는 혼이 나간 것 같았어요. 내가 그런 나쁜 짓을 했다고 브렌다가 생각했다니요. '브렌다가 나를 어떻게 생각하길래 내가 내 아이에게 그렇게 할 거로 생각한 걸까?'"

그 사건 때문에 지금까지 해온 치료를 확신하지 못하게 됐던 건지 재닛은 잘 기억하지 못한다. 그러나 한 가지는 확실하다. 예년 같으면 6월에 존스 홉킨스에 갈 준비를 했다. 또 머니 박사가 최근에 연락해서 7월에 오라고 재촉했다. 그러나 7월에 재닛과 론은 계획대로 볼티모어에 가지 않았다. 브렌다가 여름에 존스 홉킨스에 또 가는지 걱정하며 물었을 때, 재닛은 오히려 반문했다.

"가면 좋을까?"

"아니." 브렌다가 말했다.

"그럼 안 갈 거야." 재닛은 머니 박사에게 약속을 취소한다고 연락하지도 않았다. 라이머 가족은 그냥 가지 않았다. 그 후로 다시 가지 않았다.

# 11

# BBC 다큐멘터리

가을에 브렌다가 다시 닥터 맥켄티에게 심리 치료를 받기 시작했을 때(닥터 맥켄티도 다른 정신과 의사들이 그러듯이 항상 여름 휴가를 갔다), 브렌다는 여름에 지루하게 집에서 TV를 보거나 신문 배달을 하며 지냈다고 했다. 그러나 브렌다답지 않게 새 학교에 간다는 기대로 들떠 있었다. 봄에 닥터 맥켄티를 비롯한 지역 의료진은 브렌다를 일반 학교에서 직업 학교로 옮기는 방안을 론, 재닛과 의논했다. 론과 재닛도 이제는 브렌다가 공부에 적성이 없다는 걸 알아서 그 계획에 찬성했고 브렌다는 신이 났다. 브렌다는 맥켄티에게 자동차 정비공이 되고 싶다고 하면서 "여자에게 차를 고치라고 맡길 사람은 없다"는 게 그 직업의 유일한 단점이라고 했다.

1979년 9월에 이제 열네 살이 된 브렌다는 R. B. 러쓸 직업 학교에서 9학년(중3)을 시작했다. 학교는 집과 반대쪽 위니펙 서쪽 외곽의 허름한 공단에 있었다. 학교 안내 소책자에는 쾌적한 도시 캠퍼스 같았지만, 실물은 영 달랐다. 비행을 저지르거나 가정 문제가 있는 아이들이 다니는 이 학교(어떤 여학생들은 벌써 매춘 아르바이트를 한다고 했다)의 캠퍼스는 을씨년스러운 콘크리트 건물에 그라피티 낙서가 가득했다.

신입생들은 혹독한 신고식 주간이 있었는데 상급생들이 브렌다를 '신입생 퀸'으로 뽑았다. 브렌다는 25달러 상금을 받는 날, 규정대로 소매가 풍성하고 목에 주름 레이스가 있는 긴 드레스를 입었다. 그런데 상금을 받으려면 '신입생 킹'과 춤을 춰야 했다. 브렌다의 짝은 키가 작고 등이 굽고 짧은 머리에 인상이 구겨진 남자아이였다. 둘이 전교생 앞에서 춤을 췄다. "죽을 것 같았어요"라고 데이빗이 말한다.

그 사건은 브렌다에게 또 다른 전환점이 되었다. R. B. 러쓸 학교에 들어간 그 가을에 브렌다는 어떤 성별이 될 건지 스스로 결정했다. 이제 여자로 살지 않았다. 작년 글렌우드에서처럼 우아한 목주름이 있는 상의와 빨간 석류석 목걸이와 핸드백은 사라졌다. 양쪽 팔꿈치 부분이 찢어진 남자 청재킷에, 발목 밑단을 잘라서 너풀거리는 코듀로이 바지에, 맥켄티가 '남자 가죽 장갑'이라고 한 것을 끼고, 남자들이 신는 무거운 공사장 부츠를 신었다. 머리는 안 감아서 떡이 졌다. 목소리는 현재의 데이빗처럼 굵은 저음이 됐다. '사람들이 쳐다보는' 외모였다고 맥켄티가 일지에 썼다. 가까운 사람들은 브렌다의 정신적 상태를 염려하고 동정했다. 그즈음 브렌다의 사진을 보면, 아무리 웃으려 애써도 눈빛이 궁지에 몰린 짐승 같았다.

시그먼슨이 말한다. "브렌다에게 최악의 때였어요. R. B. 러쓸 학교에서 더 견디기 어려운 한계에 이른 기죠. 아이들이 조금 더 자제할 줄 아는 일반 학교라면 그 정도는 아니었을 거예요. 그 전 학교에서 아이들이 브렌다를 '동굴녀'라고 불렀지만, R. B. 러쓸 학교에서는 브렌다에게 '너는 우라질 고릴라야'라고 했거든요."

다른 아이들이 갈수록 놀려대도 브렌다는 바뀌지 않았다. 브렌다가 맥켄티에게 말했다. "나는 여자애들처럼 웃기게 걷지 않을 거예요." 그러면서 일어서서 여자아이가 걷는 시늉을 해 보였다. 맥켄티가 일지에 이렇게 적었다. '브렌다는 여자아이가 팔꿈치를 구부리고 약지를 펴고 우아한 척 걷는 흉내를 냈다.' 브렌다는 가전제품 수리 수업을 들었다. R. B. 러쓸 학교에서 그 수업이 시작된 지 12년 만에 최초의 유일한 여학생 수강생이었다. 힐렐 테일러 선생님은 처음에 브렌다가 남학생들과 어울려 수업을 잘 받을 수 있을지 걱정했지만, 곧 걱정을 덮었다. 테일러는 말한다. "브렌다는 남자애들과 동등하게 어울렸어요." 테일러는 브렌다의 의학적 상황을 몰랐다. "브렌다는 군대에 가도 잘할 것 같았어요. 교장 선생님이나 상담 선생님이 제게 물었어요. '브렌다가 잘 적응하고 있어요?' '남자아이들하고 잘 어울리나요?'" 테일러는 브렌다가 "남자인 것처럼" 잘 어울린다고 대답해줬다.

론과 재닛은 브렌다가 그렇게 처신하는 게 좋지 않았지만, 브렌다는 신경 쓰지 않았다. 데이빗이 말한다. "그때 나는 반항기였어요. 사람들이 바라는 대로만 하는 데 넌더리가 났어요. 어차 피 나는 괴짜라는 걸 알게 됐으니 괴짜로 살기로 했어요. 머리가 떡이 되면 떡이 되는 대로 살고, 내가 입고 싶은 옷을 입기로 했죠."

브렌다는 은밀하게 반항했다. 어릴 때부터 부모나 머니 박사는 앉아서 소변을 보라고 했다. 사실 브렌다는 서서 소변을 보고 싶은 욕구가 강했다. 그렇지만 서서 소변을 보다가 유치원 친구들에게 들킨 후 자제해왔다. 그러나 이제는 그러지 않았다. 데이빗이 말한다. "보는 사람이 없을 때는 서서 소변을 봤어요. 나는 그게 더 쉬웠고 '어떻게 소변을 보든 무슨 상관이야?'라고 생각했어요." 그러나 R. B. 러쓸 학교 학생들에겐 상관이 있었다. 어느 날 그렇게 서서 소변을 보다가 들켜서 여자 화장실에 못 들어가게 됐다. 남자 화장실에 몰래 들어가다가 쫓겨났고 다시 오면 패주겠다는 위협을 받았다. 브렌다는 갈 곳이 없어서 학교 근처 뒷골목으로 살짝 나가서 소변을 봤다.

한번은 그러던 중에 골목의 집들 사이로 어슬렁거리는 차 한 대가 눈에 들어왔다. 번호판을 보니 임대한 차였다. 그 운전자가 브렌다를 쳐다보는 것 같았다. 브렌다가 바지 지퍼를 올리고 자리를 뜨자 차가 따라왔다. 운전자가 카메라로 촬영하고 있었다.

데이빗이 말한다. "나는 학교로 달려갔어요. 그 사람이 뭘 하는 건지 영문을 몰랐어요. 기자가 아닐까 생각이 들었어요. 왜냐면 내가 좀 남들과 달랐기 때문이에요. 나는 중요한 사람들을 만나러 미국에 갔었으니까요. 그러니 기자가 나를 만나고 싶어 할 수 있겠다 싶었어요. 그러나 왜 그런지는 몰랐어요. 왜 그렇게 내 사진을 찍으려고 안달인지 몰랐어요."

브렌다가 사진이 찍히기 이미 8개월 전에 BBC는 존 머니의 유명한 쌍둥이 사례에 관심을 가졌다. 에드워드 골드윈은 수상 경력을 가진 뛰어난 다큐멘터리 제작자이고 BBC의 〈호라이즌 *Horizon*〉시리즈를 제작했다. 그는 1978년 말에 성별 정체성에 관한 연구를 시작했다. 끈질긴 기자 근성을 가진 데다 과학 분야에 배경이 있는 그는 그 주제를 전면적으로 파고들며 도미니카공화국, 동독, 로스앤젤레스, 뉴욕, 런던 등 전 세계 각지 전문가들을 인터뷰했다. 그러다 머니의 독보적 연구 사례를 들었다. 생물학적 요소보다 양육으로 성별 정체성이 결정된다는 가장 확실한 증거 사례였다. 그러나 전문가들과 이야기를 나누어보니 놀랍게도 사실은 머니의 글과 다르다고 했다.

골드윈이 말한다. "볼티모어의 연구진은 머니가 이 사례를 너무 유명하게 만들어서 당황하고 있었어요. 갈수록 우려가 커지고 있었죠." 그들은 그 실험을 너무 믿지 말고 쌍둥이를 담당하는 의료진을 만나보라고 했다. 골드윈이 이름을 밝히지 않은 익명의 인물이 제러미 윈터가 담당자라고 했다.

그래서 골드윈은 1978년 말에 윈터를 만나서 성별 정체성 다큐멘터리를 제작하는 중이라고 밝혔다.

윈터가 말한다. "나는 TV 오락물 제작자를 극도로 꺼렸어요. 그래서 처음에는 아주 냉담했죠." 그러나 곧 골드윈은 윈터의 신뢰를 얻었고 그동안 연구한 바를 나누었다. 윈터가 말한다. "그와 이야기를 나눈 후에 내 마음이 완전히 돌아섰어요." 골드윈은 그렇게 윈터의 우려를 누그러뜨리고 나서 쌍둥이 사례에 관해 물었다. 윈터는 뭐라고 대답했는지 자세히 기억나지 않지만, 여하튼 그 사례가 성공은 아니라고 알려줬다고 한다. "아마 이렇게 말했을 거예요. '그 사례를 곧이곧대로 받아들이지 마세요. 그 아이가 실제로 어떻게 심리적 적응을 하고 있는가는 상당히 다르니까요.'"

골드윈은 어떻게 다르냐고 물었고 윈터의 대답에 충격을 받았다. 골드윈이 말한다. "메리 맥켄티가 아니었다면 그 쌍둥이 아이가 자살했을 거라더군요."

골드윈은 1979년 1월에 라이머 가족의 집에 직접 가보기도 했지만 20년 후에 물어보니 라이머 가족은 기억나지 않는다고 했다. 그럴만한 이유가 있었다. 골드윈은 그 가족을 직접 보고 싶었지만, 가족의 신원이 드러났다는 걸 알려서 힘들게 하지 않으려고 그 집에 들어가 볼 수 있는 묘책을 궁리해냈다. 어떻게 신분을 감췄는지 자세히 얘기하지 않았지만, 골드윈은 이렇게 말한다. "차를 좀 **빼**달라고 했어요. 도덕적으로 좀 옳지 않지만, 그렇게 해서라도 그 가족을 직접 보고 싶었어요." 그는 론과 재닛 부부가 "걱정에 찌든 외로운 사람들" 같아 보였다고 말한다. 브렌다는 확실히 성별이 모호했고 "정말 화난 사람" 같아 보였다. 요컨대 그 가족은 머니가 《성 특징》에 묘사한 거와 판판이었다. 골드윈이 말한다. "그 사례가 유효한 데이터가 아니고 머니의 연구로 입증된 게 없다는 걸 알게 되어서 내 다큐멘터리에 넣지 않기로 했어요. 만일 넣는다면 그게 틀렸다고 비판할 것밖에 없었죠."

그러나 골드윈은 그 사실을 BBC의 동료에게 털어놓았다. 더 논란이 심한 프로그램을 다루는 동료였다. 피터 윌리엄스는 프리랜서 TV 프로듀서이고 최근에 BBC와 계약을 체결해서 〈오픈 시크릿 Open Secret〉이라는 새 시리즈 대표 프로듀서가 됐다. 의학적 논란거리를 다룰 예정이었다. 윌리엄스는 골드윈이 얘기해준 머니의 유명한 사례에 관심이 생겨서 프리랜서 다큐멘터리 제작자 마틴 스미스에게 그 사례로 30분짜리 프로그램을 만들어보라고 했다.

그래서 1979년 9월 말에 윌리엄스, 윌리엄스의 부인인 조우 테일러, 스미스와 소규모의 BBC TV 제작진이 위니펙에 왔다. 그 며칠 후 닥터 맥켄티는 시그먼슨에게 브렌다의 학교 근처 골목에서 누가 브렌다의 사진을 찍었다는 이상한 사건을 얘기했다. 그 이야기를 듣고 시그먼슨은 기자들이 브렌다의 위치를 알아낸 걸 짐작했다. 시그먼슨은 아동 지도 클리닉 정신의학과 과장으로서 언론을 노련하게 다룰 줄 알아서 그가 기자들을 상대하기로 했다.

시그먼슨이 말한다. "그 당시 나는 이 [성전환을] 해야 했는지 의구심이 강했던 터라 세상에 정말로 실상을 알리고 싶었어요." 시그먼슨은 라이머 가족의 신분을 밝히지 않는 조건으로 기자들을 만나겠다고 했다. 그는 브렌다의 사진을 방송에 내보내지 말고, 앞으로 브렌다를 촬영하지 말고, 지역 의료진의 인적 사항을 익명으로 처리해서 라이머 가족의 지리적 위치가 드러나지 않게 하고, 캐나다나 미국에는 이 프로그램을 팔지 말라고 요구하면서 합의문을 작성해달라고 했다. 윌리엄스와 스미스가 그 조건에 동의해서 시그먼슨은 9월 30일에 자택에서 인터뷰했다.

시그먼슨은 익명의 정신과 의사로 나오긴 했지만, BBC 카메라 앞에서 긴장한 표정이 역력했다. 그는 무릎 위의 노트들을 자주 보면서 브렌다가 아동 지도 클리닉에 처음 왔을 때 "상당한 심리적 문제"가 있었다고 말했다. 브렌다가 외모가 남자 같고, 학교생활이 힘들고, 친구가 없다고 했다. 윌리엄스가 성전환의 예후가 어떨 거 같냐고 하자 시그먼슨은 몇 초 동안 침묵하고서 말문을 열었다.

오늘날 시그먼슨이 말한다. "그렇게 오래 침묵하는 동안 진실을 말할지, 얼버무릴지 고민했어요. 아무래도 존스 홉킨스 병원의 명성이 있고, 머니가 그 분야에 대가니까요." 마침내 시그먼슨은 지뢰밭을 걷듯이 조심스럽게 이야기를 꺼냈다.

"아직은 증거가 충분하지 않아요. 이 아이가 청년기에 접어들어야 비로소 이 사례의 전모가 드러날 거 같아요. 그러나 현재로서는 여자로 적응할 수 있을지 의심스러운 면이 확실히 있어요."

전에 브렌다를 담당했던 정신과 의사 도린 마기도 인터뷰에 응했다. 마기는 말한다. "그 인터뷰가 필요하다고 생각했어요. 문헌에 나오듯이 장밋빛 성공 사례가 아니라는 걸 누군가 말해야 했어요." 영상에서 마기는 브렌다가 극도로 힘든 사례였고 자신이 머니 박사에게 편지를 써서 그걸 알렸다고 말했다.

론과 재닛 라이머 부부는 BBC가 위니펙에 왔다는 걸 메리 맥켄티에게 들었다. 그러나 맥켄티는 인터뷰를 거절했다.

재닛이 회상한다. "닥터 맥켄티가 전화해서 기자들이 우리를 보고 싶어 한다고 하더군요." 맥켄티는 억지로 만날 필요는 없다고 했지만, 론은 촬영이나 녹음이 없다면 거절할 필요가 없다고 생각했다. 론과 재닛은 머니 박사의 치료가 효과가 있을 거라고 아직 믿고 있어서 자신들의 사연을 듣고 비슷한 어려움을 겪는 부모들이 도움을 받을 거로 생각했다. 재닛이 말한다. "우리는 엄청난 문제의 당사자이다 보니 잘될 거라고 스스로 세뇌해서 다른 생각을 할 틈이 없었어요."

라이머 가정의 거실에서 윌리엄스와 그의 부인 조우 테일러가 브렌다의 치료가 어떻게 돼가고 있냐고 물었다. 재닛이 회상한다. "나는 아직 기대하고 있다고 했어요." 기자들은 그러면 시그먼슨과 마기가 브렌다의 학업과 교우 관계에 관해 얘기한 건 어떻게 된 거냐고 물었다. 그러자 분위기가 어두워졌다. 재닛은 울었고 론도 우울하게 말문을 닫는 전형적인 모습으로 돌아갔다. 기자들은 브렌다를 만나고 싶다고 했다. 재닛이 딸을 불러 들어오라고 하고서 재닛의 시를 잡지에 실으려고 영국에서 온 편집자들이라고 소개했다.

브렌다는 낡은 청바지와 찢어진 재킷 차림에 감지 않아 떡지고 흐트러진 머리로 씩씩대며 거실로 들어오더니 저음의 굵은 목소리로 어색하게 "안녕하세요" 인사하고 나가버렸다. 기자들에게 브렌다의 외모가 상당히 인상적이었다.

재닛이 말한다. "브렌다가 나가자 여기자가 일어서서 말했어요. '아! 아이가 상당히 화난 거 같아 보여요.'"

그러고 나서 BBC 팀은 볼티모어로 갔다. 이미 몇 주 전에 머니에게 쌍둥이 사례로 다큐멘터리를 만들 거라고 언질을 줬다. 스미스가 말한다. "처음에 머니는 상당히 협조적이고 관심을 보였어요." 그건 기자들이 위니펙에 조사하러 간다는 걸 알기 전이었다.

윌리엄과 스미스는 1979년 10월 3일 초저녁에 머니의 집에 갔다. 머니는 25년 전 이혼하면서 교외 주거지역에서 존스 홉킨스에서 걸어서 불과 몇 분 거리 볼티모어의 초라한 도심 지역으로 이사해서 아직도 거기 산다. 스미스가 말한다. "유복한 학자나 과학자가 살만한 곳은 아니었어요." 머니는 흐끼긴 길모퉁이 가세 위층에 살았다. 윌리엄스와 스미스는 잠금장치가 세 개나 있는 현관으로 들어간 후 실내 장식에 또 놀랐다. 가면, 토템, 성 관련 유물이 머니의 연구실처럼 가득했다. 머니는 상냥하게 응대했다. 최소한 처음에는.

스미스가 말한다. "머니의 학생 두 명도 같이 있었어요. 우리는 벽난로 앞에서 편안하게 음료수를 마시면서 다음 날 있을 인터뷰 준비 얘기를 나눴죠."

기자들은 느긋해져서 다큐멘터리의 전체 구도를 얘기했다. 스미스가 이렇게 말했다고 한다. "이게 아주 흥미로운 사례라서 다큐멘터리로 만들려고 하는데…"

그때 윌리엄스가 말을 끊고 끼어들었다고 한다. "그러나 사실 저희는 다른 이야기도 들었어요."

스미스는 그 아이를 진료하는 정신과 의사들 이야기를 들어 봤더니 머니의 저술에 있는 내용과 다르더라고 말했다. 스미스가 말한다. "그러자 머니가 굉장히 화를 냈어요. 자기를 궁지에 몰고 공격한다고 생각했던 거 같아요. 그러나 사실은 그렇지 않았어요. 우리는 촬영하기 전에 배려해서 말해준 거였어요."

그러나 머니는 언론의 도의에 고마워할 마음이 없어 보였다. 스미스가 말한다. "머니가 화난 건 우리가 아이를 조사하고 위험에 빠뜨리는 거 같아서겠죠. 아니면 우리가 자기에게 도전한다고 생각했겠죠. 정확히 뭔지 모르지만, 여하튼 갑자기 관계가 껄끄러워져서 우리는 곧 나왔어요."

그날 저녁 더 늦게 위니펙에 있는 라이머 가족에게 전화벨이 울렸다. 재닛과 론은 이미 잠자리에 들었다가 재닛이 일어나서 전화를 받았다. 머니 박사가 볼티모어에서 전화했다. 그는 신경이 곤두서 있었다. 그 통화 내용이 다음날 메리 맥켄티의 일지에 기록됐다. 재닛이 메리에게 얘기했기 때문이다. 머니는 '누군지 모를 사람들', 어쩌면 'BBC에서 온 스미스 씨'나 "골드윈 씨의 친구" 일지 모를 사람들이 파일을 훔쳐 갔는지 모르고 기자들이 브렌다가 사는 곳을 안다는 엄청난 이야기를 했다고 한다.

재닛이 말한다. "그는 완전히 당황했어요. '아무 기자도 만나지 마세요'라고 하더군요." 그래서 재닛은 벌써 BBC에서 온 남자와 여자를 만나 이야기를 나눴다고 말할 수밖에 없었다.

머니가 얼마나 불쾌해했는지 다음 날 BBC 사장 찰스 쿠랜경에게 쓴 편지에 나타난다. 머니는 윌리엄스 및 스미스와 있었던 일을 얘기하면서 위협했다. "이 프로그램의 내용에 주의해주시면 감사하겠습니다. BBC는 한 가정의 사생활을 침해하지 않을 도덕적, 법적 의무가 있기 때문입니다. 지금 한 가정이 사생활 침해를 당할 위험에 처해 있습니다. 말할 필요도 없겠지만, 저는 이 가정을 보호하는 입장입니다. 만일 그 가정의 사생활을 올바로 보호해주지 않는다면, 저는 BBC에 법적 손해 배상을 요구하라고 할 겁니다. 그럴 필요가 없게 해주십시오."

그러나 BBC는 윌리엄스와 스미스의 편을 들었고 그 기자들은 취재 마지막 단계에 돌입했다. 그건 그들이 발견한 사실에 관해 논평해줄 과학자를 찾는 거였다. 한 사람이 줄기차게 거명됐다. 바로 14년 전 머니의 결론에 처음으로 질문을 던졌다가 머니를 화나게 하고 두브로브니크의 성별 정체성 심포지엄에서 충돌했던 사람이다.

스미스가 말한다. "흥미롭게도 다이어먼드 박사를 만나고 보니 이게 과학 전쟁이라는 사실이 분명해졌다. 게다가 상당히 심각한 전쟁이었다." 머니와 다이어먼드가 이론적 숙적이다 보니 처음에 BBC 취재진은 다이어먼드에게 전문가 의견을 듣는 게 좋은지 의견이 분분했다. 다이어먼드의 의견이 객관적, 과학적 관점이 아닐 수 있었기 때문이다. 윌리엄스가 말한다. "감정이 실린건지, 아닌지 잘 분별해야 했어요. 그러나 다이어먼드가 윤리적 문제를 제기한다는 점이 마음에 들었어요. 이건 다이어먼드가 머니를 좋아하는지, 좋아하지 않는지의 문제가 아니었어요."

다이어먼드는 딱히 머니를 싫어하는 건 아니라고 말한다. 다이어먼드는 6년 전 언쟁 건은 이미 용서했다. 과학자 머니의 특이한 성향이 어쩌다 드러난 거고 두브로브니크 칵테일 파티에서 일어난 일이다 보니 술기운에 일어난 일이라고 여겼다. 그 사건 후에도 다이어먼드는 머니와 연락했다고 말한다. "나는 1970년대 후반에 여러 번 존에게 쌍둥이에 관해 물었어요. 그는 말하지 않으려고 했어요. 그 아이가 성전환과 상관없는 다른 문제를 겪고 있다고 했고 그냥 놔두는 게 좋다고 했어요. 그래서 그렇게 했죠."

그러나 다이어먼드는 유전적 정상 유아를 성전환하는 건 불가능하다는 확신을 버리지 않았고 그 의견을 저술하기를 주저하지 않았다. 그래서 BBC가 연락하기 몇 달 전 1979년 〈성 연구 선도자 *Frontiers of Sex Research*〉지에 이 사례가 머니의 저술에서는 생물학적 요소보다 양육이 우세하다는 '근거'로 보이지만, "사춘기가 되면 음경이 제거된 쌍둥이가 생물학적 유전과 반대인 성전환에 반항할 가능성이 크다"고 경고했다. 그건 대단한 선견지명이었다.

다이어먼드는 BBC의 인터뷰에 응해서 바닷가 절벽 위에서 촬영했다. 만일 그 쌍둥이에게 "심각하고 지속적인" 문제가 생긴다면 학계에 어떤 영향을 미치느냐는 윌리엄스의 질문에 다이어먼드가 대답했다. "그건 누구에게 질문하느냐에 달렸어요. 이 [사례를] 거의 종교처럼 맹신하는 사람들이 있거든요." 그러면서 만일 의학, 수술, 사회적 지원으로 노력해도 그 아이가 여성의 성별 정체성을 받아들이지 못한다면, "생물학적 요소가 중요하고, 우리가 이 세상에 태어날 때 성적 중립 상태가 아니고, 이 세상에 태어날 때 어느 정도 남성이나 여성이 결정되어 있어서 그게 사회가 주입하는 것보다 우세하다는 걸 받아들여야" 한다고 했다.

그 다큐멘터리 제목은 〈첫 번째 질문 *The First Question*〉이었고(아기가 태어나면 제일 처음으로 하는 질문인 "남자예요, 여자예요?"를 의미한다), 1980년 3월 19일에 영국에서 방송됐다. 그 다큐멘터리는 머니의 연구를 균형 있게 조명하려 애썼다. 그래서 머니의 간성 연구 대상자의 어머니도 인터뷰했다. 그녀의 아이가 XY 남성 염색체로 태어났지만, 음경이 작고 불강하 생식샘(남성 생식기의 불완전 발달 상태-역주)이어서 머니의 권유로 여성으로 성전환 수술을 받았고, 폴라라는 이름의 그 아이는 이제 여덟 살이 되어서 여성 성전환자로 잘 산다고 했다. 그런 한편, 이 프로그램은 이론적으로 훨씬 더 중요한 유전적 정상 쌍둥이의 사례도 사실 그대로 다뤘다. 이 경우 아이의 삶이 무너지고 있었다.

윌리엄스와 스미스는 그 프로그램으로 논란이 일어나고 의견이 분분할 줄 알았지만, 그렇지 않았다. 스미스가 말한다. "이상하게 반응이 없었어요. 우리는 언론에서 잠잠해서 놀랐어요." 다이어먼드도 다큐멘터리 방영 후에 여론이 일어나지 않고 미국의 〈60분 *60 Minutes*〉 같은 프로그램에서 후속 방송을 제작하지 않아서 당황했다.

다이어먼드는 BBC에서 발견한 사실을 북미 의사들에게 알리려고 그 다큐멘터리의 결과를 짧은 논문으로 써서 미국 학술지 〈성 행동 자료집〉에 실었다. 제목은 "성별 정체성, 맞지 않는 성 역할로 자란 일란성 쌍둥이 사례와 BBC의 탐사 보도"였다. 그 논문은 1982년 자에 실렸다. 브렌다의 문제에 관해 시그먼슨과 마기가 한 말을 그대로 인용하고 브렌다가 과연 여성으로 적응할 수 있을지 시그먼슨이 의구심을 갖는다고 썼다. 영향력이 지대한 이 사례가 사실은 실패로 판명 나기 직전이라고 하면서 이렇게 말했다. "아직 확실하지 않은 단 한 건의 이 쌍둥이 사례를 근거로 이론적, 철학적 틀을 세운 것은 과학적으로 애석한 일이다. 원래 미국 문헌을 통해 유명해진 이 사례를 미국이 아니라 영국의 탐사 보도 팀이 다룬 것도 더욱 애석하다."

그러나 그 논문을 실은 잡지가 출간된 후에도 다큐멘터리 때와 비슷하게 무반응이라 실망이었다. 일부 페미니즘 학자들이 이 쌍둥이 사례를 여성학 교과서에서 조용히 빼긴 했지만, 학계, 과학계, 의학계는 이상하리만치 조용했다. 다이어먼드가 말한다. "그들은 그냥 무시했어요. 듣고 싶은 얘기가 아니었던 거죠."

브렌다는 학교 근처 골목에서 카메라를 든 이상한 남자를 보고 난 후로 며칠, 몇 주 동안 맥퀸티를 만나서 상담할 때마다 자기는 여자가 되지 않겠다고 분명히 밝혔다. 브라이언은 놀림감이 아니라서 친구가 많다고 하고, 브라이언은 싸워도 사람들이 이상하게 보지 않는다고 한탄했다. 반면에 "여자들이 할 수 있는 건 아기를 만드는 것뿐이에요"라고 했다.

브렌다가 학교에서 '대놓고' 남자아이처럼 행동하자 아이들이 더 놀리고 위협했다. 크리스마스 좀 전 어느 날 같은 반 남자아이가 칼을 휘두르며 위협하기까지 했다. 데이빗이 말한다. "나는 어머니에게 앞으로 그 학교에 가지 않겠다고 했어요. 안 그러면 도망가겠다고 했어요." 브렌다의 결정에 재닛도 동의했고, 맥켄티도 동의했다. 그래서 정부에서 지원하는 개인 과외 선생님을 구해줬다.

R. B. 러쓸 학교에서 조롱과 위협을 받지 않게 된 브렌다는 이제 집에서 말, 옷차림, 행동에 남자다움을 유감없이 드러냈다. 그러나 재닛은 브렌다의 행동이 단지 하나의 '과정'이길 바라면서 딸에게 여성적인 면이 조금이라도 나타나는지 찾으려 애썼다. 재닛은 말한다. "아주 작은 징후라도 보이면 너무 기뻤어요. 그래서 나는 브렌다의 행동을 잘못 해석했어요."

브렌다는 엄마의 검정색 염소 가죽 장갑을 옷장에서 우연히 봤다. 데이빗이 말한다. "안감이 부드럽고 좋았어요. 껴봤더니 영화에 나오는 이탈리아 자동차 경주 장갑 같아 보였어요. 그래서 '이걸로 운전대를 잡으면 좋겠다' 싶었는데 갑자기 엄마가 뒤에 계셔서 보니까 엄마는 미소를 지으며 말씀하셨어요. '끼고 싶으면어서 껴보렴.' 엄마는 그게 나의 여성적인 면이라고 생각하셨어요."

그러나 겨울이 깊어갈수록 재닛은 그런 공상이 틀렸다는 걸 알게 됐다. 그해 연말에 꾼 꿈에 딸에 관한 억압 심리가 나타났다. 꿈속에서 재닛이 어느 여자의 집에 갔는데, 그 여자의 남자

친구가 떠나버렸다고 했다. 상처받은 여자가 트렁크를 열더니 거기서 거대한 봉제 음경을 꺼내 받들어 올렸다. 재닛이 회상한다. "그 여자는 무슨 금덩이라도 되는 것처럼 그걸 제게 소중히 내밀었어요. 그러더니 '나는 이걸 보면서 떠나간 남자친구를 기억해요'라고 하더군요."

그 겨울에 재닛은 브리티시컬럼비아에서 겪었던 처절한 절망감에 다시 빠져들었다. 1월 말에 재닛의 정신과 의사, 노나 두프는 재닛이 우울증이 심해져서 자살 위험이 있는 걸 보고 빅토리아 병원에 한 달 동안 입원시켰다. 그러나 퇴원 후 곧 재닛은 다시 깊은 절망 속으로 곤두박질쳤고 라이머 가정은 혼란에 빠졌다. 브렌다는 엄마가 자기에게서 여성적인 면을 찾으며 늘 주시하는 걸 더 견디지 못했다. 재닛은 브렌다가 남자 옷을 입고 떡 진 머리를 한 걸 보면서 론과 함께 13년 전에 내린 결정을 자책했다. 3월 초에 맥켄티가 브렌다의 불만을 일지에 기록했다. "아무리 애써도 엄마 마음에 들지 않고 엄마는 나무라고 소리만 지른다고 했다." 며칠 후 그런 상황이 절정에 달했다.

데이빗이 말한다. "엄마가 냉장고 청소를 시켰어요. 나는 정말 열심히 했지만, 엄마 마음에 차지 않았어요. 그래서 나는 '최선을 다하고 있다고요!'라고 소리 질렀고 엄마는 내 얼굴에 시리얼 박스를 던졌어요. 나는 다시 그걸 엄마에게 던졌어요. 엄마가 나를 때리려고 해서 나는 엄마의 손을 잡고 엄마를 밀었어요. 엄마는 '아빠에게 이를 거다!'라고 했어요."

그러나 론은 피곤하다고 하면서 소란에서 빠져나가 텔레비전을 켜고 술을 마셨다. 재닛은 브리티시컬럼비아 시절의 지옥 같은 패턴에 다시 빠진 걸 깨달았다. 재닛은 맥켄티 박사에게 전화를 걸었다. 맥켄티의 일지에 기록된 라이머 가족의 대화에 힘든 상황이 여실히 드러났다. 론은 위스키를 너무 많이 마시고 있었다. 재닛과 브렌다는 늘 앙숙이었다. 이제 브렌다와 브라이언까지 공공연히 싸움을 일삼았다.

이제 맥켄티와 위니펙 의료진은 현실을 더 부인할 수 없었다. 그들이 거의 4년 동안 머니 박사의 계획을 충실히 따랐지만, 브렌다와 가족은 악화일로로 치닫고 있었다. 윈터 박사 한 사람만 희망의 끈을 놓지 않고 있었다. 그는 브렌다의 질 모양이 완전하지 않아서 자신을 여자로 받아들이지 못한다고 여기고 줄기차게 수술을 해야 한다고 목소리를 높여 왔지만, 이제는 그마저 흔들렸다. 그는 닥터 맥켄티에게 이렇게 편지를 썼다. "전에 나는 수술을 빨리 받아야 한다고 주장했지만, 지금은 잘 모르겠어요. 현재로서는 언제가 수술 적기인지 잘 모르겠어요."

결국, 브렌다의 행동 때문에 내분비과 의사 윈터 박사가 드디어 결단을 내렸다. 브렌다가 3월 중순에 윈터에게 진료를 받으면서 가슴 검사를 위해 환자복을 벗길 거부했기 때문이다. 의사가 다시 요청해도 브렌다는 거부했다. 그런 실랑이가 20분 동안이나 이어졌다. 데이빗이 말한다. "살다 보면 '이제 더 못해'라고 하는 순간이 다가오죠. 누구나 한계가 있어요. 그때 나는 한계에 도달했던 거예요."

윈터 박사 역시 한계에 도달했다. 그가 물었다. "여자가 되고 싶은 거니, 아니니?"

브렌다가 의식이 생길 때부터 머니 박사가 그 질문을 했고, 위니펙 의료진도 오랜 세월 그 질문으로 브렌다를 괴롭혔다. 그동안 너무 많이 들었던 질문이었다.

브렌다는 고개를 쳐들고 윈터의 얼굴에 꽥 소리를 질렀다. "싫어요!"

놀랍게도 윈터는 화내지 않았다. 그리고 잠깐 진료실에서 나갔다 들어오더니 말했다. "알겠어. 옷 입고 집에 가렴."

나중에 브렌다가 알고 보니, 윈터는 복도에서 닥터 맥켄티와 잠시 얘기를 나눴다. 윈터는 맥켄티에게 이제 십 대인 브렌다가 자신이 누구이고 무슨 일이 일어났는지 알 때가 됐다고 말했다.

일주일에 한 번씩 브렌다가 닥터 맥켄티에게 상담을 받고 나면 론이 와서 차에 태워 갔다. 1980년 3월 14일에도 그랬다. 다른 점은 그날 곧장 집으로 가지 않고 아이스크림을 사러 간 거다.

브렌다는 당장 의문이 들었다. 데이빗이 말한다. "집안에 안 좋은 일이 있으면 아빠가 아이스크림 가게나 어디로 데려갔어요. 그래서 나는 생각했어요. '엄마가 죽나? 이혼하나? 브라이언에게 무슨 일이 있나?'"

브렌다가 걱정스레 물어보자 론은 "아니야, 아니야. 다 괜찮아"라고 말했다.

브렌다가 아이스크림을 사고, 집 앞에 주차하고 나서야 론이 겨우 말문을 뗐다.

데이빗이 말한다. "아빠는 무슨 일이 일어났었는지 차근차근 설명했어요. 내가 남자로 태어났는데 포경 수술을 받다가 의료 사고가 나서 많은 의사에게 진료를 받다가 마침내 그 당시 가장 좋아 보이는 의견에 따라 나를 바꿨대요. 아빠는 참담한 심정이었어요." 그때 브렌다는 일생 처음으로 아빠가 우는 걸 봤다. 브렌다는 울지 않고 차창 밖을 응시했지만, 손에 든 아이스크림콘이 녹아내리고 있었다.

아빠와 아이의 그 특별한 순간으로부터 20년이 지난 후, 론이 말한다. "브렌다는 그냥 듣고 있었어요. 그 믿을 수 없는 이야기에 정신이 나간 것 같았어요."

오늘날 데이빗은 그 이야기를 듣고 여러 감정이 교차했다고 말한다. 분노하기도 하고, 믿어지지 않기도 하고, 놀라기도 했다. 그러나 그 모든 감정을 압도하는 한 감정이 있었다. 데이빗이 말한다. "안도감이 들었어요. 내가 왜 그동안 그렇게 느꼈는지 갑자기 이해됐어요. 내가 이상한 게 아니었어요. 내가 미친 게 아니었어요."

이야기를 듣고 나서 브렌다는 아빠에게 딱 한 가지를 물었다. 일생에서 유일하게 아무 손상도 없었던 그 짧고 소중한 8개월에 대한 질문이었다.

브렌다가 물었다. "내 이름은 뭐였어요?"

# 12
# 원래의 성별로 돌아가다

브렌다는 생물학적 성별로 돌아가겠다고 즉시 결정했다.
진실을 알고 나서 첫 번째 상담 때 브렌다가 맥켄티에게 말했다.
"열여덟 살이 되면 내가 원하는 대로 할 거예요. 나는 남자가 될
거예요." 문제는 어떻게 소리소문없이 그렇게 하는가였다. 브렌
다가 밴쿠버에 가서 좀 살다가 라이머 가정에 살러 온 손님으로
하는 걸 생각해봤다. 그러나 문제가 있었다. 브렌다가 맥켄티에
게 말했다. "나는 브라이언하고 닮아서 사람들이 알아볼 거예요."
그다음에 브렌다가 더 힘든 질문을 꺼냈다. 그때까지 평생 여자처
럼 행동하라고 훈련받으면서 본능과 감정을 억누르다가 이제 본
연의 모습을 드러내면 부모님이 어떻게 받아들일까? 브렌다가 맥
켄티에게 물었다. "내가 여자하고 데이트하면 부모님이 뭐라고
하실까요?"

한 달 반 후에 라이머 가족은 재닛의 막내 남동생 약혼식으

로 큰 잔치에 참석하게 됐다. 브렌다는 아직 사람들 앞에서 여자로 살고 있어서 여자로 꾸미고 잔치에 갈 수밖에 없었다. 드레스를 입고 빨간 구두와 스타킹을 신고 화장하고 재닛이 이번에 입으라고 특별히 사준 예쁘고 짧은 흰색 인조 밍크코트를 입었다. 그건 부모가 선택한 성별에 머물라고 마지막으로 유도해본 걸 수 있다. 그러나 이제 진실을 안 마당에 여자로 처신하는 건 브렌다에게 너무 힘들었다. 그래서 3년 후에 성별을 바꾸려고 한 걸 앞당겼다. 그 잔치 다음 날 브렌다가 맥켄티에게 말했다. "2년 후에 남자처럼 하고 싶어요. 콧수염을 기르면 좋겠어요."

브렌다는 다음 상담 시간에 남자가 되는 시한을 또 앞당겼다. 지금 그렇게 하고 싶다고 하면서 무슨 이름이 좋을지 생각해봤다고 했다. 태어날 때 부모님이 지어준 브루스는 "딱딱하고 공붓벌레" 같아서 싫다고 했다. 브렌다가 생각한 이름은 두 가지였다. 조우라는 이름이 평범하고 흔한 이름이어서 좋다고 했다. 아니면 성경에 나오는 왕으로 거인을 죽였던 데이빗이 좋다고 했다. 데이빗이 말한다. "성경의 다윗(데이빗)은 힘든 상황 속에서 역경에 맞섰고 2.5 미터의 거인에 맞서는 용기를 보여줬어요."

브렌다는 최종 결정을 부모님께 맡겼고 데이빗이 선택됐다. 론은 이름을 바꿔 부르는 게 쉬웠고 그 후 단 한 번도 아들을 브렌다로 부르는 실수가 없었다고 말했다. 다른 사람들도 브렌다가 데이빗이 된 걸 생각보다 쉽게 받아들였다. 데이빗의 개인 지도 교사인 도로시 트룹은 처음에 그 소식을 듣고 걱정했지만, 데이빗이 남자가 된 후 첫 과외 시간에 둘 사이가 전혀 어색하지 않았다

1980년 5월에 데이빗과 브라이언이 삼촌의 결혼식에 참석했을 때. 여기서 데이빗이 처음 남자로 공식 석상에 등장했다. 데이빗이 브렌다이던 때 가슴을 감추려고 폭식했던 흔적이 보인다. 그러나 5개월 후에는 유방절제술을 받고 남성 호르몬, 테스토스테론을 투여해서 곧 쌍둥이 동생의 키를 따라잡는다.

고 말한다. 브렌다는 늘 뚱하고 우울하고 심통이 난 아이였지만 데이빗은 모든 게 달랐다. 트룹이 말한다. "데이빗은 훨씬 더 명랑하고 차분하고 주변 상황에 적절히 반응했어요." 트룹은 데이빗의 새 이름으로 이름 목걸이를 해줬다. 데이빗은 답례로 가족 잔치 때 입었던 인조 밍크 재킷을 선물했다. 트룹이 회상한다. "브렌다였을 때를 기억나게 하는 걸 다 없애고 싶어 하는 거 같았어요."

데이빗은 열다섯 번째 생일 일주일 후 8월에 일가 친척 앞에 소년으로 처음 등장했다. 데일 막내 외삼촌의 결혼식 잔치 때였다. 아직 솟아오른 가슴을 테이프로 감아 누르고 흰 와이셔츠에 짙은 색 넥타이를 하고 동생 브라이언하고 똑같은 진회색 양복을 입었다. 데이빗은 숙부 숙모들, 조부모들, 친구들 앞에 난생처음 소년으로 서기가 쉽지 않았다고 말한다. 물론 일가친척은 데이빗이 아기 때 성전환한 걸 다 알고 있었지만 데이빗은 그동안 쭉 일가친척 앞에서 여자아이로 행동하도록 훈련됐던 터라, 쉽지 않았다. 그래도 데이빗은 사람들 앞에 나서기로 굳게 마음먹고 신부 및 몇 신부 들러리들과 춤도 췄다. 이틀 후 닥터 맥켄티는 데이빗과의 상담 시간에 데이빗이 그 행사를 "행복하고 성공적인 결혼식"으로 술회했다고 썼다.

데이빗은 테스토스테론 주사를 맞기 시작했다. 감격스럽게도 곧 턱수염이 솜털같이 나기 시작했고 키도 2.5cm 넘게 자랐다. 1980년 10월 22일에 양쪽 유방절제술도 받았지만 그러고 나서 몇 주 동안 너무 아팠다. 그래서 다음 수술은 그다음 해 여름에 10학년(고1)을 마칠 때까지 기다렸다 하기로 했다.

그 몇 달 동안 데이빗은 인생을 망친 그 사건이 갈수록 더 억울해졌다. 윈터 박사가 말한다. "그 시기에 데이빗이 원한 건 오로지 총 한 자루였어요. 그 사고를 일으킨 의사를 죽이려고요." 스산한 위니펙의 겨울이 깊어갈 때 데이빗이 꿈꾸던 복수가 현실이 됐다. 데이빗은 신문 배달로 모은 2백 달러로 위니펙 도심 길거리에서 1950년 형 무허가 러시아 루거 권총을 샀다. 그리고 2월 어느 날, 위니펙에 있는 닥터 쟝 마리 우뜨의 병원에 갔다.

데이빗이 말한다. "나는 주머니에 총을 넣고 진료실 문을 열었어요. 그가 나를 보고 '어떻게 도와드릴까요?'라고 했고 내가 '나를 기억해요?'라고 했더니 그는 '아니요, 무슨 일이에요?'라고 해서 나는 '나를 잘 봐요'라고 했어요. 그러자 그는 내가 누구인지 알아챘어요. 그가 고개를 끄덕였어요. 나는 총을 꺼내 그의 머리를 날려버리려고 했지만, 그가 울기 시작했어요. 그가 불쌍해지더군요. 그는 고개를 푹 수그렸어요. 나는 '당신 때문에 내 인생이 얼마나 비참해졌는지 알아?'라고 했고, 그는 아무 말도 못 하고 앉아서 울기만 했어요. 나는 진료실에서 나왔어요. 그가 '기다려요! 기다려요!'라고 외쳤지만, 나는 그냥 나와서 강가에 앉아 울었어요."

데이빗은 총을 돌로 쳐 망가뜨려서 붉은 강에 던졌다. 며칠 후 맥켄티에게 우뜨를 찾아가서 "그 사고에 대해 비난했다"라고 말했다. 총을 가져갔었다는 얘기는 하지 않았다.

내가 1997년 여름에 닥터 우뜨를 만났을 때 그는 그 만남에 관해 얘기하지 않으려 했다. 우뜨가 말했다. "그건 17년 전이었어요. 벌써 한참 전이에요." 열다섯 살 소년을 살인 충동이 일 정도로 우울하게 했던 그 애초의 의료 사고 얘기도 하지 않았다. 포경 수술 사고에 관해 질문하자 우뜨는 캐나다 불어식 억양의 영어로 대답했다. "그 얘기를 할 상황이 못 돼요, 못 돼요, 못 돼요."

1981년 7월 2일에 열여섯 번째 생일을 한 달 앞두고 데이빗은 가장 기본적인 음경 모양을 만드는 수술을 받았다. 허벅지 안쪽 근육과 피부를 떼 내어 서혜부 피부밑에 남아 있던 음경 뿌리에 이식했다. 가짜 고환들을 밝은색 플라스틱으로 만들어 재건된 음낭 안에 넣었다. 다리 사이에 음경이 달린 기분이 이상하고 어색했다. 음경 성형술의 단점이 뭔지 곧 알게 됐다. 수술 후 1년 동안 인공 요로가 막히고 감염되어서 열여덟 번이나 입원했다. 그렇게 자주 입원하는 일은 이후 3년 동안 이어졌다.

그러는 동안 데이빗은 새로운 삶을 받아들이면서 세상에 다시 나갈 준비를 했다. 어떤 면에서는 생각만큼 어렵지 않았다. 헤더 레거리, 에스더 헤이즐하워과 잠시 친했던 거 외에는 다른 아이들에게 따돌림을 당했고 게다가 거의 1년에 한 번씩 전학을 다녀서 브렌다가 갑자기 사라지고 데이빗이 등장했다고 얘기할 사람이 없었다. 그래도 데이빗은 전에 브렌다였다는 걸 알아보는 사람이 있을까 봐 부모님 집 지하실에 칩거하면서 TV를 보고, 음반을 듣고, 자신에게 일어난 일을 곱씹어 생각하면서 받아들이고 정리했다. 그런 시간을 거의 2년이나 가진 후에 서서히 열여덟 살 생일 무렵부터 외출하기 시작해서 패스트푸드점, 롤러스케이트장, 바에서 브라이언과 그의 친구들하고 어울렸다. 브라이언의 친구들은 곧 데이빗을 받아줬지만, 브라이언에게 브렌다라는 누나가 있었다는 걸 어렴풋이 기억했다.

쌍둥이 형제는 브렌다가 왜 사라졌는지 함께 이야기를 지어냈다. 브렌다가 브리티시컬럼비아에 있는 남자친구와 살러 갔다가 비행기 사고로 죽었고, 데이빗은 오랫동안 만나지 못했던 사촌이라고 했다. 데이빗이 자주 병원에 입원하는 건 오토바이 사고 후유증 때문이라고 둘러댔다.

"우리는 다 그게 사실이 아니라는 걸 알았어요"라고 친구였던 라일 디나이크가 말한다. "그러나 우리는 꼬치꼬치 캐묻지 않앗어요. 민감한 사생활이니까요."

초등 6학년 때 브렌다의 친구였던 헤더 레거리도 의심을 품었다. 1983년 7월 여름에 헤더는 대학교 1학년을 마치고 오빠의 카트 라이드 게임장에서 아르바이트하고 있었다. 헤더가 말한다. "매표소에서 일하는데 갑자기 잘 아는 사람이 나타났어요. 나는 브라이언 라이머라고 생각해서 '안녕'이라고 인사했지만, 그는 웃지 않고 얼굴이 빨개지고 말을 더듬으면서 물러서서 다른 사람을 가리켰어요. 그러자 진짜 브라이언이 나섰죠. 나는 물었어요. '저 사람은 누구야? 너랑 똑같이 생겼어.' 브라이언이 말했어요. '사촌 데이빗이야.' 나는 브렌다 아닌가 하는 생각이 들었지만 떨쳐 버리고 '브라이언이 사촌이라면 사촌인 거지'라고 생각했어요."

데이빗은 어린 시절 진정한 친구를 만난 그때에 관해 이렇게 말한다. "나는 아무 말도 못 했어요. 다 설명하려면 너무 오래 걸리니까요. 그냥 사람들을 피하는 게 편했어요."

데이빗이 열여덟 살일 때

그 여름에 데이빗이 만 열여덟 살이 되자 획기적인 일이 또 일어났다. 두 살 반 때 세인트 보니파스 병원에서 받은 배상금을 직접 소유하게 됐다. 1967년에 법원은 병원이 론과 재닛에게 6만 6천 달러를 배상하라고 판결했다. 수백만 달러를 받을 거라던 예상보다 훨씬 적은 금액이었지만, 그때 어린 부부였던 론과 재닛은 돈이 절실히 필요했고 변호사는 배심원단이 판결한 큰 금액을 판사가 뒤엎을지 모른다고 해서 병원의 제안을 그냥 받아들였다. 1960년대에 연봉이 6천 달러에 불과했던 론에게는 그게 큰돈으로 보였다. 데이빗이 성년이 될 때까지 그 돈은 따로 보관되어 데이빗의 치료비나 가족이 존스 홉킨스에 가는 경비로 쓰였다. 1983년에 그 돈은 17만 달러로 늘어났다. 그래서 데이빗은 그 나이 또래에서 부자가 됐다. "여자를 꼬시려고"(나중에 데이빗이 다이어먼드에게 한 말) 데이빗은 화려하게 개조한 승합차를 샀다. 바, TV, 카펫을 갖추어서 "연애용 승합차"라는 별명이 붙었다.

그러나 그 차 안에서 연애의 결정적 부분은 할 수 없었다. 데이빗이 남자가 된 후에 여자들과의 관계에서 그런 부분이 가장 힘들었다. 열여덟 살이 된 데이빗은 단지 괜찮은 정도가 아니라 너무 잘 생겨서 오히려 더 힘들었다. 갑자기 이성에게 인기가 있어서 딜레마에 빠졌다. 데이빗의 음경은 진짜 같이 보이지도 않고 기능도 없었다(발기가 되지 않았다). 데이빗이 그때를 회상하며 말한다. "어떻게 데이트를 시작이라도 하겠어요? 못하죠. 당황스러운 상황이었어요."

마침내 데이빗은 두 살 더 어린 여학생과 데이트를 했다. 예쁘지만 좀 경박스러운 열여섯 살 여학생이었다. 데이빗은 항상 염려하는 게 있었다. "나는 생각했어요. '만일 여자애가 키스에서 더 나가려고 하면 도대체 어떻게 하지? 그걸 어떻게 감당해?'" 데이빗은 분위기가 너무 무르익기 전에 멈출 전략을 짰다. 술을 흠뻑 마시고서 '나 피곤해. 자야겠어'라고 하려고 했다. 그러나 어느 날 밤에 계산이 빗나갔다. 술을 진탕 마시고 정말 잠이 들어 버렸다. 다음 날 아침에 일어났더니 여자친구가 침대에 같이 누워 있었는데 표정을 보니 데이빗의 다리 사이를 들여다본 것 같았다. 그래서 데이빗은 말할 수밖에 없었다. "사고"가 있었다고 설명했다. 그러고 나서 며칠 후 모든 사람이 다 알아버렸다. 어릴 때처럼 다시 수군거림과 비웃음과 조롱의 대상이 됐다. 데이빗은 견딜 수 없었다. 다음날 데이빗은 어머니의 우울증약 한 통을 먹고 소파에 누워 죽기를 기다렸다.

그런데 론과 재닛이 의식을 잃은 데이빗을 발견했다. 론이 회상한다. "아내와 저는 서로 쳐다보면서 어떻게 해야 하나 고민했어요."

그때 재닛이 론에게 이런 쪽으로 말했다고 한다. "그냥 놔줘야 하는 건가 생각했어요. 이 아이는 아무 잘못도 없이 너무 고통을 당했고 정말 죽고 싶어 했어요." 그러나 곧 정신을 차리고 데이빗을 병원으로 데려가 위세척을 시켰다. 그러나 1주일 후 퇴원하고서 데이빗은 다시 어머니의 우울증약을 한 통 먹고 욕조에 물을 채워놓고 죽으려 했다. "나는 생각했어요. '죽으면 아무것도 못 느끼고, 마음도 아프지 않고, 몸도 아프지 않고, 조롱도 받지 않아. 아무것도 없어.' 그러나 나는 욕조에 들어가지 못했어요. 발걸음 하나하나가 천근만근 같았어요." 약 기운이 몰려와서 데이빗은 소파에 누워 의식을 잃었다. 이번에는 브라이언이 데이빗을 살렸다.

그러나 이제 데이빗은 세상과 담을 쌓았다. 위니펙 호수 근처 숲속 통나무집에 혼자 칩거했다. 길면 혼자 6개월 동안 있기도 했다. 이제는 닥터 맥켄티마저 만나지 않았다. 닥터 멕켄티는 녹음기를 가져가서 생각을 녹음하라고 했다. 그래서 1985년 1월 어느 날 밤 그렇게 했다.

술 취한 목소리였다. "데이빗 라이머입니다. 나는 열아홉 살이에요. 곧 만 스무 살이 되죠. 12학년(고3)이 절반쯤 지나갔네요. 나의 인생 계획은…" 잠시 쉬었다가 목소리를 가다듬어 말했다. "네, 스물다섯 살까지 인생의 틀을 잡으려고 해요. 결혼은 30대에나 하려 하고요. 왜냐면 나는… 결혼할 타입이 아니거든요." 몇 분 동안 두서없이 이 얘기, 저 얘기를 하다가 뇌리를 떠나지 않는 그 주제로 다시 돌아갔다. "나는 얌전한 여자와 결혼하고 싶어요. 그러나 너무 얌전하지는 않았으면 좋겠어요. 아이가 있는 여자면 좋겠어요. 나는 아이를 원하지만, 아이를 가질 수 없으니까요." 데이빗은 그 이야기를 하면서 다른 이야기가 생각났다. "아, 나는 돈이 좀 있어요. 십만 달러 정도 돼요. 오래전, 어렸을 때 당한 사고 보상금이에요." 그는 다시 말을 멈췄다. 그 얘기를 할 힘이나 마음이 있는지 생각하는 것 같았다. 그리고 그 얘기는 하지 않았다. "네, 이게 다예요. 여러분 모두 잘 지내시기 바랍니다." 데이빗은 그렇게 녹음기를 껐고 그 후로는 녹음하지 않았다.

데이빗이 은둔 생활을 한 지 거의 1년 후에 두 친구, 해럴드 노먼드와 론 맨델이 데이빗에게 숲에서 나와서 매니토바의 한겨울 추위에서 벗어나자고 했다. 세 젊은이가 어디로 갔는지 보면,

그 이후 이어질 사건들을 볼 때 아이러니하다. 그들은 하와이로 갔다! 1986년 1월 11일에 그들은 호놀룰루로 날아가서 아웃리거 호텔에서 일주일 묵었다. 밀튼 다이어먼드의 집에서 차로 10분도 안 되는 거리였다. 그 여행은 데이빗에게 심기일전할 기회였다. 하와이로 가는 비행기 안에서 일어났던 일을 보면 데이빗이 마침내 침체에서 벗어나 과거의 비밀을 수용하게 됐다는 걸 알 수 있다.

태평양 상공에서 데이빗이 해럴드에게 말을 꺼냈다. 해럴드가 회상한다. "데이빗이 내게 말했어요. '저기, 있잖아. 브라이언의 누나 얘기를 해주고 싶었어.' 그래서 내가 말했어요. '얘기하지 않아도 돼. 이미 알아.'"

해럴드는 데이빗을 처음 만난 3년 전부터 진실을 알고 있었다. 해럴드는 브라이언의 누나가 비행기 사고로 죽었다는 얘기가 처음부터 의심스러워서 부모님에게 그 얘기를 했다. 그랬더니 부모님이 1967년 신문 단신을 떠올렸다. 쌍둥이 남자 아기 중 한 명이 세인트 보니파스 병원에서 포경 수술을 받다가 음경을 잃었다고 했다. 부모님은 나중에 그 가족의 성이 라이머이고 그 남자아이가 여자로 길러졌다는 소문을 들었다고 했다. 해럴드가 회상한다. "부모님이 그 얘기가 바로 그거라고 하셨어요." 해럴드는 내성적이라서 데이빗의 비밀을 친구들에게 떠벌리지 않았고 데이빗에게 자기가 안다는 걸 밝히지도 않았다.

하와이에 갔다 온 후 데이빗은 친구에게 마음을 털어놓았다. 메리 맥켄티 외에 아무에게도 말하지 않았던 거였다. 해럴드가 말한다. "데이빗은 여자라고 느껴본 적이 없었던 터라 자기가 남자라는 걸 알고 나자마자 곧 의식 전환을 했다고 해요. 만일 그렇지 않았다면, 레즈비언이 됐을 거라고 해요. 데이빗은 어릴 때부터 여자에게 감정이 생겨서 고민이었대요."

하와이에서 돌아온 후에 의사가 기존보다 훨씬 발전한 새 인공 음경이 나왔다고 했다. 모양도 진짜 같아 보이고 미세 수술로 감각도 있다고 했다. 스물두 번째 생일을 얼마 앞두고 데이빗은 두 번째 음경 재건 수술을 받았다. 열두 단계 수술을 세 명의 의사가 열세 시간 동안 집도했다. 전문 용어로 미세혈관 우측 방사형 동맥 팔뚝 플랩 음경 재건 수술이라고 했고, 오른쪽 팔목부터 팔꿈치까지 부위에서 살, 신경, 혈관을 떼 내어 요도와 음경을 만들고 왼쪽 갈비뼈 하나에서 연골을 떼 내어 지지대로 삼는 거였다. 회복 기간이 오래 걸렸지만 데이빗은 결과에 대만족했다. 전의 인공 음경보다 비교도 안 되게 좋았다. 데이빗이 말한다. "그러고 나서 차를 운전해 돌아가면서 기뻐서 울었어요."

새 음경이 모양이나 감각 면에서 훨씬 더 개선됐지만 데이빗은 2년이 더 지난 후에야 그걸 성적으로 사용했다. 그건 자신감이 없어서가 아니라 22개월 때 존스 홉킨스 수술실에서 일어난 의료 사고로 생식 능력이 없었기 때문이었다. 데이빗이 회상한다. "'결혼하고 싶은 여자를 만나면 뭐라고 말해야 하지?'라고 계속 생각했어요. 여자가 아이를 갖고 싶어 하면 뭐라고 하지? 나는 그렇게 해줄 수가 없잖아." 설령 자녀를 원하지 않는 여자를 만났더라도 나중에 마음이 바뀌면 데이빗을 원망할 수 있었다. 데이빗이 말한다. "내가 사랑하는 사람에게 그렇게 하는 건 부당하다고 생각했어요."

그래도 여전히 결혼해서 자녀를 갖고 싶은 생각이 뇌리를 맴돌았다. 동생 브라이언은 벌써 열아홉 살 때 1988년 여름에 결혼해서 아이를 둘 낳아 데이빗이 부러워하는 걸 다 가졌다. 데이빗이 말한다. "나는 너무 외로웠어요. 그래서 전에 해보지 않았던 걸 했어요. 하나님께 기도했죠. '하나님, 아시다시피 저는 너무 힘들었어요. 그러나 불평하지 않을게요. 하나님이 그렇게 하신 이유가 있겠죠. 그러나 기회가 된다면 좋은 남편이 되겠어요. 기회가 된다면 좋은 아버지가 되겠어요.'"

그로부터 두 달 후 동생 브라이언과 제수씨가 젊은 여자를 소개해줬다. 스물다섯 살의 제인 폰테인은 푸른 눈에 붉은빛이 감도는 블론드 머리를 어깨 길이로 내린 예쁜 여자였다. 155cm에 80kg이라 몸무게에 민감했지만, 넉넉한 몸매로 잘 생활해서 사람들이 보기에 넉넉한 성품과 잘 어울렸다. 내가 1997년 여름에 처음 제인을 만났을 때 제인은 성격이 느긋하고 다정다감하고 잘 웃는 게 꼭 조이스 케리의 명랑 소설 《그녀도 스스로 놀랐다 *Herself Surprised*》에 나오는 불굴의 여주인공 새라 먼데이 같았다. 새라 먼데이는 다섯 아이를 둔 억척스러운 어머니로 뚝심 있고, 소박하며 다사다난한 삶을 낙관적으로 헤쳐나간다. 자신의 불찰로 인한 다사다난함이라도 말이다.

소설 속의 새라처럼 제인도 사심이 없고 천진난만하다 보니 데이빗을 만날 무렵 세 아이를 키우는 싱글 맘이었다. 세 아이 아빠가 다 달랐다. 제인은 세속적인 것과 거리가 멀어서 평생 담배를 피우거나 술을 마시지 않았고 집순이라서 바 같은 데 가지 않았고 '욕' 같은 건 입에 담지 않았다. 단점이라면 애정 결핍 증세가 있었다. 아마도 위니펙에서 어머니와 계부 슬하에 자라던 삶이 순탄치 않았기 때문이리라.

제인은 열여섯 살 때 시민 사관생도가 됐다. 그건 학교에서 하는 방과 후 군대 프로그램이었다. 거기서 몇 살 더 많은 사관생도 로버트를 만났다. 제인이 말한다. "로버트는 나의 첫사랑이었어요." 로버트는 위니펙을 떠나서 자기 고향 온타리오주 밴크로프트로 가자고 했다. 부모님의 반대를 무릅쓰고 제인은 따라갔다. 로버트의 부모님 댁에서 여름을 보내고 퀘벡으로 이사 가서 임신한 걸 알게 됐다. 로버트가 결혼 얘기를 꺼내긴 했지만, 왠지 그때부터 횡하니 종적을 감추는 일이 잦아졌다. 제인이 회상한다. "담배 사러 간다고 나가더니 여섯 시간 후에 오거나 했어요." 어느 날 제인은 로버트가 길거리에서 다른 여자 손을 잡고 있는 걸 봤다. 곧 제인은 기차를 타고 위니펙으로 돌아갔다.

제인이 임신한 걸 알고 부모님이 노발대발했지만, 직장도 없이 무일푼이라 부모님 댁에 얹혀사는 수밖에 없었다. 그러고 나서 1982년에 딸을 낳았다. 제인이 스무 살 때였다. 제인은 좋은 엄마였다. 자신은 부모에게 못 받아본 지극정성으로 딸을 보살폈다. 그러다가 위니펙 변두리 웨스트 엔드에 있는 작은 아파트로 이사 갔다. 거기서 친구의 친구가 소개해서 딘을 만났다. 딘은 검은 머리에 잘생긴 젊은이였고 경비원으로 일했다. 둘은 데이트하기 시작했지만, 딘은 너무 젊어서 정착하려 하지 않았다. 제인이 또 임신한 걸 안 후에도 말이다. 둘 사이의 딸이 1984년에 태어났다. 딘은 할 수 있는 대로 경제적으로 도와주다가 점점 뜸하게 오더니 결국 발길을 뚝 끊었다. 제인은 아기를 둘이나 키우느라 일을 할 수 없다가 정부 지원 프로그램으로 취직해서 돈을 벌기 시작했다. 그래서 상황이 좀 나아지던 중에 길 건너편에 사는 젊은이를 만났다. 그의 이름은 레이먼드였다. 제인이 말한다. "우리는 길 건너 마주한 아파트에 살았어요. 레이먼드가 '내 세탁기와 건조기를 써도 돼요'라고 했어요." 제인은 그렇게 했고 그 외에 다른 일도 일어났다.

제인이 말한다. "자랑할 일은 아니지만, 나는 사랑받으려고 여기저기 헤매다녔던 거 같아요. 사람에 굶주렸고 사랑받고 싶었어요." 제인이 셋째를 임신한 걸 알고 레이먼드는 "사실혼 관계 동거녀"가 브리티시컬럼비아에 갔다가 곧 돌아올 거라고 했다. 제인이 말한다. "그렇게 레이먼드는 떠나갔어요." 1988년 초봄에 아들이 태어났고 제인의 인생은 가장 힘들었다.

그런데 아들을 낳고 3주 후에 어머니 앤이 뉴스를 가지고 전화했다. 최근에 수술을 받고 회복 중인 젊은 여자의 집에서 가사도우미로 일하면서 제인의 딱한 사정을 얘기했고 이제 아기가 셋이나 딸려서 재혼하기 어려울 거라고 했더니 제인을 만나고 싶어할 거 같은 젊은이가 있다고 했다. 그건 바로 그녀의 시아주버니이고 남편 브라이언의 일란성 쌍둥이인 데이빗이었다.

제인은 설마 맺어지겠냐고 별 기대 없이 그 여자에게 전화했다. 브라이언의 아내는 데이빗이 어떤 의료 사고를 당해서 상당한 보상금을 받았는지 자세히 얘기했다. 제인이 말한다. "그녀는 데이빗이 승합차와 컨버터블 자가용이 있다고 했어요. 나는 말했죠. '돈이 얼마나 많은지, 다리 사이에 뭐가 있는지가 중요한가요? 중요한 건 나와 아이들을 떠나지 않고 잘해주는 거죠.'"

두 여자는 제인이 브라이언의 집에 가서 데이빗을 만날 날을 정했다. 제인과 데이빗은 처음부터 잘 맞았다. 아마 둘 중에서 데이빗이 더 긴장했을 텐데 데이빗은 "제인은 마음이 진실했어요"라고 말한다.

네 사람은 더블데이트로 그 주말에 같이 외식하러 나갔다. 그날 밤이 끝나갈 때 데이빗은 제인의 손을 잡았고 둘만의 데이트 계획을 잡았다. 곧 자주 데이트를 하면서 점점 더 서로에게 빠져들어 가자 데이빗은 의료 사고 이야기를 언제 어떻게 꺼내야 할지 걱정했다. 그러다 어느 날 승합차를 운전해서 숲에 있는 통나무집으로 가던 중에 그 이야기를 꺼냈다. 데이빗이 몇 마디 하자마자 제인이 이미 알고 있었다고, 자기는 상관없다고 했다. 데이빗이 회상한다. "제인은 그동안 쭉 알고 있었지만 내가 힘들어할까 봐 모른 척했다고 했어요. 그때 정말로 제인이 나를 생각해준다는 걸 알았어요."

제인에게 남편 데이빗이 열다섯 살까지 여자아이로 자란 거를 생각하면 기분이 어떠냐고 물으니까 제인은 그건 놀랄 일이라기보다 화나는 일이라고 했다. "남편이 브렌다였을 때의 사진을 보면 고개를 절레절레 흔들며 너무 불쌍하다고 생각했어요. 여자아이 같아 보이지 않았어요. 그냥 데이빗으로 보였어요. '학교 다니기 너무 힘들었겠구나'라는 생각이 들었어요."

1989년 가을에 둘은 한 아파트로 이사해 들어갔다. 데이빗은 인공 음경 덕에 제인과 성관계를 가질 수 있었다. 제인이 웃으며 말한다. "알다시피 남녀관계에서 처음 1년 동안은 많이 하잖아요."

데이빗은 문란하고 난잡한 젊은 시절의 상징인 "연애용 승합차"를 팔았다. 그러나 물론 데이빗은 그런 젊은 시절이 없었다. 그리고 그 돈으로 다이아몬드 반지를 샀다.

제인이 말한다. "어느 날 데이빗이 안방으로 들어오더니 진지하게 말했어요. '말할 게 있어.' 우리는 침대에 앉아 있었어요. 데이빗이 작은 보석함을 꺼내서 열었어요. 반지가 들어있었죠. 나는 눈이 휘둥그레졌어요. 그리고 데이빗이 '나와 결혼해줄래?'라고 했어요."

만난 지 2년 4개월 후 1990년 9월 22일에 데이빗 피터 라이머와 제인 앤 폰테인은 위니펙에 있는 리전츠 파크 연합 교회에서 결혼식을 올렸다. 제인의 두 딸이 들러리를 섰다. 데이빗은 흰 턱시도를 입었고, 제인은 순백 웨딩드레스를 입었다. 때에 맞지 않게 무더운 가을 아침에 데이빗과 제인은 친구와 가족 130명 앞에서 서로를 위해 직접 쓴 결혼 서약서를 낭독했다.

데이빗이 말했다. "제인, 나는 당신을 아내로 맞아 기쁠 때 함께 웃고 슬플 때 함께 울며 함께 더욱더 깊어지는 사랑으로 오직 당신에게만 진실하며 평생을 해로할 것을 서약합니다."

이어서 제인이 데이빗에게 말했다. "나는 데이빗 당신을 내 인생의 파트너로 선택합니다. 당신을 존경하고 격려하고 용서하고 희망을 주겠다고 약속합니다. 오늘, 그리고 앞으로 모든 날에 당신을 사랑하겠습니다."

1990년 9월 22일, 결혼식 날의 데이빗과 제인.
제인이 데이빗의 과거에 대한 진실을 알았을 때 보인 반응을 보고
데이빗은 제인의 "진실한 마음"을 알았다.

3부
# 자연이 만든 모습 그대로

# 13
## 의심스러운 과학자

키잇 시그먼슨은 어떤 광고를 보고 마음이 불편했다. 1980년대 언젠가 미국 정신의학회 소식지에 "그 쌍둥이를 진료하는 분은 연락해 주시기 바랍니다"라는 광고가 실렸다. 게재자는 호놀룰루, 하와이 매누아 대학교, 존 A. 번즈 의학전문대학원의 밀튼 다이어먼드 박사였다.

시그먼슨이 말한다. "그 광고를 봤지만, 연락 못 했어요."

1980년에 브렌다가 데이빗으로 전향하고 10년이 흐르는 동안 시그먼슨은 그 사례의 실상을 발표할까 말까 생각했다. 결국 하지 않은 이유는 간단했다. "나는 존 머니가 정말 무서웠어요"라고 그가 시인했다. "발표했다가 내 경력이 어떻게 될지 몰랐어요." BBC 다큐멘터리에 신원을 밝히지 않은 정신과 의사로 출연해서 그 쌍둥이가 심리적 적응에 "힘들어한다고" 밝히긴 했지만, 머니 같은 거물에 대놓고 맞서서 그 유명하고 영향력 있는 사례가 실패였다고 자기 이름을 걸고 논문을 쓰는 건 또 다른 문제였다. 결국 시그먼슨은 그렇게 하려는 생각을 접었다. 그런데 뜻밖에 다이어먼드의 광고를 보고 그 불편한 일이 생각났다. 처음에 시그먼슨은 연락할까 하다가 마음을 접었다.

머니도 이제는 그 사례를 논문 등에 거론하지 않았다. 1979년 10월에 BBC 기자들을 만난 후부터 논문, 책, 강연에서 일절 그 사례를 언급하지 않았다. 성 발달 학계는 갑자기 머니가 그에 관해 침묵하자 의아해했다.

버지니아 프린스는 선구적 복장도착자 활동가였고 남녀 성별 복장을 바꿔 입는 사람들을 위한 첫 잡지 〈트랜스베스티아 *Transvestia*〉를 창간했으며 이 쌍둥이 사례가 어떻게 귀결됐는지 궁금했다. 자신을 여성으로 받아들이는 데 그 사례가 지대한 영향을 미쳤기 때문이다. 원래 남자인 찰스 프린스로 태어났던 그는 십대 초반부터 여자 옷을 입으며 성적 만족을 느꼈고, 결혼해서 아들을 낳고도 밤에 은밀히 그걸 즐겼다. 프린스는 사십 대에 들어서부터는 24시간 내내 여자 역할을 하며 살기 시작했고 두 번째 결혼한 부인과 이혼하고 이름을 버지니아로 바꿨다. 그가 쌍둥이 사례를 처음 알았을 때는 이미 복장도착자로 완전히 "커밍아웃"한 다음이었지만, 그래도 그 아기의 성전환 이야기가 지대한 영향을 미쳤다고 말한다.

그가 처음에 그걸 알게 된 건 과학적 성 연구 협회(Quad-S) 모임 때였다. 그 성 연구자들과 행동가들의 협회에서 1970년대 초에 머니가 2년 동안 회장을 역임했다. 캘리포니아주, 팜스프링

스에서 열린 1972년 11월 Quad-S 행사 때 회장 머니가 그 쌍둥이 사례를 조금 언급했다. 워싱턴 D.C.에서 열릴 미국 과학 진흥 협회에서 전폭적으로 공개하기 한 달 전이었다.

프린스가 회상한다. "존이 쌍둥이 사진을 보여줬어요. 두 아이가 놀고 있는 사진도 있었어요. 여자아이는 머리에 나비 리본을 하고 작은 원피스를 입고 있었어요. 여자아이는 외발 수레에 앉고 남동생이 그 외발 수레를 밀었어요. 다른 사진에서 남자아이는 얼굴을 찡그린 채 사진에 잘 나오게 자세를 잡지 않은 반면에 여자아이는 똑바로 앉아서 미소지으며 카메라를 응시했어요. 마치 '나는 너무 행복해요'라고 말하는 듯했죠. 모두 그 사진이 뇌리에 남았어요."

프린스는 머니의 쌍둥이 사례를 성별이 생물학적으로 정해지지 않는 증거로 받아들였다. 프린스는 그 후 머니를 만날 때마다 쌍둥이는 어떠냐고 물었다. 그러면 머니는 흔쾌히 대답했다. 프린스가 말한다. "머니는 결과에 만족하면서 자부심이 있었어요." 그러나 10년 후 로스앤젤레스의 한 강연장에서 만났을 때부터 달라졌다. 그때는 머니가 그 사례를 언급한 지 한참 됐고 BBC 다큐멘터리에 관해 다이어먼드가 논문을 출간하기 전이었다. 프린스가 말한다. "내가 '그 쌍둥이는 어떻게 됐어요?'라고 물었어요. 그는 선뜻 말하지 않았어요. 그 질문이 좀 성가신 거 같았어요. 별말이 없었죠."

존스 홉킨스에서도 머니는 그 사례에 관해 입을 다물었다. 병원에서나 교실에서 쌍둥이에 관해 질문이 나오면 은근슬쩍 말을 돌렸고 학생이나 동료가 캐물으면 기자들이 "들이닥친 통에" 그 실험을 이제 더 "추적하지 못하게" 됐다고 했다. 머니의 학생이었던 하워드 드보어가 말한다. "머니는 그 가족 연구에 BBC가 돌이킬 수 없는 피해와 손상을 일으켰다고 했어요." 머니는 다른 제자 준 라이니쉬에게도 비슷하게 설명했다. 그는 1960년대에 머니에게서 배우고 나중에 킨제이연구소 소장이 됐다. 라이니쉬가 말한다. "머니는 그 가족이 BBC에 피해를 봤고 그게 머니 탓이라고 하면서 연락을 끊었다고 했어요."

그러나 그건 재닛 라이머의 기억과 다르다. 재닛은 BBC가 위니펙에 오고 난 후에도 머니와 계속 연락했다고 말한다. 재닛이 말한다. "나는 머니에게 편지를 써서 데이빗이 다시 남자아이로 돌아가고 있고 어떻게 지내고 있는지 얘기했어요. 그때 데이빗은 [병원에서 보상금을] 받아서 여자아이들과 데이트를 하고 있었어요. 아니, 데이트라기보다 그냥 어울려 다녔어요." 그랬더니 머니가 답장을 했다고 한다. "머니는 데이빗과 론에게서 소식을 듣고 싶다고 했어요. 그래서 나는 편지로 사실을 알렸어요. '론과 데이빗은 당신과 연락하고 싶지 않대요. 나는 당신에게 친구로서 사실을 말씀드리는 거예요. 거절감을 주고 싶지 않지만, 사실 그들은 당신과 얘기하고 싶지 않대요.'" 머니는 브렌다가 이제 데이빗이 됐다는 사실을 듣고 애써 중립적인 태도를 견지했다고 한다. 재닛이 말한다. "머니는 실망했다는 언질이 전혀 없었어요." 두 사람은 1980년대까지 계속 이따금 편지를 주고받았다. 머니는 짐바브웨에 갔던 얘기도 쓰고, 전립선암에 걸렸다는 얘기도 했고, 1986

년에 그의 심리 호르몬 연구부가 존스 홉킨스 본 캠퍼스에서 떨어져 나갔다고도 썼다.

머니는 그렇게 편지를 주고받고도 잊어버렸는지 학계와 의료계 동료들에게 그 사례가 어떻게 됐는지에 관해 "종적을 놓쳤다"라고 말했다. 그런 주장은 놀랍다. 왜냐면 다른 건 차치하고라도 라이머 가족은 1979년에 머니가 방문했던 그 집에 계속 살았고 머니가 전화했던 그 전화번호를 계속 썼기 때문이다.

머니는 1980년 다음부터 쌍둥이 사례를 직접 언급하지 않았지만, 음경이 없는 남자 유아를 성전환하는 게 타당하다고 계속 강연을 했고, 존스 홉킨스 병원도 계속 그 수술을 했다. 1970년대 중반에 샌프란시스코, 캘리포니아 대학교의 멜 그럼백 박사가 음경이 작은 남아의 다른 치료법을 개발했는데도 말이다. 그는 왜소음경증으로 태어난 남아의 음경에 출생 직후 테스토스테론을 주사하면 음경 크기가 커지는 걸 발견했다. 그 호르몬에 잘 반응하는 남아 환자의 음경은 길어져서 서서 소변을 보고 일반적인 성교를 할 수 있었다.

그럼백은 1976년 11월에 뉴욕주, 앨버니에서 열린 성 발달의 유전적 기제에 관한 제7차 연례 기형 출산 기관 심포지엄에서 그 발표를 했다. 그런데 놀랍게도 간성 치료 분야에서 독보적인 존스 홉킨스 병원은 새로운 치료법에 찬사를 보내지 않았다. 심포지엄 의장인 존스 홉킨스 소아 내분비과 의사 로버트 블리저드 (1966년에 브루스 라이머가 브렌다로 성전환하던 당시에 머니의 상담역) 는 존스 홉킨스 병원은 캘리포니아 팀의 치료법을 채택하지 않을 거라고 밝혔다. 블리저드는 심포지엄을 마칠 때 이렇게 말했다. "왜소음경증을 어떻게 치료할지에 관해 당장은 아니지만 몇 년 후면 결론이 날 겁니다. 그전까지 그럼백 박사 팀은 미국 서쪽 지역에서 그들이 생각하기에 옳은 걸 할 겁니다. 즉 그런 어린이를 남자로 기를 거고, 우리 팀은 미국 동부 지역에서 우리가 생각하기에 옳은 걸 할 겁니다. 즉 그런 어린이를 여자로 기를 겁니다."

그 후 오랜 세월 존 머니는 존스 홉킨스에서 가장 열렬히 블리저드의 결정을 옹호하며, 인터뷰, 강연, 책, 논문으로 왜소음경증 남아나 데이빗 라이머처럼 사고로 음경을 잃은 남아는 여아로 성전환하는 수밖에 없다고 주장했다. 머니는 1987년 9월에 미국 아동 건강 및 인간 발달 연구소 행사에서 그런 유아 성전환이 자신이 의료계에 기여한 가장 중요한 공헌이라고 말했다. 그건 미국 국립보건원이 머니를 25년 동안 국비 지원금을 가장 많이 받은 4대 과학자로 선정하는 행사였다. 머니는 수상 소감으로 미국 국립보건원 청중에게 이렇게 말했다. "남아가 자웅동체나 왜소음경증을 가진 경우, 그리고 포경 수술 사고로 음경이 제거되어 요도나 성기를 재건할 조직이 남아 있지 않을 때, 아기를 여아로 성전환해서 기를 수 있습니다. 성인기에 음경 없이 남성으로 사는 경우와 비교해보면 여성으로 살 때 만족도가 높습니다."

머니의 말이 의심스러운 이유는 최소한 두 가지다. (1) 만족도가 높다고 보여주는 체계적인 후속 연구를 머니나 존스 홉킨스에서 한 적이 그전에도 없었고 그 후에도 없었다. (2) 유전적으로 정상이지만 음경을 잃은 남아를 의사들이 여아로 성전환할 수 있다고 머니가 말할 당시에 유아기에서 성인기까지 추적한 유일한 사례는 브렌다 라이머인데, 그 실험은 벌써 7년 전에 완전히 실패로 끝났다. 브렌다가 데이빗이 됐기 때문이다.

# 14
## 밝혀지는 사실들

밀튼 다이어먼드는 1990년대 초에 왜 다시 그 쌍둥이에게 초점을 맞추기로 했는지 정확한 경위는 기억나지 않는다. 다만 왜 그 실험에 관해 아무 소리도 들리지 않는지 답답했었다. 다이어먼드가 말한다. "그때 제가 생각한 건 '이제 그 아이가 어른이 됐을 테니까 논문을 써야겠어'라는 거였어요."

게다가 머니가 또 동기를 유발했다. 1991년에 심리 호르몬 연구부에서 40년 동안 연구한 걸 집대성해서 《젠더 생물학과 자웅동체 쌍 비교 연구 *Biographies of Gender and Hermaphroditism in Paired Comparisons*》라는 책을 출간했기 때문이다. 그 책에서 여러 비교 연구 "쌍"을 제시하면서 인간의 성별 정체성은 생물학적 요인보다 사회적 학습으로 결정된다고 주장했다. 그런데 이상하게도 머니의 이론의 가장 결정적 테스트인 쌍은 그 책에 없었다. 쌍둥이 중 한 아이만 성전환을 한 경우 말이다. 머니는 그 책 서론에서 모든 자료를 담은 이 방대한 책에 그 사례가 빠진 이유는 오랜 숙적, 밀튼 다이어먼드의 계략 때문이라는 듯이 말했다.

머니의 말은 이랬다. "성별 정체성 기원 이론의 학계 라이벌이 수상한 미디어와 결탁했다." 그러면서 그 사례에 관해 다이어먼드가 1982년에 쓴 논문을 살짝 인용하고 다시 이렇게 썼다. "그렇게 해서 독보적으로 장기간 이뤄지던 일란성 쌍둥이 연구가 갑작스레 중단됐다. 텔레비전 탐정 놀이를 하는 BBC 팀이 학문적 논쟁을 방송하겠다는 욕심으로 쌍둥이 가족의 거취를 알아내서 비윤리적으로 사생활을 침해했기 때문이다." 머니는 1980년에 브렌다가 데이빗이 됐다는 사실은 일언반구도 언급하지 않은 채 그 사례 연구가 다이어먼드 때문에 갑자기 종료됐다는 식으로 말했고 그 후로 이 사례를 일절 언급하지 않았다.

그러자 당연히 다이어먼드는 쌍둥이 실험에 대한 이런 암시적 비아냥이 마지막 기록이 되게 내버려 둘 수 없었다. 학계가 머니의 견해를 받아들였다는 게 그 해 출간된 다른 책에 명백히 나타났기 때문이다. 《존 머니: 기념 문집 *John Money: A Tribute*》이 존 머니의 70회 생일을 맞아 출간됐다. 그 책에서 오랜 추종자들은 머니의 학문적 업적에 찬사를 보냈다. 그중에 앤크 얼하트와 준 라이니쉬가 있었고, 존 뱅크로프트 박사도 과도한 찬사를 보냈다. 그는 스코틀랜드 로열 에든버러 병원의 정신과 의사였고 지금 킨제이연구소 소장이다. 그는 생물학적 요소보다 양육 방식이 성적 지향을 결정한다고 보는 행동주의자의 관점으로 임상 치료를 했고, 영국에서 성 치료를 하면서 혐오 치료법으로 성인 동성애자를 양성애자로 바꾸는 실험을 했지만, 무위로 끝나고 말았다. 그는 머니의 공로를 기리는 글에서 "다이어먼드가 계속 공격한다"고 신랄하게 비난하면서 다이어먼드가 BBC 방송에서 브렌다가 심리적 어려움을 겪고 있다고 말했지만 그게 신빙성이 있는지 모르겠다고 의심했다.

밴크로프트는 이렇게 썼다. "머니는 그 쌍둥이의 발달 과정을 지속적으로 보고했는데, 그 발달 과정은 그가 이론적으로 예상한 대로였다. 그러나 그 쌍둥이의 사춘기 직전부터 학계에 공식적인 보고가 없었고 (머니가 아닌 다른 데서 나오는) 소문만 무성했다. 그 소문은 그 아이가 발달 과정에 어려움을 겪고 있다는 거였다." 밴크로프트는 머니가 10여 년 동안 그 사례에 관해 침묵한 이유를 변호했다. 그건 연구 대상자의 정서적 건강을 우려해서라는 거였다. 밴크로프트는 이렇게 썼다. "이같이 한 개인이 학계에서 (이 경우에는 대중매체에서도) 초미의 관심사가 되면 한 걸음 물러서서 침묵하며 보호해줄 필요가 있다. 논란이 분분한 이론의 검증 대상이 된다는 건 매우 어려운 일일 테니 말이다!"

밀튼 다이어먼드는 그렇게 학문적 신뢰성을 의심받는 마당에 물러서서 침묵할 수 없었다. 그는 이미 1970년대 말부터 80년대까지 내분비과나 정신과 의사들에게 그 사례를 아는지 정기적으로 문의하고 최소한 한 번 광고도 냈지만, 이제 그 쌍둥이가 어떻게 됐는지 알려고 더욱 애썼다.

다이어먼드는 BBC를 통해 그 사례를 진찰한 의사의 이름이 도린 마기라는 걸 듣고 봄에 전화했다.

그때는 마기가 브렌다를 진찰했던 때부터 14년이 지난 후였다. 마기는 그 실험의 최종 결과는 모른다고 했다. 그러나 브렌다의 정신과 치료를 계속 감독하는 의사의 전화번호를 알려줬다. 그 사람은 키잇 시그먼슨이었다.

다이어먼드가 킥킥 웃으며 말했다. "내 전화를 받고 시그먼슨이 처음 한 말이 생각나요. 요컨대 '나는 왜 당신이 전화를 안 하는지 궁금했어요'라는 거였죠."

그 무렵 시그먼슨은 브리티시컬럼비아주, 빅토리아에 살고 있었고 그 지역 아동 정신과 과장이었다. 시그먼슨이 회상한다. "미키가 '키잇, 우리는 이걸 해야 해요'라고 했어요." 처음에 시그먼슨은 고사하려 했지만, 다이어먼드가 "계속 좀 졸랐다"라고 했다.

일반적으로 그 성전환 사례가 성공했다고 알려졌지만 시그먼슨은 결과가 어떤지 직접 봤다. 그래서 남아를 여아로 바꾸는 건 방향이 잘못됐다고 다이어먼드가 주장하는 데 동의하고 싶었지만, 다른 동료들이 다이어먼드를 도끼를 든 "광신자" 같다고 해서 주저했다. 그러나 시그먼슨은 다이어먼드와 이야기를 나누고 다이어먼드의 학술지 논문을 읽어보고서 생각이 바뀌었다. "나는 미키가 성실한 연구자이고 사람을 아낀다는 걸 알게 됐어요. 미키는 머니의 이론 때문에 많은 어린이가 큰 해를 당한다고 생각했어요." 그래서 시그먼슨은 다이어먼드의 제안에 따라 데이빗 라이머에게 후속 논문을 쓰는 데 협조할 의향이 있냐고 물어보기로 했다.

데이빗은 그 봄에 시그먼슨의 전화를 받은 후의 심경에 관해

"처음에는 어떻게 해야 좋을지 잘 몰랐어요"라고 말했다. 그 당시 데이빗은 결혼한 지 채 1년도 안 됐고 바라는 건 오로지 괴로운 과거에서 벗어나는 것뿐이었다. 그러나 시그먼슨의 끈질긴 설득에 데이빗은 마침내 다이어먼드를 만나서 무슨 일인지 들어보기로 했다. 그래서 다이어먼드는 위니펙으로 날아가서 데이빗을 만났다. 동네 식당에서 함께 점심을 먹으면서 데이빗은 자신이 학계에서 유명하다는 걸 처음 들었다. 게다가 그의 사례가 성공으로 보고되는 바람에 그걸 근거로 수천 건의 성전환이 이뤄졌고 지금도 이뤄지는 중이라고 했다. 데이빗은 다이어먼드가 했던 말을 이렇게 회상한다. "'당신이 겪은 일을 지금도 겪는 사람들이 매일 있어요. 그래서 우리는 그걸 막으려고 해요.'"

데이빗은 깜짝 놀랐다. 그는 이렇게 말한다. "나 혼자뿐인 줄 알았는데 다이어먼드는 나를 근거로 그런 수술이 많이 이뤄지고 있다고 했어요. 그래서 나는 미키에게 협조해야겠다고 마음먹었어요." 이유는 또 있었다. 다이어먼드는 데이빗의 고통을 초연하게 학문적으로만 보지 않았다. 데이빗이 말한다. "내 삶을 좀 얘기했더니 미키가 눈물을 보였어요."

그다음 해까지 데이빗, 그리고 그의 아내와 어머니는 다이어먼드와 시그먼슨에게 남자에서 여자가 됐다가 다시 남자로 돌아온 괴로운 과정을 털어놓았다. 다이어먼드는 그 인터뷰 내용과 아동 지도 클리닉에 쌓인 상세한 기록을 토대로 주 저자로서 논문을 썼다. 라이머 가족의 이름, 사는 지역, 지역 의료진의 이름은 공개하지 않고 데이빗을 두 가지 가명으로 부르기로 했다. 데이빗의 두 가지 삶을 소개할 때 남성형으로 해야 할지, 여성형으로 해야 할지 고민하다가, 결국 브렌다일 때는 조운으로, 유전적 성별로 회귀한 다음에는 존으로 부르기로 했다. 그로부터 2년 후 다이어먼드는 나와 대화하다가 그 이름에 관해 언뜻 깨달았다. 존과 조운이라는 이름은 머니의 중요한 동료였던 존, 조운 햄슨 박사 부부의 이름과 우연히 일치했다. 다이어먼드는 절대로 일부러 그런 건 아니라고 했다.

1994년 겨울에 그 논문을 써서 데이빗의 삶이 오히려 머니가 주장한 것에 정반대 증거라는 걸 밝혔다. 캔자스팀이 1950년대에 했던 고전적 연구를 인용하면서, 데이빗 사례는 성별 정체성과 성적 지향이 주로 선천적이며 출생 전 뇌 및 신경계가 호르몬이나 다른 유전적 영향을 받아서 생기고 성전환에 한계가 있음을 보여준다고 했다. 또 양육 방식에 따라 남성성이나 여성성 표현이 영향을 받긴 하지만, 자연적 성향과 양육 방식 중에서 자연적 성향이 훨씬 더 강하게 영향을 미쳐서 남자나 여자로 자신을 인식하게 된다고 했다.

그 논문은 데이빗의 사례를 들어 성별이 신경생물학적으로 결정된다는 증거를 제시했을 뿐 아니라 모든 신생아에게 성전환 수술이 위험하다고 경고했다. 데이빗처럼 태어날 때 생식기와 신경계가 정상이었던 신생아만이 아니라 모든 신생아에게 그런 수술은 위험하다. 가령 간성으로 태어난 신생아에게도 그런 수술은 똑같이 잘못이다. 그 신생아의 성별 정체성이 어느 쪽으로 분화될지 의사가 예측할 수 없기 때문이다. 그런 신생아에게 어느 한쪽으로 성전환 수술을 하면 최소한 절반의 경우에는 데이빗처럼 힘들 수 있다. 다이어먼드는 논문에 그렇게 썼다.

이어서 다이어먼드와 시그먼슨은 모호한 생식기로 태어난 아기를 위한 새로운 지침을 제시했다. 여하튼 어린이를 남자나 여자 중 어느 한쪽으로 키우는 게 중요하므로 어느 한쪽으로 성별을 부여하되 그건 머리카락 길이, 옷차림, 이름 등으로만 하라고 했다. 돌이킬 수 없는 수술을 하는 건 어린이가 자라서 어느 성별이 자기에게 더 맞는지 알고 의사를 분명히 표현할 수 있을 때까지 기다리라고 했다. 다이어먼드는 그걸 간단하게 이렇게 말했다. "어린이를 일관되게 어느 한 성별로 기르되 칼은 대지 마세요."

다이어먼드는 그런 논문을 쓰면 머니의 보복을 부를 걸 알았다. 그래서 위험성을 줄이려고 데이빗이 한 말 중에서 유명한 심리학자 머니에 대한 언급은 다 뺐다. 다이어먼드가 말한다. "그래서 머니의 이름은 딱 한 번만 나와요. 나는 인신공격을 하는 게 아니라 이론을 토론하고 싶을 뿐이었어요."


그런데 다이어먼드와 시그먼슨이 그 논문을 실을 학술지를 찾기까지 무려 2년이 걸렸다.

시그먼슨이 말한다. "학술지들에서 이건 너무 논란을 일으킬 주제라고 했어요. 〈뉴잉글랜드 저널 *The New England Journal*〉과 〈미국 의료협회지 *The Journal of the American Medical Association*〉에서 그렇게 말했어요." 그러나 마침내 미국 의료협회의 〈소아 청소년 의료 자료집 *Archives of Pediatrics and Adolescent Medicine*〉에서 1996년

9월에 논문을 받아줬고 1997년 3월에 게재한다고 했다. 그 사이 몇 달 동안 다이어먼드와 시그먼슨은 폭풍 전야의 긴장을 느꼈다. 시그먼슨이 말한다. "의사들이 30년 동안 잘못했다고 말하면 많은 사람이 화낼 게 뻔했죠."

예상대로 어떤 사람들은 그 논문을 비판하고 가치 절하 하면서 다이어먼드가 데이빗의 이야기를 이용해 학계의 경쟁자 머니에게 한 방 먹이려는 것뿐이라고 했지만, 최소한 한 명의 의사는 달랐다. 게재되기 전의 논문을 본 닥터 윌리엄 라이너는 강력히 동의하는 편이었다. 그는 2년 전에 성전환 환자에 대한 사상 최초의 폭넓은 장기적 후속 연구를 시작했다. 라이너는 소아 비뇨기과 전공의로서 18년 동안 캘리포니아에서 간성 어린이의 생식기를 소위 '정상화' 하는 수술을 집도했다. 그러면서도 존스 홉킨스의 치료 모델에 대해 처음부터 일말의 의구심이 들었다. 라이너가 말한다. "내가 진료한 어린이 환자 중에 유아들, 두 살, 네 살, 여덟 살, 열여섯 살이 있었어요. 선천적 기형인 그 아이들의 비뇨기 상태를 장기적으로 관찰했어요. 그래서 아이들과 가족이 어떤 영향을 받는지 비교적 빨리 파악할 수 있었어요." 그러다 1986년에 진료한 환자를 통해 인생이 바뀌었다.

미국에 이민 온 라오스 몽족 14세 소녀가 자기는 "여자가 아니라고" 하면서 고등학교를 중퇴하겠다고 했다. 그 아이는 외모나 신체 구조는 완전히 여자이지만 항상 여자아이들의 놀이를 거부하고 중성적인 옷을 입었다. 사춘기에 이르자 성별을 남자로 바꾸겠다는 뜻이 분명해졌다. 그래서 생식기 성형 수술 상담 차 라이너가 그 아이를 만났는데, 그 아이는 자기가 원하는 대로 해주지 않으면 자살하겠다고 으름장을 놓았다.

라이너가 말한다. "그 아이를 철저히 검사했어요." 놀랍게도 결과는 생물학적 남자로 나왔다. 46XY 남자인데 희귀한 염색체 때문에 생식기가 남자로 분화되지 않았던 거다. 라이너는 성전환 수술을 했고, 그 후 아이는 자신의 DNA에 맞는 남자로 수월하게 살아갔다. 그 사례를 보고 라이너는 그동안 가졌던 생각이 확신으로 굳어졌다. 즉 사람의 심리 성적 정체성에 생물학적 요소가 영향을 미치며, 사회나 환경, 양육으로 쉽게 바뀌지 않는다. 그러나 그건 그가 학교에서 배운 것과 달랐다(모든 소아 비뇨기과 의사, 내분비과 의사, 정신과 의사, 심리학자도 마찬가지였다). 그 사례를 계기로 라이너는 불편한 진실에 도달하게 됐다. 그동안 간성 어린이가 태어나자마자 어느 한쪽으로 수술한 건 잘못이라는 거였다. 라이너는 1996년 〈미국 아동 청소년 정신의학 아카데미 저널 *Journal of the American Academy of Child and Adolescent Psychiatry*〉에 그 몽족 청소년 사례 논문을 실어서 동료 의사들에게 생물학적 요소보다 양육이 인간의 성별을 결정한다는 오래된 이론이 위험하다고 경고했다.

라이너는 다른 것도 했다. 18년 동안 외과 의사로 일하다가 이제 메스를 내려놓았다. 그는 인간의 심리 성적 발달과 간성을 전문으로 하는 정신과 의사로 다시 교육을 받았다. 그리고 1995년에 존스 홉킨스의 정신과 조교수가 되어 성전환 이후 장기적, 심리 성적 결과를 연구했다. 라이너는 열여섯 명의 환자를 추적했고, 특히 유전적으로 남자이지만 선천적으로 음경이 없이 태어나서 거세하고 여자로 길러진 여섯 환자에 초점을 맞췄다. 2년 동안 연구해보니, 성전환한 그 여섯 남자아이 모두가 태도나 행동이 여성보다 남성에 가까웠다. 그중의 두 명은 자신이 XY 남성 염색체를 가진 걸 몰랐을 때 자발적으로 남아로 돌아갔다.

라이너가 내게 말했다. "그 어린이들은 음경이 없었고 여아로 길러졌지만, 자신이 남아라는 걸 알았어요. 그 아이들은 '나는 남자이고 싶어'라거나 '나는 남자가 될래'라거나 '나는 내가 남자라고 생각해요'라고 한 게 아니라 '나는 남자야'라고 했어요." 라이너는 자신이 연구한 어린이들과 데이빗 라이머가 유사하다고 강조했다. 데이빗도 브렌다로 자랐지만, 자신이 남자라는 걸 그냥 "알았다." 라이너는 〈소아 청소년 의료 자료집〉에 다이어먼드와 시그먼슨의 존/조운 논문을 지지하는 논평을 썼다.

오늘날 라이너는 데이빗의 사례나 자신의 연구 결과를 보면 신경생물학적 영향이 성별 정체성과 성적 지향에 가장 큰 영향을 미친다고 말한다. 그는 이제는 고전이 된 1971년 옥스퍼드 대학교의 연구를 근거로 든다. 그 연구에서 수컷 쥐의 뇌와 암컷 쥐의 뇌에 해부학적 차이가 있었다. 그로부터 6년 후 UCLA에서 한 연구를 보면 구체적으로 시상하부의 세포군이 달랐다. 1980년대 중반에 암스테르담에서 한 연구에서는 인간의 시상하부에서 어느 부위가 다른지 알아냈다. 동성애자는 그 부위가 양성애자보다 두 배 컸다. 후속 연구들도 그 사실을 지지했다. 1993년, 1995년, 딘 헤이먼의 발표를 보면, 남성 동성애자 형제의 두 사례를 연구했더니 X 염색체에 특이한 패턴이 있었다. 그 발견은 유전적 요소가 성적 지향에 영향을 미친다고 시사했다.

헤이머의 연구를 다른 과학자들이 반복해서 입증하지는 못했지만, 인간이 선천적으로 특정 성별로 행동하고 특정 성별과 동일시하는 경향이 있다는 증거가 계속 늘어나고 있으며 반론은 별로 없다. 라이너가 말한다. "남아가 정상적으로 기능하는 고환을 가지고 태어나면 대부분 남성적 뇌를 갖는다는 게 상당히 분명합니다." 라이너는 다이어먼드와 시그먼슨의 제안을 지지한다. 다이어먼드와 시그먼슨은 음경 손실이나 간성의 경우에 수술을 유보하고 임시적 조치만 취해서 만일 나중에 어린이가 다른 성별로 살고 싶어 하면 바꿀 수 있게 하라고 했다. 라이너는 그런 치료법이 존스 홉킨스에서 머니와 그 동료들이 주창한 치료법과 정반대라고 말한다. 존스 홉킨스에서는 의사가 어린이의 성별 정체성을 분명히 정해주고 만일 어린이가 의심하면 양육자가 단호히 무시하라고 했다. 라이너는 존스 홉킨스에서 벌써 수십 년 동안 그런 모델로 치료했지만, 데이빗의 사례나 자신이 연구한 사례들을 근거로 존스 홉킨스의 치료법을 재평가해야 한다고 말한다. 라이너가 말한다. "우리는 어린이가 하는 말을 들어보아야 해요. 어떻게 하는 게 옳은 건지 어린이가 말해줄 거예요."

다이어먼드와 시그먼슨의 논문이 1997년 3월 〈소아 청소년 의료 자료집〉에 실리기 전에 미국 의료협회 공보부는 엄청난 일이 일어날 걸 언론에 미리 알렸다. 그 논문을 실은 학술지가 출간

되던 날 〈뉴욕 타임스〉는 "성별 정체성이 가변적이지 않다는 연구가 발표됐다"라고 대서특필했고 그 기사를 쓴 내털리 앤지어는 데이빗의 삶이 "그것을 대표적으로 보여준다"고 했다. 〈타임〉 매거진도 24년 전에는 데비잇의 사례가 성공이라고 보도했었지만, 이제는 전면 기사로 "전문가들이 완전히 틀렸다"고 선언했다. 비슷한 뉴스들이 전 세계에 보도되자 곧 다이어먼드와 시그먼슨에게 존/조운으로 알려진 그 젊은이와 인터뷰할 수 있냐는 문의가 여러 나라 기자들로부터 쇄도했다.

데이빗은 두 텔레비전 뉴스매거진 프로그램에 출연하기로 동의했다. ABC TV의 〈프라임타임 라이브 *Primetime Live*〉에 검은 실루엣으로만 나오고, 캐나다 국영 방송 다큐멘터리에는 얼굴을 모자이크 처리해서 나오기로 했다. 그중에서 두 번째 녹화가 1997년 6월에 뉴욕에서 있었는데, 그때 다이어먼드와 시그먼슨이 나를 데이빗에게 소개해줬다. 두 연구자가 데이빗을 인터뷰하고 싶어 하는 많은 기자의 명단을 줬더니 데이빗이 (로큰롤 팬이라서) 〈롤링 스톤 *Rolling Stone*〉의 기자인 나를 선택했던 거다.

그 첫 만남 때 데이빗은 신경이 곤두서 있었고 방어 태세였다. 그는 어릴 때 경험 때문에 낯선 사람을 잘 믿지 못한다고 했지만, 나중에 하드락 카페에서 함께 맥주를 마시면서 좀 느긋해졌다. "캄캄한 구덩이" 속에 살던 어린 시절에 부모님과 동생이 힘이 됐다고 했다. 데이빗의 엄청난 유머 감각도 살아남는 데 한몫했던 것 같다. 데이빗은 동생은 몸무게가 더 나가고 약간 대머리가 되고 있다고 하면서 "나는 젊고 멋진 엘비스고, 동생은 뚱뚱하고 늙은 엘비스예요"라고 쿵쿵거리는 음악 속에 외쳤다.

무엇보다도 인상적이었던 건 데이빗이 매우 남성적이라는 거였다. 몸짓, 걸음걸이, 태도, 취향, 말투 등 어느 것 하나 여자로 자랐다고 보이지 않았다. 그런 특별한 어린 시절 때문에 여자를 잘 알게 됐냐고 물었더니 데이빗은 아니라고 한 마디로 일축해버렸다. 사람은 생각이 중요한데, 데이빗은 자신을 여자로 생각했던 적이 전혀 없어 보였다. 브렌다였다가 열네 살 때 바뀐 건 겉으로 이름뿐이라고 했다. 양쪽 유방 절제 수술, 두 번의 음경 재건 수술, 그리고 거세 때문에 평생 테스토스테론을 맞아야 하는 건 별것 아니라고 여기는 것 같았다. 데이빗이 말했다. "내가 크게 달라진 건 이름뿐이에요. 나머지는 다 지엽적이에요. 망가진 걸 복구한 것뿐이에요. 그게 전부예요."

1997년 여름과 가을 내내 데이빗의 이야기가 언론에 보도됐다. 그러자 그동안 무분별하게 이뤄진 유아 성전환에 대해 논란이 일어났다. 1955년에 머니가 발표한 유아 성전환 지침 후 태어난 간성인들이 이제 30대, 40대가 됐다. 그들은 유아기에 소위 생식기 정상화 수술, 성전환 수술을 받았고 이제 자신의 삶에 관해 공식적으로 발언하고 나섰다.

그들은 벌써 4년 전부터 공개적으로 목소리를 내고 있었다. 그렇게 된 건 한 사람의 노력 덕분이었다. 샌프란시스코가 주 무대인 활동가 셰릴 체이스는 1990년대 초부터 간성 치료가 변화되어야 한다고 촉구하며 로비 활동을 해왔다. 그러나 체이스는 "별 성과가 없었어요"라고 말한다. 그녀는 짧은 머리카락에 좀 냉철

하게 보였지만 사실은 열정적인 활동가였다. "그러다 존/조운 사례가 터지고 나서 확 달라졌어요."

체이스가 1956년에 뉴저지주 교외 중산층 주거지역에 태어났을 때 전형적인 모호한 생식기 사례였다. 음경과 고환 대신에 요도 뒤에 질 같아 보이는 입구가 있었고, 음경 같아 보이는 것의 크기와 형태는 음핵으로 보일 수도 있고(여자로 성이 결정되는 경우) 왜소 음경으로 보일 수도 있었다(남자로 성이 결정되는 경우). 의료진은 사흘 동안 심사숙고하고서 부모에게 체이스를 남자로 기르라고 했다. 그래서 찰리라는 이름도 지었다. 그러나 그녀의 부모는 찰리의 특이한 생식기 때문에 고민하다가 1년 반 후에 다른 전문가들에게 상담을 받았다. 그들은 그녀의 성별을 여자로 정해주면서 아기가 행복하고 건강하고 정상적인 여자로 자랄 거라고 했다. 부모는 아기의 이름을 찰리에서 셰릴로 바꿨고, 의사들이 아기의 음핵을 제거했다.

데이빗 라이머처럼 체이스도 태어날 때 자신의 성별이 어떤 상태였는지 모르고 자랐다. 그래서 데이빗처럼 그녀도 어릴 때 정체불명의 이상한 수술과 생식기 및 항문 검사를 자주 받았다. 데이빗처럼 그녀도 성별 정체성에 혼란을 겪었다. 체이스가 말한다. "나는 총과 무전기에 더 관심이 많았어요. 아이들을 사귈 때 주로 남자아이들과 사귀었고, 나의 남자 형제를 신체적으로 이기려고 했어요. 그러나 나는 남자아이들하고도, 여자아이들하고도 잘 맞지 않았어요. 친구들이 나를 왕따시키고 따돌리고 항상 놀려댔어요." 셰릴이 열 살이 되자 부모는 정신과 병원에 데려갔고 의사는 셰릴이 장차 아내와 어머니 역할을 하도록 준비시켰다. 그러나 사춘기를 앞둔 셰릴은 여자에게 끌리는 걸 자각했다.

체이스는 열아홉 살이 되자 스스로 의학적 조사를 좀 해서 자신이 어릴 때 음핵절제술을 받았다는 걸 알게 됐고 자신의 과거 의료 기록을 찾기 시작했다. 그러나 어이없게도 의사들은 그녀가 태어날 때 어땠는지 밝힐 수 없다고 했다. 그녀의 진료 기록을 보여주겠다는 의사를 찾기까지 무려 3년이 걸렸다. 그제야 체이스는 자신이 "진성 암수동체"로 분류됐다는 걸 알게 됐다. 그건 생식샘이 난소와 고환 조직을 둘 다 가진 경우다. 또 태어나서 처음 18개월 동안은 찰리라는 이름의 남자 아기였는데 부모, 의사, 일가친척, 지인이 다 공모해서 비밀에 부쳤다는 것도 비로소 알게 됐다. 또 여덟 살 때 (배 아프지 않게 하려는 거라면서) 받았던 수술이 생식샘의 고환 부분을 잘라내는 수술이었다는 것도 알게 됐다.

체이스는 그렇게 무지막지하게 속은 것에 경악과 분노를 금치 못했고 음핵이 없어져서 오르가슴도 못 느끼게 된 걸 통탄하면서 같은 처지인 사람들을 찾기 시작했다. 의학 저널과 매거진, 신문 편집자들에게 편지를 쓰고 위기 상담 번호에 전화를 걸고 마지막으로 웹사이트를 통해 미국 전역에 있는 간성인들의 네트워크를 만들었다. 체이스는 1993년에 그 그룹을 북미 간성인 협회(ISNA: Intersex Society of North America)로 명명했다. 그건 간성인을 지원하고 변호하는 활동가 그룹이었다. 1999년까지 거의 400명에 달하는 전 세계 간성인들이 연락해왔다. 그중 많은 사람이 체이스와 똑같은 사연을 가지고 있었다.

나는 체이스와 ISNA 회원들을 1997년 봄에 만났다. 그들은 뉴욕에 있는 컬럼비아 장로교 병원 앞에서 평화 시위 중이었다. 그곳은 체이스가 어릴 때 음핵 절제 수술을 받은 곳이었다. 그들을 만나면 우리에게 익숙한 남녀 이분법으로 성별을 생각하는 게 불가능한 세계에 들어가게 된다. 가령 하이디 월커트는 유전적으로 XY 염색체를 가진 남성이지만 태어날 때 흔적 자궁, 나팔관, 신체 내부에 묻힌 정관, 왜소 음경이 있었다. 그래서 그녀는 자신을 "진정한 미국식 젠더 퀼트 작품"이라고 했다. 마사 커번트리는 비정상적으로 큰 음핵을 가지고 태어났지만 여성 생식기 기능이 완전해서 두 딸을 낳았다. 키이라 트리아는 두 살 때 남자로 성이 지정된 후 자신이 간성인 걸 모르고 크다가 사춘기에 갑자기 음경을 통해 월경이 시작됐다. 그래서 머니 박사의 심리 호르몬 연구부로 옮겨져서 네 살부터 열일곱 살까지 치료를 받았다. 그건 1970년대 중반이어서 브렌다 라이머가 거기서 치료받은 시기와 일치한다.

키이라와 데이빗은 서로 만나거나 말한 적이 없지만, 키이라의 사연은 깜짝 놀랄 정도로 데이빗과 유사하다. 머니 박사는 키이라가 남성의 성별 정체성을 가졌는지, 여성의 성별 정체성을 가졌는지 알아내려고 키이라의 성생활에 관해 질문했다고 한다. 특유의 노골적인 표현으로 말이다. "성교를 해봤니?" "누구와 성교를 하고 싶니?"라고 말이다. 또 머니는 사무실에서 프로젝터로 포르노 영화를 보여줬다고 한다. "그는 내가 영화 속의 누구와 동질감이 있는지 알고 싶어 했어요"라고 키이라가 말한다.

머니는 간성 아기를 남자로 키우면 반드시 남성의 성별 정체성을 가질 거라고 주장했지만, 그와 달리 트리아의 성 의식과 자의식은 훨씬 더 복잡했다. 트리아는 열네 살 때 존스 홉킨스에서 여성화 수술을 받고 여성 생식기를 모방하기로 동의했지만, 서른두 살에 처음 성적 활동을 하게 됐을 때 여자들에게 끌렸다.

　　체이스의 그룹에 있는 다른 간성인들도 그와 비슷하게 성 의식이 복잡했다. 맥스 베크는 처음에 쥬디라는 이름의 여자아이로 성별이 지정되어 길러졌다. 쥬디는 남성적 생각, 성향, 행동, 태도가 강했지만, 부모와 일가친척의 걱정을 덜어주려고 지정받은 대로 여자로 살려고 애쓰느라 이십 대 초에 결혼도 했다. 그러나 서른두 살에 에스트로겐 투약을 멈추고, 이름을 맥스로 바꾸고, 테스토스테론 패치를 붙이기 시작했다. 그러나 맥스는 지금도 단순히 남자이기를 거부한다. 그는 최근에 내게 이런 이메일을 보냈다. "사실 나는 항상 간성이라고 느껴요. 그냥 단순히 '남성'이라고 하는 건 그게 편해서 타협한 거고, 에스트로겐보다는 테스토스테론이 더 맞는 호르몬일 뿐이에요." 체이스의 그룹에 참여하는 모든 간성인이 아기 때 성별이 지정이 된 건 아니다. 가령 하워드 드보어 박사는 심리학자이고 1980년대에 존 머니 밑에서 배웠다. 그는 1958년에 심각한 요도 밑열림과 고환 불강하 및 미발달로 태어나 남자로 길러졌다. 생후 3개월부터 아동기 내내 열여섯 번의 "정상화" 수술을 받는데, 그건 음경의 모양을 최대한 그럴싸하게 갖추는 수술이었다. 드보어는 그 경험이 정서적으로 피폐하게 하는 쓸데없는 거였다고 말한다. 그의 생식기는 지금도 여전히 정상처럼 보이지 않고 자주 입원하느라 받은 심리적 상처가 너무 커서 차라리 특이한 모양의 생식기를 받아들이도록 상담을 받는 게 훨씬 나았을 거라고 한다. 그러나 드보어는 머니에게 그런 주장을 발설하지 않았다. "존과 싸우면 안 된다는 걸 일찍이 알아챘어요. 그는 엄청나게 화를 내면서 맞선 걸 뼈저리게 후회하게 만드니까요."(드보어는 '존/조운' 사건이 드러나고 나서야 자신이 간성이라고 공개하고 전 지도교수에게 공개적으로 맞설 용기가 생겼다.)

자신의 사연 및 다른 간성인들의 사례를 근거로 체이스는 존스 홉킨스가 주창한 간성 치료법의 위험성을 의료계에 알렸다. 북미 간성인 협회가 천명한 목표는 왜소 음경 남아들의 거세 및 성전환 금지만이 아니라 유아 생식기 성형 수술을 전면 금지하는 거였다. 체이스는 생명을 구하는 데 필요하다면 생식기 수술에 반대하지 않지만, 불필요한 생식기 성형 수술을 신생아에게 해서 성기능이나 생식 기능에 돌이킬 수 없는 결과를 초래하는 것은 다 "야만적"이라고 비난했다. 궁극적으로 "다르면 괴물이라는 생각을 끝내려" 한다고 했다.

체이스가 그런 활동을 해보니 그 분야의 영향력 있는 인물들이 예상외로 호응하지 않았다. 존 머니도 그랬다. 체이스가 내게 말했다. "나는 그에게 여러 번 정중하게 편지를 써서 그의 입장이 뭔지 밝혀달라고 했지만, 매번 돌아오는 답장은 나와 얘기할 시간이 없다고 귀퉁이에 갈겨쓴 것뿐이에요."

체이스는 아메리카 소아과 학회(AAP)에도 편지를 썼다. 미국, 캐나다, 남미의 5만 5천 명이 넘는 의사가 회원이었다. 이 단체는 머니의 간성 치료 지침에 오랫동안 찬성해왔다. 체이스는 1995년에 아메리카 소아과 학회에 편지를 썼다. "귀 협회에서 제시하는 모델에 따라 치료를 받은 많은 사람이 힘들게 살고 있다는 걸 알려드립니다. 우리 간성인들은 북미 간성인 협회를 통해 대화를 나눠왔습니다.... 현재의 치료법으로는 간성을 수치스러워하고 쉬쉬하는 게 끝나지 않습니다.... 우리는 여러분과 허심탄회하게 대화를 나누고 싶습니다. 간성 치료를 받았던 사람들이 지금 조직을 만들어 목소리를 내고 있고 현재의 모델에 반대한다는 걸 간성에 관해 가르칠 때 언급해주시기 바랍니다."

아메리카 소아과 학회는 답장이 없었다. 체이스는 1996년에 다시 편지를 썼지만 역시 무반응이었다. 그해 10월에 체이스와 북미 간성인 협회 회원들은 보스턴에서 열리는 아메리카 소아과 학회 컨퍼런스장 앞에서 시위했다. 아메리카 소아과 학회 임원진이 시위대를 직접 만나지는 않았지만, 시위를 취재하는 기자들과 시위대에게 이런 보도 자료를 배포했다. "아메리카 소아과 학회는 60여 년 동안 어린이의 목소리를 대변해왔고 간성인들의 우려를 알며 그들의 필요에 민감히 대처하려고 합니다." 그러면서도 아메리카 소아과 학회는 간성 치료 방침을 바꾸지 않겠다고 하면서 머니가 1950년대부터 연구한 자료를 인용해 자신들의 입장을 방어했다.

또 체이스는 전 미국 보건 총감 조이슬린 엘더즈에게도 읍소했다. 그녀는 클린턴 행정부에서 일하기 전에 아칸소주에서 20년 넘게 소아 내분비과 의사로 일하면서 성별이 모호한 신생아들에게 머니의 간성 관리 방침에 따라 시술했다. 엘더즈도 체이스의 편지에 무반응이었다.

체이스는 마침내 1996년에 〈뉴욕 타임스〉를 설득해서 한창 일어나는 간성 운동에 관해 특집 기사를 쓰게 했지만, 그 기사에서도 의료계 집필진은 북미 간성인 협회가 제기하는 문제를 묵살했다. 존스 홉킨스 아동 비뇨기과 과장인 존 기어하트 박사는 북미 간성인 협회를 "극단적" 집단으로 매도했다. 그러나 1997년 여름에 나와 대화를 나눌 때는 달랐다. 그때는 다이어먼드와 시그먼슨이 쌍둥이 사례가 실패라는 논문을 써서 미디어가 한창 소용돌이에 휩싸였을 때였다. 기어하트는 북미 간성인 협회와 데이빗의 경우를 좀 더 현명하게 다루게 됐다. 그는 왜소 음경으로 태어났거나 사고로 음경을 잃은 남아가 성전환을 선택할 수 있다고 하면서도 현재는 음경 성형술이 크게 발전해서 그걸 별로 권장하지 않는다고 했다. 그가 내게 말했다. "만일 오늘 존/조운 사례가 일어났다면 나는 이렇게 말할 거예요. '그래도 아이에게 고환이 있으니 정상 남아예요.' 그러면서 나는 아이의 성별을 바꿀 수 있다고 얘기해주겠지만, 그걸 권장하지는 않을 거예요. 왜냐면 존/조운 사건 이후 생식기 성형술이 비약적으로 발전했기 때문이죠."

그러면서 기어하트는 의료 기술이 발전해서 북미 간성인 협회가 우려할 필요가 없어졌다고 말했다. "북미 간성인 협회 사람들이 수술을 받은 25~30년 전에는 어린이 생식기 성형술 전문의가 없었어요. 그래서 대부분의 그런 아기들은 음핵이나 음경을 잘라냈어요. 그건 잘못이었어요. 그래요. 그건 잘못이었어요. 그 당시 의사들로서는 다른 방도가 없었죠. 그러나 지금 현대적 성형술을 집도하는 사람들은 아기들의 음핵과 음경을 잘라내거나 하지 않아요." 기어하트는 현대적 미세 수술로 생식기의 감각을 살릴 수 있다고 했다.

기어하트 같은 의사와 셰릴 체이스 같은 활동가 사이를 오가며 양쪽의 의견을 듣고 느낀 점은 이게 쉽게 해결될 사안이 아니라는 거였다. 예를 들어, 체이스는 음핵의 크기를 줄이는 수술을 해도 감각이 있다는 기어하트의 주장을 전면 부인한다. 한편 기어하트는 북미 간성인 협회가 의사들에게 현재의 치료 방침을 철회하라고 하는 걸 거부하면서 수십 명의 간성인이 유아기에 지정된 성별에 만족하며 사는데 체이스와 북미 간성인 협회 회원들은 소수의 "불평분자들"이라고 했다. 체이스와 북미 간성인 협회 회원들은 그 말에 매우 불쾌해하면서 전면적으로 부정했다. 성인이 된 간성인들이 침묵하는 건 아기 때 이뤄진 그 결정에 만족하는 게 아니라 그런 치료법이 유발하는 수치심 때문에 쉬쉬하는 거라고 했다.

하이디 월커트가 말했다. "그건 어릴 때 완전히 소외됐던 경험 때문이에요. 자신이 다르다는 걸 알지만, 침묵을 강요당했고 수치심이 주입됐던 거예요. 해답을 찾으려는 시도조차 못 하는 사람들이 있어요. 자신이 당한 일에 저항하는 활동가로 나서기는 고사하고 말이죠." 또 체이스에 따르면 간성인이 솔직히 발언하고 나서지 못하는 큰 이유는 애초에 그런 수술을 허락한 부모에게 맞서는 것 같은 형국이 되기 때문이라고 했다. 체이스는 가족과 관계가 소원해진 북미 간성인 협회 회원들이 적지 않다고 말했다.

　침묵하는 간성인의 행복도에 관해 기어하트의 주장이 맞는지, 북미 간성인 협회의 주장이 맞는지 나 혼자 조사하면서 확인하기는 버거웠다. 침묵하는 간성인은 보이지 않는 집단이기 때문이다. 그런 치료를 받고 만족하는 환자를 소개해달라고 하면 모든 의사가 말하기를 환자가 청년이 된 이후 "연락이 끊겼다"고 한다. 게다가 기어하트는 이런 말까지 덧붙였다. "그리고 내가 아는 환자들은 사생활을 지키고 싶어 해요."

　마침내 나는 북미 간성인 협회나 다른 활동가 집단에 소속되지 않은 한 간성인을 찾아서 이야기를 나눌 수 있었다. 그녀는 나름 유명하다. 성공한 유아 성전환 사례로 자주 인용됐기 때문이다. 그녀의 사례는 에미상 수상, ABC TV 과학 다큐멘터리 시리즈만 아니라 BBC가 쌍둥이 사례를 탐사 보도했을 때도 등장했다. 그녀는 바로 존 머니의 환자였던 폴라다. BBC의 피터 윌리엄스와 마틴 스미스가 쌍둥이 사례를 폭로할 때 균형을 맞추려고 같이 보도했던 주인공이다. 폴라는 미국 북동부 지역에 드러나지 않게 살고 있었는데 나는 인터넷으로 인구 자료를 검색해서 폴라를 찾아냈고 폴라는 자신의 성별이나 신분을 밝히지 말아 달라는 조건으로 나와 이야기하겠다고 했다.

　나는 여러 번 전화 통화를 하고 한번은 다섯 시간 동안 폴라 및 폴라의 어머니와 면담을 하면서 폴라가 태어날 때 상황이 어땠는지 들었다. 놀라울 정도로 여러모로 체이스나 북미 간성인 협회 회원들에게 들은 얘기와 비슷했다. 폴라는 1971년 9월에 세 아이

중 둘째로 태어났는데 음낭은 있지만, 음낭 안에 고환이 없었고 음경이 작은 데다 거의 가죽뿐이었다. 의사들은 남아로 성별을 지정하라고 권하면서 음경은 자랄 거고 시간이 흐르면 고환이 강하해서 정상이 될 거라고 했다. 그래서 아기 이름을 마이클 에드워드로 지었다. 그러나 마이클의 엄마는 아기의 생식기 모양 때문에 걱정이 돼서 생후 1년 반 동안 여러 의사를 찾아갔다. 마이클이 18개월이 됐을 때, 마이클의 어머니가 속사정을 털어놓은 한 이웃이 〈타임〉 잡지를 갖다줬다. 쌍둥이 아기 중 한 명이 포경 수술을 받다가 의료 사고로 음경을 잃었는데 나중에 존스 홉킨스의 심리학자 존 머니의 조언에 따라 여아가 됐다고 했다. 〈타임〉 기사에 따르면, 성전환은 대성공이었다. 마이클의 어머니는 즉시 머니 박사에게 편지했고 곧 답장이 왔다. 당장 마이클을 볼디모어로 데려와서 여사로 성전환하라는 거였다. 폴라의 어머니가 말한다. "이틀 후 나는 남편, 아이와 함께 갔어요."

1973년 2월 23일에 마이클은 존스 홉킨스에서 하워드 존스 박사에게 수술을 받았다. 그는 아기가 (셰릴 체이스처럼) 생식샘에 난소와 고환 세포가 모두 있는 경우라고 했다. 존스는 불강하 생식샘을 제거해서 (사춘기에 남성화되는 걸 막고) 외부 생식기를 성형해서 여성같이 보이게 했다. 질 관을 완전하게 만드는 건 아기가 십 대가 될 때까지 기다리기로 했다. 그동안 폴라가 존스 홉킨스에 정기적으로 와서 머니 박사에게 상담을 받기로 했다. 폴라의 어머니는 딸을 1년에도 여러 번 머니 박사에게 데려갔다. 머니 박사가 평소에 하도 폴라가 최고의 환자라고 말해서 딸의 일곱 번째 생일 얼마 후 머니 박사가 폴라를 텔레비전에 출연시켜서 성전환이 성공적으로 이뤄진 얘기를 하게 할 의향이 있냐고 물었을 때 폴라의 어머니는 당연히 수락했다. 폴라의 어머니가 회상한다. "나는 말했어요. '그렇게 해서 다른 한 명이라도 도움이 된다면 그렇게 하고 싶어요.'"

그 프로그램은 ABC TV의 과학 시리즈 〈인간의 몸 *The Body Human*〉의 일부분이었다. "성별"이라는 제목이 붙은 회차에서 얼굴에 주근깨가 난 짧은 머리의 폴라가 심리 호르몬 연구부에 갔을 때를 보도했다. 카메라는 식물이 많은 머니의 사무실에서 각종 성기 관련 기념물은 애써 외면하면서 저명한 심리학자가 와이셔츠와 넥타이를 하고 책상에 앉은 걸 보여줬다. 그는 폴라에게 여러 질문을 했고 폴라는 화려한 아프간 뜨개 천이 덮인 큰 안락의자에 앉아 머니를 마주 봤다. 폴라는 레이스 장식 목둘레 깃이 달린 꽃무늬 드레스를 입었고 밝은 빨간 색 매니큐어를 했다. 폴라는 신중하게 미소지으면서 머니가 결혼과 직업에 관해 질문하자 띄엄띄엄 대답했다. 그럴 때 해설자가 목소리로 설명했다. "존스 홉킨스 병원의 전문가, 존 머니 박사는 탁월한 일가견으로 폴라가 자신을 여자로 보도록 지도하면서 완전한 여성이 되도록 준비시키고 있다."

이 프로그램이 1979년 5월에 방송된 직후, 머니는 폴라의 어머니에게 다시 딸을 카메라 앞에 세우라고 부탁했다. 이번에는 BBC 기자들이었다. 폴라의 어머니는 또 동의했고 머니 박사는 윌리엄스, 스미스, 폴라의 어머니, 세 사람이 사전 만남을 갖도록 주선했다. 촬영은 1979년 10월에 이뤄졌다. 폴라의 어머니에 따르면, 이번 인터뷰는 ABC TV 프로듀서들을 만났을 때보다 덜 만족스러웠다. 그런데 인터뷰를 마치고 나서 몇 시간 뒤에 머니 박사가 다급히 전화하더니 BBC 기자들의 '동기가 불순하다는' 걸 뒤늦게 알았다고 했다. 머니는 폴라의 어머니가 인터뷰하지 않기를 바랐다. 그러나 이미 인터뷰가 끝난 걸 알고 머니는 격노했다. 폴라의 어머니가 회상한다. "그는 그 기자들에게 화가 났어요. 불같이 화를 냈죠." 그러나 그런 소동에도 머니 박사와 폴라의 어머니 사이는 괜찮았다. 폴라의 어머니는 계속 폴라를 머니에게 데려가서 후속 검사를 받게 했다. 그 방문은 열여덟 살까지 이어지다가 폴라가 최종 질 수술을 받고 나서 존스 홉킨스에 가지 않았다.

지금 폴라는 스물일곱 살의 날씬한 여성이며 푸른 눈에 옆가르마를 탄 황갈색 생머리를 허리까지 늘어뜨리고 있다. 청바지에 파란 셔츠를 입고 발가락이 보이는 통굽 샌들을 신은 그녀는 여자로 보이지만 약간 남성적이었다. 가슴과 엉덩이는 평생 에스트로겐 투약으로 여성 체형을 유지한다. 폴라는 목소리가 허스키한 편이면서 가능한 음역 중 높은 음성을 내려고 늘 신경을 쓰지만, 가끔 일반적 저음 여성 목소리보다 더 낮아질 때가 있다. 폴라는 외모를 가꾸는 데 각별하게 신경 쓴다. 긴 생머리를 잘 관리하고, 일주일에 한 번씩 매니큐어와 페디큐어를 하러 가고, 나와 대화하는 중에도 자주 능숙하게 화장을 고쳤다.

폴라는 겉으로는 더 여성적이려고 노력하지만, 속으로는 자신의 의학적 상태를 생각하지 않을 수 없었다. 내가 얘기를 나눈 다른 간성인들과 마찬가지로, 폴라도 수술로 만든 질을 보며 자신이 전형적 여자로 태어나지 않았다는 걸 매일 생각할 수밖에 없었다. "나는 다른 사람들과 다르게 보였어요. 완전히 달랐어요. 그래서 당연히 늘 생각하게 되죠." 질에 감각이 있냐고 물어보자 폴라는 담배를 한 모금 빨았다. "흉터가 있으면 감각이 없어요." 상황이 그렇다 보니 최고 수준의 의술에도 불구하고 폴라는 항상 '비밀을 갖고' 사는 기분이었다. 비밀을 털어놓을 막역한 친구들이 있냐고 물어보니까 폴라는 얼굴이 굳어지면서 좀 냉소주의적으로 킥킥 웃었다. "이 세상엔 친구가 별로 없어요." 그러며 폴라는 다시 담배를 한 모금 피웠다. "예, 이 세상에는 신뢰할 수 있는 사람이 별로 없어요." 폴라는 십 대 후반과 이십 대 초반에 6년 동안 남자친구가 있었는데 그 남자친구에게 비밀을 털어놓았더니 이해해줬다고 했다. 그러나 그 후로 출생 시 상태를 비밀에 부치고 있다고 했다.

폴라는 스물일곱 살 처녀이며 지금까지 여자에게 이성으로 끌려본 적이 전혀 없다고 한다. 내가 그걸 묻자 폴라는 질문이 채 끝나기도 전에 잘라 말했다. "전혀 없어요. 절대로, 절대로 없어요. 전혀 없어요." 자라면서 '나는 남자인 것 같아'라고 생각해본 적이 있냐고 하자 또 내가 질문을 마치기도 전에 "없어요. 전혀 없어요"라고 했다.

폴라는 아기 때 어머니가 내린 결정이 좋은 건지 모르겠다고 말해서 어머니를 속상하게 하지 않고 싶다고 솔직히 말했다. 폴라는 여자로 성별이 지정된 것에 만족한다고 했다. 또 그 당시에는 달리 방안이 없었다고 말했다. "내가 보기에 다른 방법이 없었어요." 그리고 잠시 말을 멈췄다가 다시 이었다. "그 당시의 그 사람들에게는 이게 유일한 길이었어요."

존 머니의 연구 대상이었던 다른 사람들처럼 폴라도 존 머니와의 상담 시간을 생생히 기억한다. 머니는 남녀의 성교 사진을 보여주면서 지극히 사적인 질문을 했다. 폴라가 회상한다. "그는 여섯, 일곱, 아홉, 열 살 아이에게 절대 하지 않는 질문을 했어요." 어떤 자위행위나 성적 공상을 하는지, 다른 여자아이들이 동성애적 추파를 보내면 어떻게 피하는지 등 말이다. "그는 대답하라고 압박했어요. 거기 버티고 앉아서 나를 압박하고, 압박하고 또 압박했어요. 그건 어린아이에게 너무 지나쳤어요. 그래서 나는 늘 엄마에게 '도대체 왜 그 사람을 만나러 가야 하는지 모르겠어'라고 했어요."

미국 전국 텔레비전에 일곱 살의 간성 아이로 세계 최초로 출연한 것도 '트라우마'였다고 한다. 폴라가 쓰는 단어나 어조는 늘 여성적이었지만, 머니 박사에 관한 이야기를 할 때 달라졌다. 화가 나서 말을 내뱉을 때 폴라의 목소리는 엄청나게 저음이었다. 폴라가 쏘아붙였다. "그 망할 TV 방송은 쓰레기였어요. 트라우마가 됐어요. 그때 저는 초등학생이었어요. 다음 날 반 아이들이 그걸 물었어요. 그때는 내가 어려서 스스로 결정하지 못했지만, 내가 선택할 수 있었다면 절대 그 방송을 하지 않았을 거예요. 그러나 엄마가 그렇게 하셨죠." 폴라는 어머니를 용서하는 쓰라린 미소를 지었다. "어머니는 존 머니를 좋아하세요. 존 머니의 말이라면 뭐든 하실 거예요. 어머니는 그 방송을 하는 게 착한 거고, 다른 어머니들에게 도움이 될 거로 생각하셨지만, 사실 그건 쓰레기였어요."

폴라의 어머니는 자신이 폴라를 위해 그렇게 결정했던 것이나 존 머니가 폴라에게 어떻게 했는지에 대해 일말의 의구심도 없었다. 지금도 폴라의 어머니는 머니를 "구원자"라고 하고 존 머니에 관해서나 아들이 딸로 바뀐 것에 관해 찬사 일색이다. "폴라는 너무 잘 됐어요"라고 폴라의 어머니는 전화 통화로 내게 말했다. 그건 내가 폴라를 직접 만나기 전이었다. "폴라는 생기발랄하고 재미있게 지내요. 내게 걱정거리를 털어놓은 적이 한 번도 없어요. 성격이 너무 좋아요! 파티를 좋아하는 아이이고, 삶을 사랑하고 활달하고 친구도 많아요. 전화기가 쉴 틈이 없어요." 그러면서 폴라가 지극히 여성적이라고 했다. "폴라는 여자인 걸 좋아해요. 쇼핑도 좋아하고요. 옷이나 액세서리나 제일 비싼 걸 사요. 모든 걸 고급으로 사죠." 그러면서 폴라가 조금이라도 남자아이 같았던 적이 전혀 없다고 했다(그러나 그건 ABC TV의 한 프로듀서가 본 것과 달랐다. 그는 일곱 살의 폴라를 보고 "사람들이 그 아이를 어떻게 했든 남자아이는 여전히 남자아이였다"라고 했다).

폴라의 어머니가 요즘 폴라에 관해 좀 우려하는 건 단 하나, 딸이 아직 싱글이라는 거다. 폴라의 부모가 폴라를 존스 홉킨스에 데려갔을 때 머니 박사는 성전환하는 건 폴라가 장차 결혼하고 정상적으로 이성과 사랑을 하고 입양으로 자녀를 갖게 하려는 거라고 했다. 폴라의 어머니는 감탄하며 말한다. "머니 박사는 그렇게 멀리까지 내다봤어요." 결혼에 관한 예측만큼은 아직 이뤄지지 않았지만, 폴라의 어머니는 희망을 잃지 않았다. "폴라가 결혼해야 나에게는 이 일이 일단락될 거예요." 폴라는 어머니가 그렇게 말하는 걸 보면서 담배를 깊게 들이마시고 시선을 돌렸다.

폴라는 앞으로 결혼을 하게 될지 회의적이다. 일단 생식기가 남들과 다르기 때문이다. 폴라는 그게 파트너와 신체적, 정서적으로 친밀해지는 데 큰 걸림돌이 될 거로 생각한다. 게다가 폴라는 결혼을 시대에 뒤떨어진 제도로 본다. 그래서 현재는 부모와 함께 산다. 아버지는 우울증이 심해서 주로 혼자 자기 방에 틀어박혀 있다. 그래서 폴라는 주로 어머니와 소통한다. 이 모녀 관계는 가까우면서도 좀 복잡한 면이 있다. 폴라는 어머니에게 헌신적이지만 화를 잘 터뜨린다. 자라면서 어머니가 폴라 때문에 힘들었다고 자주 말했기 때문에 폴라는 어머니가 정서적으로 힘들거나 불안하지 않도록 늘 애쓴다. 그래서 폴라는 영원히 집에 살면서 어머니를 돌보고 "절대로 떠나지 않겠다고" 어머니에게 다짐했다.

한편 폴라는 열심히 일한다. 선택한 직업은 만만치 않지만, 폴라의 지능이 높은 걸 생각하면 아주 딱 맞는 건 아니다. 존스 홉킨스에서 열 살에 검사했을 때 폴라의 IQ는 132여서 최상위 2.2 퍼센트에 들었다. 그래서 머니의 조교, 그레고리 K. 렌은 폴라의 파일에 "앞으로 대학교에 가고 전문직이 되면 성공할 것이다"라고 썼다. 사실 폴라는 변호사가 되려고 했다. 그러나 대학교 3학년 때 어머니가 간호사가 되라고 해서 꿈을 접었다. 폴라는 자신의 경험 때문에 의료계 직업은 싫다고 늘 말했지만, 대학교를 그만두고 간호사 학교에 갔다. 현재 폴라는 정식 간호사이고 간호학 석사 학위를 딸 생각이다. 폴라의 어머니는 딸이 그렇게 된 걸 "너무 기뻐하고" 폴라가 그렇게 바꾼 후 "뒤돌아보지 않는다고" 자랑한다.

아가씨 폴라는 뒤돌아보지 않겠다는 결심이 확고해 보였다. 폴라는 간성인 활동가들이 의료계 개혁을 촉구하는 걸 비판하지 않지만, 그냥 현재의 삶을 살아가고 과거를 들쑤시지 않는 게 낫다는 입장이다. 어머니가 자리를 뜨자 폴라가 조용히 진실에 동의했다. "아마도 기다렸다가 아이 스스로 수술 여부를 결정하게 해야 할 거예요." 그러나 폴라는 의료계에 그런 의견을 개진하지는 않을 것이다. 최근에 존스 홉킨스에서 성전환 후속 연구에 참여해달라고 했지만, 폴라는 거절했다. 폴라는 어린 시절로 돌아가고 싶지 않았다. 자신의 어린 시절이 완벽하게 행복했다고 주장하면서도 말이다. 어린 시절에 대한 감정의 응어리가 어느 정도 남아 있는지 모른다는 게 폴라가 산부인과를 전공으로 택했다는 사실로 드러난 것 같다. 지금 폴라는 27년 전, 자신이 마이클 에드워드로 태어났던 작은 병원에서 아기들의 분만을 돕는다.

간성인들의 발언에 의료계가 귀 기울이지 않아도 셰릴 체이스는 놀라지 않는다. 그녀는 이렇게 썼다. "의료계는 좋게 봐줘서, 의도하지 않게, 최악의 경우에는, 일부러 사실을 부인하면서 직업을 통해 환자들에게 절대 회복되지 않을 해를 깨쳤다." 체이스는 압력이 없는 한 의료계가 변하지 않을 거로 본다. 그래서 체이스는 압력을 가하려고 한다. 그녀가 내게 말했다. "앞으로 계속 그렇게 하는 의사들은 소송을 당하게 될 거예요. 그러나 그런 상황이 되기까지 좀 시간이 걸릴 거예요. 지금은 소송을 걸 수 없어요. 그게 표준 관행이고 부모들이 허락해서 일어나는 일이니까요. 우선 의사가 부모에게 그걸 권장할 때 이게 실험일 뿐이고, 효과가 보장되지 않고, 이걸 하고 나서 땅을 치며 통곡하는 사람이 많다는 걸 알려야 해요."

다른 것도 필요하다. 앤 포스토 스털링은 브라운 대학교의 발생학자이며 비정형적 생식기를 가진 아기를 힘들게 키우는 부모를 의료계가 교육하고 정서적으로 지원해야 한다고 말한다. 포스토 스털링은 말한다. "전면적 변화가 있으려면 유전적 문제를 상담해주듯이 이 문제도 상담해줘야 해요. 즉 전문 인력을 양성해서 장기적으로 그런 가정의 정서적, 실제적 문제 해결을 도와야 해요. 실제적 문제는 매우 현실적이에요. 가령 '체육 시간에 옷을 갈아입을 때 어떻게 해야 하나? 학교 규칙에 이의를 제기해야 할 때 어떻게 해야 하나?' 등이죠. 여러 제도가 세워지고 시행되어야 해요. 이건 의료계가 마땅히 짊어져야 할 책임이라고 생각해요."

아마도 모호한 생식기로 자라는 경험이 어떨 거라는 의료계의 시각이 제일 변화되어야 할 것 같다. 머니와 홉킨스의 지침에서는 그런 아동기가 심리적으로나 심리 성적으로 힘들다고 단정하고 있기 때문이다. 그런 추측성 주장의 진위를 확인하는 연구는 하기 힘들다. 모호한 생식기를 그대로 가지고 자란 사례를 찾기 힘들기 때문이다. 간성 신생아 중에 그 수술을 거부한 경우가 드물다. 그런 와중에도 1989년에 〈비뇨기과 저널 *Journal of Urology*〉에 왜소 음경을 가지고 태어났지만, 생물학적 성별 그대로 남성으로 길러진 스무 명에 관한 연구가 실렸다. 세인트 피터스 병원과 런던 어린이 병원의 저스틴 라일리 박사와 C. R. J. 우드하우스 박사는 10~43세의 환자들이 모두 건강한 남성 성별 정체성을 형성하고 "아동기와 청소년기에 정상적인 남성 활동에 참여했다"라고 보고했다. 또 성인 환자 중에서 9명(75%)이 성적 활동을 하고 "질 삽입이 가능하지만 자세 조정이나 테크닉이 필요하다"라고 보고했다. 이 연구자들은 크게 두 가지 결론을 내렸다. "음경이 작다고 해서 정상적인 남성 역할을 못 하는 게 아니다. 단지 왜소 음경이라고 해서 유아기에 여성 성전환을 하지 말아야 한다."

그러나 라일리와 우드하우스의 연구에서는 불과 스무 명의 환자만 살펴봤고 그 환자들은 모두 증상이 같았다. 그런데 치료를 받지 않은 간성인에 대한 훨씬 더 폭넓은 연구가 있었다. 그 연구에서 간성인들의 증상은 단지 왜소 음경보다 훨씬 더 광범위하다. 1955년에 간성인 치료 지침이 발표되기 전에 작성된 논문이라 더 특별하고 재미있다. 그 논문에서는 아기 때 수술을 받지 않은 250명의 간성인을 연구했다. 또 반대 성별의 생식기를 가지고 자란 어린이가 어떻게 됐는지의 질문에 직접 대답을 제시한다. 그 논문 저자는 질문했다. "그렇게 뚜렷한 성적 문제가 있는 사람들이 정신의학 이론대로 무너지게 될까, 아니면 삶에 적절히 적응할까?"

연구에 따르면, 대다수 환자는 심리적 트라우마와 정신 질환을 보이기는커녕, 생식기 핸디캡을 극복하고 "적절히 적응"했을 뿐 아니라 일반인과 구별되지 않게 살았다. 연구자는 그 결과에 놀랐다.

연구자는 이렇게 적었다. '간성으로 정신병과 신경증이 많이 생길 법도 했지만, 대부분의 간성 양성애자는 정신병 발생 비율이 극히 낮았다. 심각한 전형적 신경과민 정신병 빈도도 현저히 낮았다.' 모호한 생식기 때문에 기분이 '울적하거나' 사회적으로 '소원한' 경우는 있었지만, '울적함이나 사회적 소원 때문에 정신병이 생겨서 기본 생활이 심각하게 손상되지는 않았다.' 교육 과정을 마치거나, 매일 출근하거나, 매달 생계비를 버는 것 등 말이다.

이 연구에서 특히 흥미로운 부분은 스스로 결정할 나이가 될 때까지 수술이나 호르몬 요법을 받지 않은 열 명의 간성인을 심층 면담한 것이다. 그 결과, 생식기 상태는 안정적이고 건강한 성별 정체성 발달이나 건전한 자아상 확립에 별 영향을 미치지 않았다. 태어날 때부터 음핵이 너무 큰 한 환자는 열두 살이 될 때까지 축소 수술을 받지 않았지만, 아동기에 그런 남성화된 생식기를 가지고도 정신적 상처를 받지 않았고 자신을 여자로 인식하는 데 문제가 없었다. 논문은 이렇다. "그녀는 스태미나가 넘치고 자신감이 확고하다." 비슷한 증상을 가진 다른 소녀도 "사회성이 원만하고 안정됐다." 그녀의 어머니는 우울증을 보였지만, "그녀 자신은 성인 언니나 오빠보다 더 성격이 안정됐다." 열두 살이 되어 스스로 동의할 때까지 남성화된 생식기에 수술을 받지 않았던 소녀도 "수십 명의 다른 청소년과 다르다고 말할 수 없었다." 왜소 음경을 치료받지 않은 소년은 스물네 살에 결혼해서 "매우 성공적으로 살며 정신병 징후는 보이지 않는다.... 그는 삶에 스태미나가 넘친다." 또 다른 사례에서는 "간성 환자"가 왜소 음경, 절개된 음낭, 사춘기의 가슴 확대를 겪으면서도 수술을 받지 않고 남자로 살았는데 "상당한 성적 모호성을 겪는 중에도 스태미나가 넘치는 성격을 보여줬다." 또 열일곱 살의 소년이 왜소 음경을 가졌지만, 아동기와 청소년기에 치료를 받지 않았다. 그러나 "충실하게 거의 영웅적으로 삶에 잘 적응해 나가고 있다." 또 비슷한 사례가 있다. 20세의 청년이 태어날 때부터 음경이 작고 요도 밑열림증이 있어서 열아홉 살까지 앉아서 소변을 봐야 했지만 "건강하고 원만한 미국 젊은이의 표상이 됐고, 자신감이 넘치며 긍정적이다."

아쉽게도, 밀튼 다이어먼드, 빌 라이너, 앤 포스토 스털링, 셰릴 체이스 등 간성 치료 논쟁 전문가들은 이 귀중한 논문을 언급하지 않았다. 이렇게 희귀하고 특별한 논문이 간과된 건 어찌 보면 당연하다. 상업적으로 출판되거나 배포된 적이 없고 하버드 대학교의 위드너 도서관에 열람 신청서를 써야 볼 수 있기 때문이다. 이 논문은 1951년 박사 과정 졸업 논문으로 제출됐다. 저자는 30세의 박사 학위 후보자 존 머니였다.

# 15
## 역공당하는 과학자

존 머니는 하버드 논문 4년 후, 간성에 관한 첫 논문을 쓸
때 왜 생각이 바뀌었는지 설명하지 않았고, 디이이먼드의 시그민
슨의 논문이 발표된 후 자신의 연구에 대해 아무 논평도 하지 않
았다.

이제 존 머니는 78세가 됐고 반 은퇴 했지만, 성별과 섹슈얼
리티에 관해 여전히 활발히 글을 쓰고 강력하게 의견을 개진한다.
그의 신간 《말할 수 없는 괴물들 *Unspeakable Monsters*》이 1999년 봄
에 출간됐다. 지난 20여 년 동안 그는 꾸준히 집필 활동을 했고
1980년대 후반에는 저서 《러브맵 *Lovemaps*》 출간으로 언론의 집
중 조명을 받았다. 러브맵이란 각 개인의 성적 취향과 충동을 말
한다. 머니에 관한 소개와 인터뷰가 〈플레이보이 *Playboy*〉, 〈코스
모폴리탄 *Cosmopolitan*〉, 〈오늘날의 심리학 *Psychology Today*〉, 〈옴니
*Omni*〉, 〈월간 아틀란틱 *Atlantic Monthly*〉에 실렸다. 〈롤링 스톤〉의

1990년 '핫이슈' 란에서는 머니를 '핫한 사랑의 의사'라고 추켜세웠고 그는 여러 TV 프로그램에 출연했다.

한편 머니는 생물학적 요인보다 양육으로 남자나 여자가 만들어진다고 강경하게 주장하던 데서 약간 선회하는 것처럼 보였다. 1988년 5월 어느 잡지의 프로필 란에 자신이 생물학적 요인이 심리적 성 분화에 미치는 영향이 크다는 걸 오랫동안 옹호했었다고 말했다. 즉 1950년대에 태내 성호르몬이 행동에 미치는 영향에 관해 논문을 출간했을 당시에는 "여러 사회과학 분야의 많은 사람이 출생 전 혈중 호르몬이 성 분화에 영향을 미친다는 주장에 격노했다"고 썼다. 그러면서도 머니는 남아가 수술과 호르몬 요법으로 여성으로 바뀌어 남자를 이성으로 사랑하게 될 수 있다고 또 말했다.

지난 20년 동안 머니는 20세기의 가장 영향력 있는 성 과학자로 국제적 명성이 확고해졌지만, 존스 홉킨스에서 입지가 흔들렸다. 문제의 발단은 1975년 초에 정신과 학장이며 머니의 오랜 보호자였던 조얼 엘크스 박사가 폴 맥휴 박사로 대체된 거였다.

맥휴는 가톨릭 신자이고 정신의학의 모든 유행을 극도로 혐오해서 모든 면에서 존 머니와 정반대였다. 다만 똑같은 점은 맥휴도 자기 의견이 확실하고 밀어붙인다는 거였다. 오늘날 맥휴는 정신의학 분야에서 가장 큰 목소리를 냈던 재앙으로 일컬어진다. 〈볼티모어 썬 *Baltimore Sun*〉 지는 맥휴가 "정신의학 분야가 제정신을 찾도록 부단히 애썼다"고 하면서 그를 "철권통치자"라고 하고 그가 "안락사(맥휴는 안락사가 완전히 잘못이라고 했다)에서부터 다중인격장애(맥휴는 다중인격장애가 존재하지 않는다고 했다)까지 모든 걸 깨부수는 의견을 냈다"고 했다. 또 맥휴는 "수상한 의료 활동과 의사들"을 멸시하면서 잭 케보르키언 박사를 "미쳤다"고 했고 유명한 아동 전문가, 브루노 베틀하임 박사를 "상습적 거짓말쟁이, 배은망덕한 친구, 악당, 뻔뻔한 표절자"로 불렀다고 한다.

특히 맥휴는 성인 성전환 수술을 늘 혐오했다. 성전환은 복잡한 인격 장애에 불과하다고 하면서 극단적이고 돌이킬 수 없는 수술을 할 게 아니라 대화 치료를 해야 한다고 했다. 1992년 〈미국 학자 *American Scholar*〉에 투고한 글에서 성전환 수술을 "20세기 정신의학 분야가 조장한 가장 극단적 치료법"으로 매도하면서 그건 전두엽 절제술이 한때 성행했던 것과 같다고 했다. 맥휴는 그 기사에서 이렇게 꼬집었다. "존스 홉킨스는 미국에서 성전환 수술이 시작된 곳 중 하나다. 그걸 끝내는 게 내가 1975년에 볼티모어에 온 이유 중 하나였다."

맥휴가 존스 홉킨스에 오고 2년 후, 존스 홉킨스의 정신과 의사이자 젠더 정체성 클리닉 전임 원장인 존 마이어 박사가 1966년 클리닉 개원 이래 치료받은 50명의 수술 전후 성인 성전환자의 장기적 추이를 후속 연구했다. 마이어는 아무도 삶이 뚜렷이 개선되지 않았다고 보고하면서 "성전환 수술은 객관적으로 사회적 재활에 도움이 되지 않는다"고 결론을 내렸다. 그 논문을 1977년 5월에 미국 정신과 협회 연례 컨벤션에서 발표했고, 2년 후에 〈일반 정신의학 자료집 *Archives of General Psychiatry*〉에 실었다. 트랜스젠더 집단은 그 논문의 연구 방법과 목표가 비과학적이라고 주장하며 격분했다. 그러나 소용이 없었다. 이어서 1979년 10월에 존스 홉킨스에서 열린 기자회견에서 젠더 정체성 클리닉이 문을 닫는다고 발표했다. 존 머니는 기자회견이 열린다는 걸 통고받지 못했고 클리닉 폐원에 관한 논의에 참여하지도 못했다. 홀로 개원에 앞장섰던 머니에게 치욕이었다.

맥휴가 존스 홉킨스에 재임하는 동안 성 혁명가로서 공고하던 머니의 위치가 극적으로 쇠퇴했다. 1983년에 머니는 논란이 분분했던 인간의 성에 대한 저녁 강좌가 폐강된다고 갑자기 통고받았다. 3년 후 머니가 65세가 됐을 때 존스 홉킨스의 사무실을 사용할 수 없다는 통고를 받았다. 그건 은퇴 연령의 일부 교수들이 받는 특권이었었다. 캠퍼스에서 나가야 한다고 했다. 그는 병원과 대학교에서 네 블록 떨어진 허름한 건물(병원에 관계된 사람들이 입주한 건물)로 옮겼다. 맞은편에는 노숙자와 마약 중독자가 모이는 공터가 있었다. 머니의 새 사무실은 천장이 낮은 지하실이었다. 인력은 단 한 명의 대학원생으로 축소됐다. 그래도 머니는 값싼 합판 문에 이전 사무실에서 떼어온 문패를 달았다. '존스 홉킨스 심리 호르몬 연구부'라고.

머니의 몸이 그렇게 존스 홉킨스를 떠난 후에도 존스 홉킨스와의 문제는 끝난 게 아니었다. 1990년대 초에 연구 대상이었던 한 사람이 존 머니와 존스 홉킨스에 문제를 제기했다. 그 환자는 익명을 요구하면서 "찰리 고든"으로 불러 달라고 했다. 그 가명은 아무렇게나 선택한 게 아니었다. 1960년대에 대니얼 키스가 쓴 《앨저넌에게 꽃을 *Flowers for Algernon*》이라는 소설의 주인공 이름이었다. 나중에 클리프 로버트슨 주연의 〈찰리 *Charly*〉라는 영화로 만들어졌다. 정신지체인이 실험 대상이 된 후 천재가 된다는 이야기인데 〈찰리〉는 깜짝 놀랄 정도로 찰리 고든의 삶과 비슷했다.

1947년에 태어난 고든은 일찍이 갑상샘 기능 저하증이 나타났다. 그 선천적 내분비 장애의 증상은 심각한 성장 저하와 지능 발달 지체였다. 그 당시에는 크레틴병이라고 했다. 고든은 두 살에 존스 홉킨스에 있는 로슨 윌킨스의 소아 내분비 클리닉으로 옮겨져 호르몬을 대신해서 소의 갑상샘을 알약으로 섭취하는 실험적 치료를 받았다. 그 치료로 신체만이 아니라 지능도 발달했다. 다섯 살에는 신설된 심리 호르몬 연구부의 심리 연구 대상이 됐다. 거기서 존 머니가 25년 동안 고든이 신체적, 기억 발달에 어떻게 적응하는지 연구했다. 머니는 〈소아과 저널 *Journal of Pediatrics*〉에 1978년 9월에 발표한 논문에서 고든이 모든 연구 대상 중에서 지능 발달이 가장 컸다고 했다. 다섯 살에 IQ가 84였다가 성인이 되어 IQ 127이 됐다. IQ가 43점 상승해서 평균 이하였다가 우수 범위에 들어갔다. 머니는 "괄목할만한 향상"이라고 했다.

고든은 머니가 좋아하는 연구 대상이 됐고, 의대 병례 검토회에 출석해달라는 머니의 요청을 수락했다. 거기서 존스 홉킨스 의대생 수십 명이 그를 연구했다. 또 매년 정기적으로 클리닉에 가서 머니와 심층 면담을 했다. 그 만남은 불편했다. 고든이 회상한다. "그는 항상 육두문자를 썼어요. '이런 제기랄', '저런 제기랄'이라고 했어요. 나는 신앙이 있는 집에서 자랐어요. 그래서 내가 신앙적인 걸 하면 그는 '그따위로 뭘 하려고?'라고 했어요."

머니는 또 고든의 성에 관해 꼬치꼬치 캐물었다. 고든은 머니 박사가 자신의 성생활에 관심이 있는 건 어려움을 극복하게 돕는 거라고 생각해서 주저 없이 솔직하게 자신이 무슨 성적 공상을 하는지, 어떤 방법으로 자위를 하는지 자세히 털어놓았고, 세 명이 동시에 성관계를 갖는 대담한 실험을 했던 얘기도 하고, 어릴 때 동네 여자아이와 "의사 놀이"를 했던 경험도 털어놓았다. 나중에 20대가 되어서는 키가 작다는 불안감 때문에 훨씬 어린 소녀들과의 관계를 추구했고, 심지어 열네 살 소녀까지 있었다고 고백했다. 고든은 머니에게 받던 치료를 멈추고 여러 해가 지난 후에야 머니가 자신의 성생활에 관심을 보였던 건 단지 치료 차원이 아니었다는 걸 알게 됐다.

고든이 그걸 충격적으로 깨달은 건 1989년 12월 어느 날 서점에서 머니의 신간 《파괴된 러브맵 *Vandalized Lovemaps*》을 우연히 봤을 때였다. 그 책에서 머니는 어떻게 사람이 성적 집착, 도착, 장애가 생기는지 이론을 펼쳤고 여러 사례를 제시했다. 첫째 사례인 '갑상샘 저하증 이력이 있는 남성 소아성애자'가 고든의 눈에 들어왔다. 처음 몇 줄을 읽다가 그게 바로 자신인 걸 깨닫고 경악했다. 그의 성생활이 적나라하게 묘사되며 머니와 면담한 녹음테이프가 그대로 인용됐고, 십 대 소녀에게 관심을 보인 소아성애자로 진단되어 있었다. 더 충격적인 건 고든의 부모에 관한 사실도 그대로 공개된 거였다. 고든의 어머니가 친형제와 근친상간을 했다고 고든의 아버지가 머니에게 말했다고 한다. 고든과 가족의 이름은 없었지만, 고든이나 고든의 가족을 아는 사람이 본다면 누군지 알 것 같았다. 고든은 충격을 받고 머니에게 전화했지만, 통화가 되지 않았다. 고든이 말한다. "그는 답신이 없었고, 그의 조교는 그가 용무 중이라고 했어요."

그래서 고든은 1990년 봄에 국립보건원의 한 부서인 연방기관, '연구 위험으로부터 보호하는 보건 및 인권 사무소'를 통해 머니와 존스 홉킨스를 제소했다. 연방 정부의 지원을 받는 과학자는 엄격한 규칙을 준수해야 하고 출판 전에 환자와 연구 대상에게 알리고 서면 동의를 받아야 했기 때문이다. 그런데 머니는 매우 사적인 내용을 《파괴된 러브맵》에 실으면서 고든에게 동의를 받지 않았다. 보건 및 인권 사무소는 조사한 후 "머니가 공개한 정보로 원고를 아는 사람들이 원고의 신원을 파악할 수 있다"고 결론을 내렸다. 가을에 보건 및 인권 사무소는 존스 홉킨스 의대를 소환해서 연구 대상 보호 규정을 "심각하게 어겼다"라고 말했다. 보건 및 인권 사무소는 '강력한 시정 행위'를 요구하면서 존스 홉킨스 정신의학과에서 '환자의 신원 보호 지침을 재출간'하고, 서면 동의를 한 환자들이 출간 전에 원고를 볼 수 있게 하고, 머니가 학과장 즉 머니의 숙적 폴 맥휴 박사 앞에서 고든에게 사과하라고 명령했다. 고든은 사과받지 못했지만, 다른 일로 위로받았다. 1997년 10월에 클린턴 대통령이 인간 연구 대상자를 위한 생명 윤리 위원회를 열었을 때 고든은 존 머니 박사와의 언짢은 일을 토로하며 자신의 경험을 유명한 "존/조운" 사례와 비교했다.

그 사례는 8개월 전에 언론에 대서특필됐다.

머니는 이런 역풍, 수치, 처벌을 연달아 받으면서도 굴할 줄 모르고 맞섰다. 오히려 더 투쟁적으로 되는 것 같았다. 머니가 책을 쓰는 건 인간의 성이라는 주제를 논하기 위해서일 뿐 아니라, 복수하고 원망할 기회를 찾는 것 같았다. 1987년의 《게이, 이성애자, 그리고 그 중간 *Gay, Straight and In Between*》은 성적 지향의 기원에 관한 책이지만, 그 서문에서 특이하게 머니는 최근에 존스 홉킨스에서 쫓겨났다는 여담을 털어놨다. "1986년 봄에 심리 호르몬 연구부에 배정된 공간이 바뀐다는 통고를 받았다. 새 공간은 병원에서 동떨어진 상업적 건물이다. 아무런 설명도 없었고 나도 이의를 제기하지 않았다.... 나는 다만 이 책을 썼다."

머니는 1991년에 출간된 문집 《임상 심리학 역사 자서전 *The History of Clinical Psychology in Autobiography*》에 실린 수필에서도 자신이 성 과학에 어떻게 기여했는지의 주제에서 벗어나서 존스 홉킨스 행정부와의 알력을 또 서술했다. 머니가 강의했던 인간의 성 과학 과목이 폐강된 데 화를 내면서 이렇게 썼다. "존스 홉킨스의 학생들이 그 과목을 못 듣게 된 대신에 전 세계의 다른 학생들이 이득을 봤다. 그들을 위해 책을 더 많이 쓰게 됐기 때문이다." 또 이름을 밝히진 않았지만, 폴 맥휴를 혹평하면서 "내가 만난 사람 중에 가장 싸움꾼이고 파괴적"이라고 하면서 "나를 제거하려던 그의 물밑작업이 수포로 돌아갔다"고 고소해 했다. 머니는 딱한 처지가 되고 심리 호르몬 연구부가 우울한 지하실로 옮겨진 것에 대해 그답지 않게 허풍을 떨었다. "캠퍼스에서 유배되어 인공 조명 속에서 지하 정글에서 일하노라니 반기를 들다 바티칸 당국에 가택 연금을 당해 살았던 것 갈릴레오의 처지에 동병상련을 느낀다."

결국, 머니는 성 발달 분야에서 그의 이론에 도전했던 사람들에 관해서도 썼다. 밀튼 다이어먼드라고 이름을 밝히진 않았지만, 그 하와이대학교 교수가 "부끄러운 줄 모르고" 머니를 공격했다고 비난하는 게 분명했다. 한바탕 자기의 비판자들을 질타한 후에 머니는 고고한 척하며 그의 학문적 논쟁자들을 가치절하 했다. "내가 보기에 그들은 독창적 사고를 하거나 새로운 개념과 가설을 만들어내거나 새로운 발견을 할 재능이 없다." 머니는 자신이 어떻게 학문적으로 생존했는지를 이렇게 썼다. "나는 생존 원칙을 실행했고 승산 없는 싸움을 하지 않는다는 철칙은 지켜왔다. 나는 직접 반격하기보다 그들을 외면하고 연구 성과를 내는 데 매진했다."

머니는 6년 후 1997년 봄에도 그런 외면 전략을 고수했다. 그때 머니의 명성이 사상 최대의 타격을 받았다. 다이어먼드와 시그먼슨이 쌍둥이 사례에 관한 논문을 출간해서 전 세계적 이슈가 됐기 때문이다. 이제 유명해진 그 사례에 관해 문의가 쇄도하자 심리학자 머니는 개인 정보 보호법을 이유로 함구했다. 그 수많은 기자 중 한 명인 나도 (〈롤링 스톤〉의 기사를 쓰려고) 머니에게 인터뷰를 요청했다. 나는 그를 설득하면서 철저히 객관적으로 쓰겠다고 했다. 그는 처음에 고사하다가 몇 주, 몇 달 동안 수많은 이메일을 주고받으면서 결국 '탐사 보도'의 조용한 조력자가 되겠다고 했다. 필요한 저작물을 제공하고 내 최종 원고가 나오면 '데이터가 정확한지' 봐주겠다고 했다.

그러나 머니는 8월 말에 그 제안을 철회했다. 나는 위니펙에 두 번째 갔다 온 후 처음으로 머니에게 그 환자와 가족을 만나 인터뷰했다고 말했다. 그리고 머니가 데이빗에 관해 얘기해도 된다는 데이빗의 서면 동의를 받았으니 머니가 이 사례를 내게 얘기해도 된다고 말해줬다. 그러자 머니의 자세가 뒤바뀌었다. 조용한 조력자가 되겠다던 사람이 갑자기 냉랭해졌다. 그는 내게 이렇게 편지를 썼다. "8월 24일에 이메일을 보내주셔서 감사합니다. 그에 대한 나의 답신은 내 생각이 변하지 않았고 앞으로도 변하지 않을 거라는 겁니다. 나는 어떤 경우에도 라이머 사례에 관해 인터뷰할 사정이 안 됩니다. 더 할 말이 없습니다. 그러니 단념해주십시오."

그래서 나는 〈롤링 스톤〉에 실릴 기사를 쓰는 두 달 동안 정말로 머니와의 인터뷰를 단념했다. 그러다 11월 초, 기사가 곧 나오기 전에 몇 가지 사실 확인차 머니의 사무실 조교 윌리엄 왱에게 전화를 했다. 그런데 머니가 전화를 받아서 나는 깜짝 놀랐다. 그는 데이빗 라이머의 사례에 관해 직접 말하지 않으려 했고, 다만 최근 미디어의 보도는 보수주의자들의 정치적 편견일 뿐이라고 했다. 그는 특히 〈뉴욕 타임스〉 1면 기사에 화를 냈다. "그건 반페미니즘 운동의 일환이에요. 여성성과 남성성이 유전된다고 주장해서 여자는 잠자리 시중이나 들고 부엌데기나 하라는 거죠." 그 사례가 결국 어떻게 됐는지 왜 밝히지 않았냐고 하자 여전히 사과하지 않았고, 다만 라이머 가족이 존스 홉킨스에 오지 않아서 연락이 끊어졌고, 후속 연구를 할 기회가 없었다는 주장만 되풀이했다. 심지어 머니의 지지자들이 머니를 옹호하노라 했던 말에도 발끈했다. 머니의 지지자들은 라이머 가족이 최종 결과를 밝히지 않았던 거고 특히 데이빗의 어머니가 실험이 성공하길 간절히 바라면서 머니의 비위를 맞추려고 "듣기 좋은 말만" 했기 때문이라고 했다.

그러나 머니는 발끈하며 말했다. "나는 듣기 좋은 말만 듣지 않았어요." 자신이 그 사례를 평가하면서 어머니의 편견이라는 요소를 걸러내지 못했다고 지적당하는 것 같아서 불쾌한 것 같았다. "중요한 건 그 가족이 존스 홉킨스에 오지 않아서 내가 아무 말도 듣지 못했다는 거요."

머니는 그 사례에 관해 최종적으로 밝혔던 입장을 고집했고, 아이에게 정말 무슨 일이 일어나고 있는지 일 대 일 면담 때 '실수로 놓친' 게 아니냐는 추측은 퇴짜놓았다. 게다가 머니는 데이빗이 생물학적 성별로 돌아간 게 스스로의 결정이 아닐 수 있다고 추측했다. "데이빗이 얼마나 코치를 받아서 그렇게 결정했는지 나는 몰라요. 나는 그 아이를 만나보지 못했어요." 또 머니는 다이어먼드와 시그먼슨의 논문에 모종의 배후가 있다는 듯이 말했다. "그들이 후속 연구를 하면서 왜 나만 쏙 빼놓았겠어요? 누군가가 내 등 뒤에서 칼을 갈았어요. 학계에 드물지 않은 일이죠. 고개를 쳐드는 순간 저격수가 기다리다가 총을 갈기죠." 내가 그 말을 다이어먼드에게 했더니 15년 동안 머니에게 거듭 정보를 나뉘주거나 발표해달라고 했지만, 묵묵부답이었다고 했다.

　　다이어먼드는 간성 아기가 스스로 의견을 말할 수 있을 때까지 수술하지 말아야 한다고 주장한다고 내가 머니에게 얘기했더니 머니는 화를 냈다. 머니는 250명이 넘는 간성인이 아무 치료도 받지 않았을 때의 결과에 관해 하버드대 논문을 쓰면서 본인 스스로 내렸던 결론을 잊기라도 한 양 모호한 생식기로도 아동기를 잘 보낼 수 있다는 개념을 단호히 배격했다. "나는 직접 간성인들을 봤어요. 그 불쌍한 사람들은 방구석에 틀어박힌 채 누가 볼까 무서워 밖에 나가지도 못했어요." 머니는 출생 후 최대한 빨리 수술해야 아이의 미래가 행복해진다고 주장했다. "남성도 여성도 아닌 어정쩡한 상태로 있으면 안 돼요"라고 단언하면서 다이어먼드의 제안대로 했다가는 간성인들이 수치심 속에 집안에 갇혀 살거나 '서커스에 괴물로 등장하던 시대'로 돌아가게 될 거라고 했다.

　　머니는 자신의 사생활에 관해선 일절 언급을 회피했다. 그가 어둡게 말했다. "당신은 나를 옭아매려고 해요. 내 환자들이 나를 옭아매려고 하는 것처럼요."

　　머니는 전화를 끊으려 했다. 그러나 그 전에 마지막으로 나는 이제는 고전이 된 그의 책《남자와 여자, 소년과 소녀》가 아직도 출간되는데 그 책에서 이 쌍둥이 사례를 성공이라고 하니까 재발간할 때 내용을 고치면 좋지 않겠냐고 했더니 머니는 "내 눈에 흙이 들어가기 전에는 안 돼요"라고 단칼에 거절했다.

　　그게 최후통첩인 듯했지만, 머니는 그 후에도 이 사례에 관해 말했다. 1997년 12월에 〈롤링 스톤〉에 내 기사가 실린 후, 머니는 언론에 함구하던 데서 벗어나서 자기편인 친구 마이클 킹과 인터뷰를 했다. 그 기사가 뉴질랜드의 잡지 〈경청자 *Listener*〉에 실렸다. 거기서 머니는 다이어먼드와 시그먼슨의 존/조운 논문과 나의 〈롤링 스톤〉 기사를 그를 공격하는 어두운 음모로 깎아내렸다. 한술 더 떠서, 〈경청자〉의 기사에서는 데이빗의 가족이 일부러 거짓말을 해서 이득을 취하려 한다고 했다. 데이빗이 이 책 집필에 협조하기로 했고 영화 제작자들도 관심을 보이는 게 그 증거라고 했다. 킹의 기사에서는 머니가 이런 논란에도 불구하고 "놀라울 정도로 강인하고 쾌활하다"고 하면서 머니의 입지가 약해지지 않았고 여전히 미국 정부의 연구비 지원을 받고 있다고 마무리했다. "머니는 최근에 미국 국립보건원의 연구비 지원 후보에 올랐다. 그건 성도착에 관한 자료를 분류하고 정리하는 새로운 큰 프로젝트다." 내가 1999년 여름에 미국 국립보건원에 문의해보았더니 1950년대 중반에 시작된 국립보건원의 연구비 지원이 계속되는 거였다. 가장 최근에 갱신된 금액은 135,956달러였다.

학계에도 머니의 지지자들이 있었다. 특히 심리학 교수들이 그랬는데, 그들의 교수직이나 임상 상담사 직업은 머니의 심리 성적 발달 이론을 기반으로 했다. 그중에서 케네스 저커 박사는 흥미롭고 지적인 머니의 옹호자다. 그는 토론토에 있는 클라크 정신의학 연구소의 심리학자이고 양육이 성별 정체성을 결정한다는 머니의 이론을 오랫동안 신봉해왔다. 저커는 직접 심리 상담을 하면서 오랜 세월 남녀 어린이 동성애와 성전환증을 교정하려 해 왔다. 다이어먼드와 시그먼슨의 논문 발표 몇 달 후, 저커는 〈양육의 실험〉이라는 논문을 썼다. 존/조운 사례에 관한 논란을 기본 틀로 한 논문이었다. 저커는 환경이 성별을 결정한다는 이론에 따라서, 쌍둥이 사례가 실패한 건 데이빗이 생물학적으로 남자였기 때문이 아니라 '심리 사회적 요인들' 때문이라고 했다. 특히 '처음에 아기를 여아로 지정하기로 했을 때 부모가 양면적인 태도를 가졌기 때문'이라고 했다.

머니의 여러 옹호자는 론과 재닛이 열의가 부족해서 실패했다고 했고, 저커도 론과 재닛을 탓했다. 내가 머니의 신봉자들을 많이 인터뷰해보니 그들은 그렇게 주장했다. 그러나 실상 나타난 증거를 보면 론과 재닛은 그 실험에 거의 굴종적으로 헌신했다. 게다가 머니 자신도 그 사례를 보고할 때면 늘 론과 재닛이 딸을 키우는 데 능숙하고 헌신적이라고 했다. 그러나 실패라는 뉴스가 보도된 이후, 머니가 퍼뜨린 거로 보이는 소문이 학계에 떠돌았다. 론과 재닛이 시골 근본주의 종교를 믿는 무지렁이라서 좁은 신앙적, 문화적 편견에서 벗어나지 못했고 아이의 성전환을 애초에 받아들이지 못했고 무의식적으로 해로운 영향을 미쳤다는 거다. 그러나 사실 론과 재닛은 현대적 대도시 위니펙에서 주로 살았다(십 대 시절에 딱 3년만 시골에서 살았다). 그리고 둘 다(머니처럼) 부모의 근본주의 신앙을 버렸다(그래서 메노파 교회에서 결혼식을 하지 않았다). 머니가 새로 제기한 주장과 달리, 론과 재닛은 남녀의 역할에 관한 구식 사고방식에 젖어 있지 않았다. 그러나 소문은 그런 구식 사고방식 때문에 둘이 "말괄량이" 딸을 받아들이지 못

했다고 했다. 1970년대 위니펙 사회도 다양한 문화, 종교, 배경, 인종, 사회경제적 수준이 혼재하는 대도시였지, 전형적 여성이 아닌 사람은 거절하는 곳이 아니었다.

저커는 논문에서 뭔지 모를 "심리 사회적 요인들"이 부정적인 영향을 미쳤다는 주장만 한 게 아니라, 유전적 정상 남아가 여자로 길러진 다른 사례도 들었다. 놀랍게도 데이빗과 똑같이 이 아이도(캐나다인일 뿐 아니라) 전기 소작기로 포경 구술을 받다 음경을 잃고 거세되어 1971년 생후 7개월 때 여아로 성전환됐다. 저커는 이제 스물여섯 살인 그 환자가 여전히 여성으로 산다고 했다. "그녀는 기억이 있는 생애 초기부터 자신이 여자라는 사실이 헷갈리지 않았고, 여자인 게 싫다고 말한 적도 없었다." 그러면서도 저커는 그 사례가 성전환의 효과를 보여주는 순순한 예는 아니라고 인정했다. 왜냐면 그 환자가 아동기에 "남자 장난감과 게임"을 좋아했고 어른이 되어서는 "남자들만 하는 '육체노동' 직업"을 가졌고, 현재 여자와 동거하고 있고 그게 세 번째 여자이기 때문이다.

그래도 저커는 이렇게 결론을 내렸다. "이 경우에 양육으로 여성 성별 정체성이 성공적으로 형성됐다." 그러면서 그 사례가 양육 방법이 "출산 전에 생물학적으로 정상 남성이었던 영향을 극복한 확실한 증거"라고 했다.

나는 그 결론이 앞뒤가 안 맞는다고 생각하고 1998년 여름에 토론토에 있는 저커의 사무실에서 이야기를 나누었다. 대화를 나눠보니 결론에 대한 의구심이 더 커졌다. 그녀가 자신의 성별을 의심한 적이 없다고 말한 게 연구자들이 원하는 대답에 맞춘 거 아니냐고 구체적으로 질문했더니 저커가 대답하지 못했기 때문이다. 나는 환자의 증언에 의존하는 성 연구 분야에서는 그게 보편적인 현상이라는 걸 알게 됐다. 특히 민감한 성전환 문제는 더 그렇다. 그래서 북미 간성인 협회의 한 회원이 이렇게 말했다. "그런 말을 하기가 너무 당황스럽고 부끄러워서 무슨 말이라도 하고 어서 그 자리에서 벗어나려고 하기 마련이에요." 저커는 그럴 수 있다고 동의했지만, 정확히 이 사례가 어땠는지는 말하지 못했다. 이유는 간단했다. 저커는 환자를 만난 적이 없이 공저자들이 제공한 자료로만 논문을 썼기 때문이다. 그들은 성별 정체성 평가 훈련을 받지 않은 산부인과 의사와 이 환자와 딱 두 번만 면담을 한 정신과 의사였다. 그건 환자가 열여섯 살 때와 스물여섯 살 때였다.

그 논문의 결론이 수상쩍은 이유는 또 있었다. 또 다른 수상한 정보원이 있었다. 저커와 면담을 끝마쳐가던 무렵, 녹음기까지 다 끄고 난 후에야 저커는 제삼의 조용한 협조자가 있었다고 밝혔다. 그 사람은 저커가 하는 연구에 관해 듣고 환자의 초기 아동기 자료를 서둘러 건네줬다. 그 사람은 존 머니였다. 존 머니는 이 환자가 유아기에 성전환을 받도록 허가하고 감독했으며, 환자가 (논문에 밝히지 않은 이유로) 존스 홉킨스에 안 오기 전까지 연례 면담을 여러 번 했다.

# 16
# 데이빗의 고백

브렌다 라이머가 데이빗으로 바뀐 지 20년이 지났다. 그
일대 변신으로 집안 분위기가 확 달라졌다. 창업 후 사업을 일으
키려 애썼던 론은 마침내 단골 건설사들과 공장들이 생겨서 1980
년대 초에 1년에 4만 달러를 벌었다. 그때까지 중에서 최고의 수
입이었다. 재닛은 계속 정신과에 다녔고 1980년대 중반에 리튬
치료로 우울증이 완화됐다. 재닛이 말한다. "내가 어떤 사람인지
알게 됐어요. 나는 아이들에게 사과했어요. '엄마가 말이 안 되는
행동을 할 때가 있었고 예측 불가라서 너희가 힘들었던 거 알아.
너희는 엄마를 믿고 신뢰할 수 없었을 거야.' 나는 아이들에게 정
말 미안하다고 했어요."

론이 재정적으로 좋아지고 재닛이 정서적으로 건강해지자
신혼 이후 가장 사이가 좋아졌다. 재닛이 1998년 여름에 내게 말
했다. "나는 론을 위해 목숨도 내놓을 수 있어요. 머니 박사가 했

던 말이 생각나요. '나는 왜 사람들이 사랑을 나눈다는 표현을 쓰는지 모르겠어요. 그게 아니라 섹스를 하는 거죠.' 그때는 뭐라고 대답해야 할지 몰랐지만, 이제는 말할 수 있어요. 론과 나 사이에는 사랑이 있어요. 우리는 사랑을 나누는 거예요."

그러나 론과 재닛은 과거를 완전히 잊은 척하지 않는다. 둘 중에 재닛이 죄책감과 슬픔을 더 털어놓는 편이다. 30년 전에 아들을 딸로 바꿨기 때문이다. 론은 직접 말은 안 하지만, 과묵하게 표현한다.

나는 첫 인터뷰 때 론에게 물었다. "그 일이 일어났다는 걸 잊은 적이 있으세요?"

론은 고개를 저었다. "아니요, 우리는 절대 잊지 않아요." 그리고 또 말했다. "절대 안 잊어요." 그리고 한 번 더. "절대 안 잊어요."

인지먼슨 박사는 1977년에 재닛, 론을 사적으로 만난 후 진료 일지에 이렇게 썼다. "환자에 관한 느낌(정신 분석 때 치료사가 환자에 관해 느끼는 감정)"이라는 제목에 "그들을 보호할 필요를 느낀다"라고 썼다. 나도 그런 기분이었다.

나는 론에게 말했다. "데이빗은 당신을 전혀 탓하지 않아요. 오히려 모든 좋은 일은 엄마 아빠 덕분이라고 해요."

론은 희미하게 미소지으며 눈물 어린 눈을 깜박였다. "데이빗이 그렇게 느낀다니 다행이에요. 그러나 내 기분은 안 그래요."

이 실험의 실패를 론이 어떻게 느끼는지 알 기회가 공식 인터뷰 다음에 생겼다. 우리는 마당에서 집 안으로 들어왔다. 론이 우리 둘이 마실 크라운 로열 호밀 위스키를 한 잔씩 따른 후 좋아하는 영화를 비디오 테이프로 보자고 했다. 나는 종일 일한 후라서 트래블로지 호텔로 돌아가서 일찍 잠자리에 들고 싶다고 했다. 그러나 론이 이상하게 평소 성격과 다르게 계속 졸랐다. "이 영화는 정말 좋아요. 유선방송에 나오는 걸 브라이언에게 녹화해달라고 했어요. 나는 스무 번이나 봤어요." 그 영화는 〈십자로 Crossroads〉였다. 사양해도 소용없었다. 이제 재닛까지(재닛도 그 영화를 좋아했다) 론과 함께 졸랐다. 그래서 나는 그들을 따라 지하실로 내려갔고 우리는 텔레비전 앞에 앉았다.

처음에 나는 영화를 대충 봤다. 랄프 마치오가 우쭐한 젊은 블루스 기타리스트로 나오고 여든 살의 블루스 연주자 윌리 브라운과 친구가 되어 둘이 함께 뉴욕에서 윌리 브라운의 고향, 미시시피로 간다. 윌리 브라운은 거기서 "처리할 일이 있다고" 했다. 라이 쿠더의 예리한 블루스 기타 사운드트랙이 울려 퍼지며 영화가 시작될 때 재닛이 내게 말했다. "우리는 이 음악이 좋아요. 지옥을 경험한 사람이라야 블루스의 진가를 알아요." 영화의 디테일이나 노인과 젊은이의 껄끄러우면서도 애틋한 관계가 생각보다 좋았다. 그러나 나는 여전히 졸음과 싸우고 있는데 영화가 절정에 이르렀다. 그 장면은 미시시피 시골의 황량한 십자로였다. 그때부터 나는 주시했다.

유명한 블루스 기타리스트 로버트 존슨에 얽힌 전설('십자로'에서 마귀와 계약서를 쓰고 기타 연주 기술을 얻었다고 한다)처럼 영화 속에서 윌리 브라운이 60년 전 열일곱 살 때 그런 거래를 했다.

그러나 윌리 브라운은 유명해지지도, 찬사를 받지도 못했다. 오히려 뉴욕 빈민가 노인네들이 사는 동네에서 처량한 신세가 됐다. 이제 윌리 브라운은 그 거래를 청산하려고 했다. 앙상한 나무 아래 그 십자로에 오래전 계약을 맺었던 그 말쑥한 차림새에 말이 번지르르하고 웃는 얼굴의 남자가 나타났다. 둘이 다시 만났다. 론은 내 오른쪽에 있는 팔걸이 의자에 앉아 있었는데 호밀 위스키와 사이다를 내려놓고 몸을 화면 쪽으로 더 기울이며 그 장면에 집중했다.

윌리 브라운은 자신을 현혹해서 사기 거래를 하게 했던 그 검은 정장의 사람에게 계약서를 찢어달라고 한다. "내 마음을 좀 편안하게 해줘요"라고 하면서.

검은 정장의 그가 비웃는다. "도대체 왜 내가 그렇게 해줘야 하는데?"

그 남자가 너무 뻔뻔하니까 윌리가 화가 나서 소리를 지른다. "당신은 말을 지키지 않았어. 내가 원하던 대로 되지 않았어. 나는 아무것도 없어. 아무것도 얻은 게 없다고!"

그러나 검은 정장의 그는 희희낙락하며 사과하지 않는다. "원하는 대로 되는 건 아무것도 없기 마련이야!"

론과 재닛은 귀를 쫑긋 세우고 들었다. 마치 이번에 볼 때는 이야기가 달라지기라도 할 것처럼 말이다. 그 장면이 끝나자 론은 다시 의자에 느긋이 앉아서 나를 자꾸 흘깃거렸다. 나는 그날 론과 긴 인터뷰를 하는 동안에 여러 번 론이 존 머니에 대해 어떻게 느끼는지, 존 머니가 론과 재닛을 설득했던 그 순간에 대해 어떻게 느끼는지 말을 시켰지만, 론은 버벅거리며 몇 번 대답하려다가 결국 심중을 털어놓지 못했다. 론의 감정은 슬픔과 죄책감뿐 아니라 기대에 못 미친 결과에 대한 배신감과 분노도 있었다. 그건 너무 깊어서 말로 표현이 안 됐다.

그런 감정은 아들을 딸로 바꿨던 것에 관해서만이 아니었다. 실험의 희생양은 데이빗 혼자가 아니었다. 그 실험에서 데이빗과 비교 대상인 브라이언도 큰 고통을 당했고, 그 결과가 지금도 확연하다. 전에 브리티시컬럼비아로 이사 가기 전에 브라이언이 가게에서 물건을 훔쳤던 게 다가 아니었다. 그건 그 후 일어날 더 나쁜 일의 전조일 뿐이었다.

브라이언이 설명한다. "내가 나쁜 무리와 어울린 건 열세 살부터였어요. 처음에는 술을 마시고 담배를 피우는 정도였다가 점점 차를 훔치고, 마약을 하고, 패싸움을 했어요. 그러나 나는 무장강도를 하거나 누굴 심하게 다치게 하지 않았어요...." 그 말을 하고 브라이언은 잠깐 생각하더니 말을 고쳤다. "심하게 다친 사람이 한 명 있긴 했어요." 싸우다가 한 아이의 팔이 부러져서 브라이언이 법정에 출두했었다. 나는 브라이언이 십 대와 청년 시절에 저지른 잔인한 범죄에 대해 들으면서 의아했다. 브라이언은 지금 어른이 되어서도 남성적인 데이빗에 비해 훨씬 더 심미안을 갖춘 섬세한 사람이었기 때문이다. 십 대와 이십 대 시절에 잔인한 폭력으로 온갖 말썽을 다 피웠다는데 말이다. 브라이언이 말한다. "내가 사람들에게 보여주지 못한 면이 있었어요. 섬세한 남자는 인기가 없기 때문이에요. 강한 남자가 인정받고, 섬세한 남자는 외톨이죠. 안타깝지만, 그게 현실이에요. 강한 남자는 여자친구가 많고 파티마다 초대받아요."

부모의 관심에서 벗어났다고 느낀 브라이언은 친구들에게 인정받으려 했다. 브라이언이 말한다. "어릴 때 나도 문제가 있었지만, 부모님은 누나 문제에만 신경을 쓰셨어요. 그게 훨씬 더 컸거든요. 내 문제에는 아무도 관심이 없었으니 내 기분이 어땠겠어요?"

브라이언이 누나가 원래 어떻게 태어났는지 재닛에게 처음 들은 건 1980년 3월 14일이었다. 그날 론이 데이빗에게도 사실을 밝혔다.

브라이언이 말한다. "어머니는 주차장에서 일하고 계셨어요. 어머니가 전화하셔서 '브라이언, 할 얘기가 있어'라고 하셔서 어머니가 앉아서 일하시는 부스에 갔어요. 우리는 같이 커피를 마셨어요. 어머니가 '브렌다 얘기야'라고 하시고서 '브렌다는 사실 너의 형이었어'라고 하셨고 나는 어이가 없었어요."

브라이언은 폭발했다. 벌떡 일어서서 주먹으로 부스의 강화유리를 쳤다. 브라이언이 회상한다. "유리 두 겹이 다 깨졌어요. 나는 걷잡을 수 없이 화가 났어요. 그러다 마음을 가라앉히자 어머니가 무슨 일이 일어났는지 다 얘기해주셨어요. 포경 수술과 모든 걸요. 나는 말했어요. '아 알겠어요. 퍼즐이 맞춰지네요. 이제 이해가 돼요.' 그러나 '세상에, 내 인생의 처음 14년이 거짓말이었어'라는 생각이 들었어요."

그러나 브라이언이 극복해야 할 정서적 어려움이 또 있었다.

그날 그 소식을 듣고 처음 쌍둥이 형을 봤을 때 그걸 느꼈다. 브라이언이 회상한다. "데이빗은 남자 정장을 입고 있었어요. 데이빗이 '어때?'라고 해서 '야, 멋지다. 잘됐어'라고 했어요." 그러나 사실 브라이언은 그 상황 속에서 여러 감정이 교차했다. 지금까지는 집안의 외아들이라는 점이 그나마 특별했는데 이제 그것마저 사라졌다. 브라이언이 말한다. "나는 백 퍼센트 데이빗의 편이었고 데이빗이 사회에 적응할 수 있게 되어 안도했지만, 나는 이제 든든한 남동생 같은 존재가 아니었어요."

갑자기 정서적으로 당황스러운 변화가 일어나서 브라이언이 큰 영향을 받았다는 게 1년 후의 사건으로 나타났다. 쌍둥이가 열여섯 번째 생일을 맞이하기 얼마 전, 그리고 데이빗이 첫 음경 성형술을 받기 2주 전인 1981년 6월 17일에 브라이언은 세인트 보니파스 병원 응급실로 실려 가서 위 세척을 받았다. 배수구 세정제 한 통을 마셨던 거다. 그때 브라이언은 여자친구에게 차여서라고 말했지만, 지금 브라이언은 사실 그게 아니었다고 인정한다. 브라이언이 말한다. "엄마는 항상 데이빗 걱정이었어요. 눈을 뜰 때부터 매 순간 데이빗이었어요. '브라이언은 괜찮아. 혼자서도 잘해'라는 거였죠. 내 문제는 뭐든 데이빗에 비하면 사소해 보였어요. 그래서 좀 관심을 받으려면 나는 무슨 일이라도 벌여야 했어요."

브라이언은 열여섯 살에 부모를 깜짝 놀라게 했다. 학교를 그만두고 주유소에 취직했던 거다. 그리고 집에서 나가서 여자친구와 동거했다. 열아홉 살에는 그 여자친구와 결혼해서 아이를 둘

낳다. 결혼 생활은 힘들었고 몇 년 후에 이혼하고 말았다.

이혼하고서 브라이언의 삶은 곤두박질쳤다. 직장도 안 다니면서 아빠 혼자서 아이들을 키우느라 폭음하기 시작했고 우울증에 빠질 때가 많았다. 그래서 아이들은 잠시 6개월 동안 론과 재닛이 맡았다. 그동안 브라이언은 심기일전하여 삶을 바로잡았다. 1990년대 초에 노동조합이 있는 괜찮은 금속 가공 공장에 좋은 월급으로 취직했다. 재혼해서 딸을 낳고 위니펙의 웨스트 엔드에 집도 샀다. 항우울제 프로작이 감정 기복 극복에 도움이 됐다.

브라이언은 아내와 자녀 빼고 이 세상에서 자기가 가장 잘 아는 사람이 형 데이빗이라고 말한다. 아직도 라이벌 의식이 남아 있어서 어른이 되어서도 쌍둥이가 심하게 반목하고 다툴 때가 있지만, 둘은 서로의 내면세계를 잘 이해한다. 그러나 부모와 마찬가지로 브라이언도 데이빗에 대한 죄책감이 있다. 그건 애거씨즈 드라이브 초등 6학년 때로 거슬러 올라간다. 그때 브라이언은 따돌림당하는 누나 브렌다를 모른 척했다. 브라이언이 말한다. "나는 친구들이냐, 누나냐 둘 중에서 선택해야 했어요. 아이들은 둘 중에 선택하라고 은근하지만 분명하게 강요했어요." 브라이언은 친구들을 선택했다. 그리고 지금도 그런 선택을 했던 자신이 용서되지 않는다. 브라이언이 말한다. "내가 살겠다고 브렌다에게 등 돌렸어요." 오랜 세월 후, 데이빗이 진짜 성별로 살기 시작한 지 5년 후에야 형제는 다시 가까워졌다.

내가 1997년 7월 말에 브라이언을 처음 만났을 때, 브라이언은 둘이 어떤 면에 비슷한지 자랑스럽게 나열했다. 일란성 쌍둥이가 떨어져 자라다가 나중에 어른이 되어 만나보니 놀라울 정도로 비슷한 점이 많은 경우처럼 말이다. 브라이언이 내게 말했다. "나와 데이빗 모두 9월에 결혼했어요. 둘 다 개 한 마리와 고양이 한 마리가 있어요. 둘 다 공장에서 일해요. 둘이 버는 돈이 비슷해요. 우리 둘 다 좋아하는 TV 프로그램이 〈바이오그래피〉, 〈20/20〉, 〈5번지〉, 〈추적 60분〉이에요. 둘 다 엘비스를 좋아해요. 어떤 면에서 나와 형은 항상 함께 세상에 맞섰어요."

데이빗 라이머가 존 머니 박사를 마지막으로 만난 지 20년이 넘었다. 그 유명한 성 학자가 부모님 집의 거실에서 15달러를 용돈으로 준 게 마지막이었다. 그동안 데이빗은 다시 얼굴을 보면 그 심리학자에게 무슨 말을 할지, 뭘 할지 자주 공상의 나래를 펼쳤다. 어릴 때는 폭력적인 상상으로 기울었다고 한다. 그러나 이젠 그렇지 않다. 이제는 자신의 삶에 집중하려 하므로 바꿀 수 없는 과거에 집착하지 않으려 한다. 그래서 다이어먼드와 시그먼슨도 데이빗을 "진취적인 사람"이라고 했다. 다이어먼드는 데이빗이 진짜 영웅이라고 말한다. 정말로 현재 데이빗의 삶은 심리학자 존 머니가 33년 전에 결혼도 못 하고 "따로 살게 될" 거라고 암울하게 진단했던 것과 딴판이다. 그렇지만 과거에서 완전히 벗어나지는 못했다. 데이빗은 인터뷰 중에 유별났던 아동기와 청소년기에 관해 가감 없이 솔직하게 털어놓았다. 자기 연민도 없었다. 그런 엄청난 고통을 겪고 살아남은 게 기적이라서 말투는 투박했지만 신성한 지혜의 아우라가 감돌았다.

데이빗이 내게 말했다. "나는 부모님을 원망하지 않아요. 많은 사람이 놀랄 거예요. 그러나 내 입장이 되어 살아보면 부모님이 얼마나 희생하셨는지 알 거예요. 아버지는 특별하세요. 마음은 있지만 어떻게 표현할지 모르시죠. 그러나 아버지의 눈을 보면 얼마나 마음 아파하시고 나를 아끼시고 사랑하시는지 알 수 있어요.

어머니의 상태는 훨씬 더 좋으세요. 정신과 진료로 도움을 받고 계시거든요. 어머니는 잘못을 인정하세요. 아예 잘못을 인정하지 않는 사람들도 많은 마당에 말이에요. 나는 어릴 때 어머니에게 반했던 적이 있어요. 어머니에게 민들레를 꺾어드리곤 했죠. 어머니는 내게 이 세상에서 가장 아름다운 여자였어요.

동생이 어렸을 때를 생각하면 짧은 머리카락에 강아지처럼 눈이 동그랗던 동생이 "도와줘! 도와줘!"라고 하던 게 생각나요. 동생에게 문제가 생기거나 싸움에 말려들면 내가 나서서 동생을 구해줬어요. 왜냐면 동생은 가장 약한 남자아이에게도 얻어맞고 다녔기 때문이에요. 동생은 내 뒤에 숨었어요! 그런데 내가 나서서 싸우면 꼴사나워 보였어요. 나는 여자아이 옷을 입고 있었으니까요. 내가 동생을 구해줄 처지로 보이지 않았어요. 내가 싸우면 아빠가 혼냈어요. 그러면 브라이언이 나를 보호해줘야 하는 상황이 된다고 하셨어요. "그런 상황이 되게 하는 건 동생에게 나빠"라고 하셨죠. 그러면 나는 "이건 동생 때문이 아니라 나 때문에 싸우는 거예요"라고 설명했지만, 소용없었어요. 사실 나는 브라이언에게 해롭게 하려는 게 아니었어요. 브라이언이 놀림을 당한 건 나 때문이었어요. 아이들은 브라이언이 아니라 나를 놀렸어요. 아이들이 브라이언을 골릴 때 나를 걸고넘어졌어요. "야, 저기 깡패 같은 네 누나 좀 봐"라고요.

어릴 때 생각이 자꾸 나요. 내가 일부러 생각하는 게 아니에요. 밤에 자려고 하면 그런 바보 같은 생각이 떠올라서 고개를 흔들면서 '다른 생각을 해야지'라고 해도 떠나질 않아요. 내가 어떤 모습이었는지에 대한 기억, 반 아이들이 놀리던 기억, 살아남으려 애쓰던 기억 말이에요.

만일 내가 음경이 없더라도 그냥 남자아이로 자랐다면 어땠을까요? 그래도 문제는 있었겠지만, 지금처럼 힘들지는 않았을 거예요. 만일 내가 남자아이로 자랐다면 사람들이 나를 더 받아줬을 거예요. 나를 그냥 놔뒀으면 훨씬 좋았을 거예요. 사람들이 나를 여자라고 세뇌했기 때문에 내가 다시 남자가 된 후에 한 가지 문제가 아니라 두 가지 문제를 갖게 됐어요. 머릿속에 심리적인 문제가 생겼어요. 아내와 친밀한 시간을 가질 때 그 문제가 어른거릴 때가 있어요. 가끔 어릴 적 생각이 나면 솔직히 한밤중에 자다 일어나서 변기에 토하기도 해요.

만일 말이에요, 내가 팔이나 다리를 잃어서 휠체어에 앉아 모든 걸 입에 작은 막대기를 물고 조종해야 한다면, 그렇다고 해서 내가 사람이 아닌가요? 그런데 음경을 잃었다고 해서 사람들은 내가 아무것도 아닌 것처럼 취급했어요. 그걸 잃어버린 순간 내가 아무것도 아닌 것처럼 취급하면서 수술을 하고 호르몬을 투여해야 한다고 하고 나를 다른 거로 바꿔놨어요. 마치 내가 아무

것도 아닌 것처럼 말이에요. 나의 전 인격과 모든 게 내 다리 사이의 그것에 달렸다는 듯이 말이에요. 내가 보기에 그건 무지한 거예요. 나는 그 과학자, 박사, 심리학자들처럼 교육을 받지 못했지만, 내가 보기에 그건 무지해요. 가령 여자가 가슴을 잃었다고 해서 남자로 바꾸나요? 그렇게 해야 그 사람이 '완전하다고' 느끼나요?

나는 여자들이 안 됐어요. 나는 여자의 입장을 겪어봤어요. "너는 여자니까 부엌으로 가"라거나 "너는 나무를 패지 마. 그러다 다칠라"라고 하죠. 내가 어릴 때 여자들이 동등한 권리를 주장하며 싸우는 여권 운동이 일어났어요. 나는 잘하는 거로 생각했어요. 여자의 사회적 지위가 어떤지 느꼈기 때문이에요. 한참 낮다는 걸 말이에요. 그리고 나도 그런 취급을 받았어요. 나는 그렇게 하대받고 싶지 않았어요. 나는 나도 다른 사람들처럼 뭐든 할 수 있다고 느꼈어요! 그러나 사람들은 "오, 너는 여자야. 남자 운동을 하다가는 다칠 거야"라고 했어요.

애거씨즈 드라이브 초등학교 때 터비 웨인이라는 남자아이가 있었어요. 걔는 남성우월주의자 돼지였어요. "여자는 쓸데없어. 여자는 남자가 하는 건 아무것도 못 해"라고 늘 말하고 다녔죠. "넌 아무것도 몰라. 너는 여자야. 여자는 아무것도 몰라." 그래서 내가 참다 참다 마침내 그 아이에게 말했어요. "네가 그렇게 강한 것 같으면 나를 쳐봐. 나를 한번 쳐보라고." 그러자 그가 말했어요. "싫어. 나는 여자아이를 때리지 않아." "아니야, 나를 쳐봐. 더 못 참아." 그런데도 그가 덤비지 않아서 내가 그를 한 방

먹였어요. 그는 나를 비웃었어요. 물론 걔가 나를 때리지 않은 건 잘한 거지만, 나는 여자를 때리지 않는다는 핑계로 숨지 말라고 말하고 싶었어요.

직장 동료들은 내가 무슨 일을 겪었는지 몰라요. 나는 도축장에서 일하는데 다 남자예요. 상상해보세요. 그들은 "저 미친놈은 어릴 때 치마를 입었대"라고 킬킬거릴 거예요. 그들은 늘 그런 남성우월주의 쓰레기 같은 말을 해요. 집에서 자기가 대장이라고 하죠. 그러면서 저더러 "너희 집에선 누가 대장이야?"라고 물어요. 그러면 나는 이렇게 말해요. "우리 집은 파트너십이야. 내가 약하다는 게 아니고, 내 뜻대로 할 때도 있고, 하지 않을 때도 있어. 어느 쪽이든 우리 부부는 파트너십이야." 뇌가 없는 것처럼 맹목적으로 따르는 여자가 뭐가 좋아요? 그건 아내라기보다 노예에 가깝죠. 나는 노예를 원하는 게 아니라, 자기 의견이 있는 여자, 올바른 길로 가게 이끌어주는 여자, 올바른 방향을 보여주는 여자를 원해요. 어리석어서 무작정 따르는 사람하고는 말이 안 통해요.

그러나 만일 내가 정상적으로 살고 이런 일이 일어나지 않았다면 나도 남성우월주의자가 되어서 직장에서 뼈가 빠지게 일하고 집에 와서 맥주를 마시며 스포츠나 봤겠죠. 그러면서 나 같은 사람이 TV에 나오면 보면서 "으악, 역겨워"라고 했겠죠. 나도 그랬을 거예요. 그러나 내가 바로 그 당사자이다 보니 과거에 겪은 일을 뒤돌아보면 그런 게 얼마나 지겨운지 몰라요. 그게 내가 아닌 다른 사람이길 하나님께 빌고 싶어요.

내가 자살 시도를 한 다음에 사람들이 나를 정신병원에 입원시켰어요. 저를 곧장 그룹 모임에 넣더군요. 이 문제에 혼자 직면하기도 어려운데 낯선 사람들과 한 방에 몰아넣고 토론하라고요? 거기서 어떤 의사가 자살은 잘못이라고 계속 내게 말했어요. 그 사람이야 거기 앉아서 "잘못이에요, 잘못이에요, 잘못이에요"라고 말하기 쉽겠죠. 그는 대학교 졸업장이 있고, 좋은 집에 살고, 평균적 수의 자녀가 있고, 정상적인 삶을 살겠죠. 그걸 나와 비교하면 안 돼요. 달라요.

나는 혼자 있을 때 제일 행복해요. 친구를 좋아하지 않는다는 말은 아니에요. 그러나 혼자 있을 때 더 편해요. 오히려 외롭지 않고 마음이 편하고 느긋해지고 평화로워요. 혼자 있는 거 같지 않고 뭔가에 둘러싸여 있는 것 같고 혼자가 아니에요.

지금도 가끔 친자녀가 있으면 어떨까 생각해봐요. 그 아이가 나를 얼마나 닮았는지 보는 게 놀랍겠죠. 그건 이기적인 게 아니고 사람은 그렇게 느끼게 되어 있어요. 그러나 나는 지금 내 아이들도 사랑해요. 걔들은 양자가 아니라 그냥 내 아이들이에요. 걔들에게 내게 일어난 일을 말해주고 싶어요. 이런 일을 내 아이들에게 숨길 수 없어요. 숨긴다면 내 마음이 불편할 거예요. 첫째 딸에게는 열다섯 살 때 얘기했어요. 그랬더니 "아빠가 치마를 입었다고요?"라는 표정으로 쳐다보더군요. 그러나 대체로 잘 받아들였어요. "그것 때문에 아빠를 덜 사랑하지 않아요"라고 하더군요. 가운데 아이도 이해할 테지만 몇 년 더 지난 다음에 얘기할 거예요. 더 나이가 들면요. 아들이요? 그 애가 열다섯 살이 되면 말해줄 거예요.

내 아들을 통해 내가 살아요. 내 아들이 하는 모든 게 내가 하는 거예요. 아들이 어떤 여자아이를 좋아하는데 그 여자아이가 와서 '안녕'이라고 하면 아들은 얼굴이 빨개져요. 아들이 보이스 카우트에 들어가면 내가 아들을 통해 그걸 경험해요. 아들이 성공 하면 내가 성공하는 거 같아요. 어떤 정신과 의사들은 내가 아들 을 통해 산다는 것에 동의하지 않겠지만, 나는 그런 어린 시절이 없었기 때문에, 그런 식으로 경험하려고 해요.

딸들보다 아들에게 말하기는 더 힘들 거예요. 아버지와 아 들의 관계는 또 달라요. 아들은 나를 다르게 생각할지 몰라요. '내 아버지가 치마를 입었었고, 여자 이름을 가졌었고, 여자로 살았 었다'는 건 받아들이기 어렵겠죠. 뭔가를 받아들이기 어렵거나 당 황스러울 때는 티가 나요. 나를 곁눈질하겠죠....

나 자신이 부끄럽다는 그 느낌이 너무 싫어요. 그 느낌은 절 대 잊을 수 없어요. 나는 아무 잘못도 없었지만, 상황 때문에 부 끄러울 수밖에 없었어요. 내가 치마를 입었고, 여자 이름을 가졌 었고, 머리가 길었었다는 등 그 모든 게 평생 짊어지고 가야 할 짐이에요. 그런 기억은 지워지지 않아요. 나는 그냥 최선을 다해 생존하려고 해요. "내 잘못이 아니야, 그런 일이 일어났던 건 내 잘못이 아니야"라는 말로 자신을 다독이죠.

엄마 아빠는 그게 잘 돼서 내가 행복하기를 바라셨던 거예 요. 모든 부모가 자식이 잘되기 바라죠. 그러나 내가 행복한 건 부모님을 위해서가 아니라 나를 위해서예요. 나는 내가 아닌 다른 게 될 수 없어요. 나는 나여야 해요."

　데이빗과의 인터뷰에 착수하려고 했을 때 데이빗을 진료했던 정신과 의사 도린 마기가 위험한 정신적 문제를 건드릴 수 있다고 주의하라고 했다. 마기는 데이빗이 현재의 삶에서 이전의 삶으로 돌아가다 보면 정신적으로 심하게 동요할 수 있다고 하면서 데이빗이 그토록 오래 잊으려 했던 기억과 사건으로 돌아갈 때 차근차근히 안내하라고 했다. 나는 마기의 조언을 따랐지만 의외로 데이빗과 대화할 때 여섯 시간까지 이어지기도 했고 깊이 나누느라 새벽까지 이어지기도 했으며 데이빗은 내가 조심스레 질문해도 개의치 않고 거리낌 없이 과거로 돌아가서 무슨 일이 일어났었는지 기탄없이 말하고 자신의 사연을 영구적으로 기록에 남겨서 결국 자신의 이야기를 되찾고 싶어 했다. 또 데이빗은 자신의 삶을 추상적인 이야기로만이 아니라 더 구체적으로 되찾고 싶어 했다.

　1998년 1월 중순에 나는 데이빗의 죽마고우 헤더 레거리의 거취를 알게 되어 연락했다. 그녀는 여전히 위니펙에 살았지만, 결혼해서 성이 달라졌고 유치원 교사로 일하고 있었다. 어릴 때 브렌다를 알았던 사람들과 인터뷰를 할 때 늘 그렇게 하듯이(데이빗이 자기 얘기를 해도 된다고 한 사람들에게만) 나는 처음에는 브렌다가 태어날 때 어땠는지 헤더에게 얘기하지 않았다. 헤더가 기억하는 브렌다의 이미지를 흐리지 않기 위해서였다. 그러다 마침내 브렌다가 원래 남자였고 지금 데이빗이라는 이름의 남자로 살고 있다고 했더니 헤더는 데이빗을 만나고 싶다고 했다. 데이빗이 15년 전에 카트 라이딩 장에서 헤더를 회피했기 때문에 나는 데이빗이 어떻게 반응할지 궁금했다. 그런데 놀랍게도 데이빗도 헤더를 만나고 싶어 했다. 그 주 일요일에 둘이 만나서 점심을 먹었고 나는 그동안 데이빗의 집에서 데이빗의 부인이 장난스레 질투하는 걸 다독였다. 그러나 데이빗이 네 시간이나 집에 오지 않자 부인의 질투는 좀 더 현실이 됐다. 마침내 데이빗이 돌아왔을 때 평소처럼 사려 깊게 부인을 위해 붉은 장미 한 송이를 들고 왔다. 그런데 데이빗의 표정이 일찍이 보지 못했던 표정이었다. 고요하고 행복한 평화로움이 있었다. 제인이 무슨 얘기를 그렇게 오래 했냐고 하니까 데이빗은 끔찍한 과거를 떠올리게 하는 농담마저 했다. "아, 그냥 여자들의 수다였지 뭐!" 나중에 데이빗이 말하길 헤더와 어린 시절의 모든 걸 얘기했다고 했다. 과거의 사건을 어떻게 기억하는지 서로 기억을 비교해보고, 그 당시에는 둘 다 몰랐던 관점으로 둘의 친구 사이를 다시 바라봤다. 그 만남을 통해 데이빗은 거의 20년 동안 지고 있던 짐을 내려놓았다.

그렇다고 해서 이 책을 쓰려고 데이빗의 과거를 다시 살펴보는 과정에 고통스럽고 위험천만한 순간이 없던 건 아니다. 특히 아직 밝히지 않았던 라이머 가정의 마지막 비밀을 내가 우연히 알게 됐을 때 그랬다. 재닛은 브렌다가 정체성을 의심하는 걸 무마하려고 항상 선의의 거짓말을 지어내야 했다. 그중의 한 가지를 무심코 데이빗에게 밝히지 않아서 그건 20년 동안 불발탄처럼 묻혀 있었다.

8개월 전에 내가 위니펙에 처음 갔을 때 데이빗은 어머니가 시를 출간한 적이 있는 시인이라고 했다. 데이빗은 어머니의 시를 실은 잡지 편집자들을 만났던 얘기를 자랑스럽게 했다. 물론 나는 곧 그 이야기가 재닛이 둘러댄 거라는 걸 알았다. 나는 1979년 10월의 그 날에 BBC 기자들을 만났을 때 어땠는지 데이빗에게 들으면서 그들이 시 편집자라는 허구를 그냥 놔두는 게 마음이 불편했다. 나는 거짓말을 밝혀야겠다고 생각했다. 나는 위니펙에 머물던 기간의 끝 무렵인 1998년 초까지 최대한 미뤘다. 나는 최대한 부드럽게 밝히려 애썼지만, 데이빗은 그 사실이 충격적으로 밝혀지자 격심한 반응을 보였다.

화가 폭발했다. "왜 부모님이 이제껏 얘기를 안 하셨을까요? 나는 벌써 서른두 살이라고요!"

데이빗은 어머니가 "마음이 약해서" 진실을 말해주지 않았다고 두 시간 동안 화를 냈다. 평생 거짓말을 당했다고 소리를 지르면서 "신뢰하고 사랑하는 사람들이 나한테 이러면 안 돼요!"라고 했다. 데이빗은 무서울 정도로 화를 내고 격앙했지만, 다행히 진정했고, 다음 날 어머니에게 가서 그 얘기를 꺼냈다. 어머니는 그 마지막 거짓말을 밝히지 않았던 걸 사과했고 둘은 화해했다. 결국, 그 마지막 거짓을 밝혀서 비밀과 거짓으로 얼룩진 데이빗의 어린 시절에서 마지막 장애물을 제거했다고 재닛이 말했다. 나는 그 결과에 기쁘면서도 데이빗이 과거에 켜켜이 쌓인 분노를 해소하도록 정신과 치료를 받기를 바랐다.

그러나 데이빗은 어릴 때 정신 건강 전문가들 때문에 힘들어서 어른이 되어서는 정신과 진료를 절대 받지 않겠다고 했다. 단 옛 친구 메리 맥켄티는 예외였다. 그러나 그건 불가능했다. 83세의 고령으로 은퇴한 지 오래됐기 때문이다. 그래도 데이빗과 메리는 여전히 친구여서 내가 마지막으로 위니펙에 가서 1998년 6월에 메리의 집에 갈 때 데이빗도 동행했다. 메리는 알츠하이머로 자기 자녀도 못 알아볼 때가 많았지만, 데이빗을 즉시 알아봤다. 그녀는 자그마한 체구에 긴 백발이었고 알츠하이머 환자 특유의 무표정이었다. 그러나 데이빗이 오는 걸 보자 환하게 웃었다.

데이빗이 메리의 상주 간호사들과 잡담을 나누는 동안, 나는 거실 옆의 작은 방에서 메리와 이야기를 나눴다. 다행히 그날따라 메리는 기억력이 좋고 정신이 뚜렷해서 간단하게나마 분명한 억양으로 대답했다.

나는 메리에게 어려운 브렌다의 사례를 어떻게 다뤘냐고 물었다. 메리는 어깨를 으쓱하며 "나는 그저 세심하게 도와주려고 했어요"라고 말했다. 브렌다가 여자아이 같았던 때가 있었냐고 하자 "아니요, 전혀 여자아이 같지 않았어요"라고 말했다. 나는 브렌다가 여자이길 거부한 건 누군가의 "코치를 받아서"일 거라고 머니가 말한 게 기억났다. 위니펙 의료진의 기록에는 그런 흔적이 없었고, 데이빗도 메리가 절대로 "코치하지" 않았다고 단호히 말했지만, 나는 브렌다가 태어날 때 어떤 성별이었는지 내내 함구했냐고 메리에게 물었다. 메리는 "예"라고 대답했다. 브렌다가 여자에서 벗어나도록 부드럽게 이끌었냐고 묻자 메리는 "아니요, 그건 브렌다 혼자 깨닫고 한 거예요"라고 대답했다.

메리가 환자, 특히 브렌다를 인간적으로 대한 게 감동적이었다. 그래서 정신의학에 관한 관점이 무엇이냐고 물었더니 메리는 "나는 부모의 입장으로 환자를 대해요"라고 대답했다. 그러면서 메리는 데이빗의 목소리가 들리는 복도 쪽으로 시선을 돌렸다. "부모처럼 그들을 아낄 때가 많아요." 그 아낀다는 말이 감동적이었다. 정신과 의사가 환자에 관해 그렇게 말하기는 어려운 일이다. 메리 같은 고등교육을 받은 의사가 도축장 위생 노동자인 데이빗 라이머에 관해 그렇게 말하다니 말이다. 메리는 분명히 데이빗을 진심으로 아꼈다.

존 머니의 저술을 읽어본 적이 있냐고 물었더니 이상할 정도로 표정이 없던 메리가 인상을 쓰면서 "예"라고 싫어하는 기색이 역력하게 대답했다. 어떻게 생각하냐고 물었더니 "특이하다고 생각했어요"라고 심드렁하게 대답했다.

그때 데이빗이 방에 들어오자 메리의 표정이 환해졌다. 데이빗은 메리가 앉은 소파 앞 카펫에 앉았다.

데이빗이 상냥하게 말했다. "메리, 오랜만이에요."

"얼마 만이지?"

"최소한 10년은 됐어요."

내가 말했다. "메리가 데이빗을 진료하기 시작한 지는 거의 20년이에요."

데이빗은 좀 부끄러운 것 같았다. 그날 아침에 데이빗과 나는 메리가 브렌다를 진료했던 일지를 봤다. 데이빗은 초기 면담 때 자신이 메리에게 함부로 했던 걸 보고 깜짝 놀랐다. 그래서 데이빗은 메리에게 사과했다. "내가 선생님을 괴상하게 그리고, 장난감 총으로 위협해서 인질로 삼았었어요."

메리가 말했다. "괜찮아."

"내가 선생님의 사형 집행장도 썼잖아요."

메리는 웃으며 지팡이를 잡으려고 시늉하면서 "그래, 한번 지켜보렴!"이라고 농담했다. 그다음에 메리는 진지하게 데이빗을 봤고 데이빗도 진지하게 미소를 거뒀다. 잠시 둘이 20년 전으로 돌아가 다시 환자와 의사가 된 것 같았다. 그다음에 메리가 한 말은 정신의학의 고전적 질문이었다. 정신의학의 핵심을 꿰뚫는 질문이었고, 모든 인간이 당면하는 자아실현의 핵심을 꿰뚫는 질문이었다.

메리가 물었다. "바꾸고 싶은 게 있니?"

데이빗은 시선을 떨구어 자기 손을 보며 지친 한숨을 내쉬고는 다시 메리를 보고 미소지으며 말했다. "내가 바꾸고 싶은 건 이미 다 바꿨어요."


데이빗 라이머가 가장 자부하는 건 자기가 겪은 시련을 공개하고 공론화해서 긍정적인 변화가 일어난 거다.

왜냐면 셰릴 체이스가 용감하게 나섰고, 30년 동안 밀튼 다이어먼드가 현행 간성 치료법이 위험하다고 의사들에게 경고했고, 빌 라이너가 어린이 성전환의 장기적 결과를 연구했음에도 불구하고 의료계는 이 문제를 다루기를 주저했기 때문이다. 그러나 드디어 1998년 10월에 다이어먼드와 시그먼슨의 "존/조운" 논문이 한창 논란을 불러일으킨 가운데, 미국 소아 학회는 다이어먼드를 중요한 연례 비뇨기과 행사에 강사로 초청했다. 다이어먼드는 쌍둥이 사례가 실패했다고 발표하고서 생식기가 비정상이거나 손상을 입은 어린이를 어떻게 치료할지를 시그먼슨과 같이 만든 새로운 기준을 제시했다. 의사들은 연설을 듣고 박수갈채로 화답했다. 그건 전체 의료계가 지난 40년의 표준 치료법을 바꿀 준비가 됐다는 가시적 첫 징후였다. 그 승리의 순간에 다이어먼드는 공로를 독차지하려 하지 않고 데이빗 라이머가 의료계의 가장 유명한 실험용 쥐가 됐던 삶을 기탄없이 공개해줬기 때문이라고 공로를 돌렸다.

데이빗이 솔직히 자기 이야기를 털어놓자 존 머니의 주장에 따른 의료 관행이 기반부터 흔들렸다. 또 20세기를 뒤흔든 프로이트의 이론에 대한 질문도 제기됐다. 프로이트는 어린이의 정신이 남아나 여아로 건강하게 발달하려면 음경이 있고 없고에 달렸다고 했다. 그게 애초에 데이빗을 여아로 바꾼 궁극적 이유였다. 오늘날 그 개념도 신경생물학 연구로 문제 제기를 받고 있으며 과학자들은 라이너 박사와 같은 결론을 내리고 있다. "가장 중요한 성 기관은 생식기가 아니라 뇌다."

오늘날 데이빗 라이머는 꿈에도 못 꿨던 남편, 아버지, 한 가정의 가장이 된 뿌듯함을 이렇게 표현한다. "내가 아버지께 배운 게 있어요. 모름지기 남자는 부인에게 잘하고, 가족을 먹여 살리고, 좋은 아버지가 되어야 해요. 남자는 단지 섹스만 하는 게 아니라 그런 게 있어야 해요. 존 머니는 제 아이들의 생물학적 아버지가 진짜 남자라고 생각하겠지만, 그 사람들은 자녀를 돌보지 않았어요. 그러나 나는 돌봤어요. 내가 보기엔 그게 남자예요."

맺는 글

어떤 이론도 한 번의 실험으로 입증될 수 없다는 게 과학의 기본 원리다. 그 자명한 이치가 쌍둥이 사례가 실패했다고 한 밀튼 다이어먼드나 성공이라고 했던 머니에게나 적용되어야 한다. 다이어먼드는 데이빗과 같은 사례가 더 많다고 했지만(다이어먼드는 여러 간성 사례들이 임상적으로나 이론적으로나 그렇다는 논문들을 썼다), 정상적인 남아를 여아로 바꾼 사례를 더 연구하고 장기적 결과를 추적해본 후에야 마침내 자연적 요소와 양육 방식 중에서 무엇이 남녀를 좌우하는지 과학계가 최종 결론을 도출할 수 있을 것이다.

생식기 사고로 음경을 잃는 사례는 극히 드물다. 그러나 데이빗의 사례로 논란이 가열되면서 그런 사례들이 전보다 더 왕성하게 연구되고 있다. 1998년 2월에 〈비뇨기과 타임스 *Urology Times*〉에 버나도 오초아 박사의 논문이 실렸다. 그는 콜롬비아 메델린에 있는 안티오키아 대학교의 소아 비뇨기 수술 과장을 역임했고, 그가 담당한 환자 중에는 데이빗처럼 부상으로 음경을 잃은 후 거세, 질 성형술, 호르몬 치료로 여자로 전환되어 놀라울 정도로 비슷한 결과를 보인 남아가 있었다. 오초아가 논문에 이렇게 썼다. "그 환아와 가족은 심리 사회적 지원을 광범위하게 받았지만, 환아가 14년 후 사춘기가 되자 자신을 여자로 느끼지 않는다고 하면서 다시 남자로 바꿔 달라고 했다."

그 외에도 의사들과 연구자들이 관심을 기울일만한 사건이 또 있었다. 그 사건은 애틀랜타주에 있는 노스사이드 병원에서 1985년에 일어났다. 같은 날 정상적인 남아 둘이 전기 소작기로 포경 수술을 받다가 음경에 심한 화상을 입었다. 한 남아는 음경을 다 잃었고, 다른 남아도 상당 부분을 잃었다. 첫 번째 남아의 부모는 여자로 성전환에 동의했고, 둘째 남아의 부모는 음경 성형술을 받기로 했다.

그건 백만 번에 한 번 있을 법한 또 한 번의 실험 기회였다. 계획하지 않은 운명적 실험이었고, 두 남아를 대조해볼 수 있는 실험이었으며, 음경을 잃었을 때 성전환을 해야 하는지, 음경 성형술을 받아야 하는지 비교 연구의 기회였다. 이제 그 아이들은 열네 번째 생일을 앞두고 있지만, 사생활이라서 현재 상태가 어떤지 별로 알 수 없다. 나는 노스사이드 병원에 대한 소송을 맡은 변호사들을 통해 약간의 소식만 들을 수 있었다.

타머스 샘슨은 안토니오의 부모에게 2,280만 달러의 배상금을 안겨준 변호사다. 안토니오는 남자로 자라고 있다. 샘슨에 따르면 안토니오는 사고가 났을 때 처음 예상한 것보다 잘 지내고 있다. 학교에 다니고 처음 몇 년은 힘들었다. 음경 성형술을 여러 번 받아야 했고 다른 아이들이 의도적이든 아니든 괴롭혔기 때문이다. 그러나 지금 10학년(고1)이 되고서는 교우관계가 한결 나아졌다. 남성 성별 정체성을 표현하는 데 문제가 없다. 인공 음경으로 성생활이 가능할지, 자녀를 갖게 될지는 아직 미지수이고 시간이 지나야 알겠지만 말이다.

다른 아이는 상황이 덜 알려졌고, 더 감추는 처지다. 그 아이는 생후 2주 미만일 때 거세되고 여아로 전환되어 소송 서류에 '아기 갑'으로 표기될 뿐이다. 나는 지난 1년 반 동안 그 아기의 정신적, 정서적 상태가 어떤지 변호사들과 의사들에게 들어보려 했지만, 아무도 대답해주지 않았다. 따로 알게 된 몇 가지 사실만 있다. 그 여아의 부모는 아이가 어릴 때 이혼했다. 아이는 어머니와 함께 살고 있지만, 앞으로 어떻게 하면 될지 모른다. 담당 변호사에 따르면, 법원에서 지정한 후견인의 돌봄을 최근에 받고 있다고 한다.

내가 1998년 여름에 마지막으로 위니펙에 갔을 때 데이빗에게 그 아기 얘기를 했더니 데이빗은 침통해 하며 그 아이의 부모에게 편지를 써달라고 했다. 데이빗은 그 부모나 딸에게 조언과 도움을 주고 싶다고 했다. 그러나 답장이 없었다. 데이빗은 말한다. "놀랄 일은 아니에요. 나나 부모님은 그 일을 겪어봐서 알아요. 시간이 필요해요."

그 후로 데이빗은 그 아기에 관한 꿈을 꿨다. 아기가 말을 못 하는 여동생으로 꿈에 나타나서 어린이용 칠판에 알 수 없는 뭔가를 쓰면서 필사적으로 소통하려고 했다. 데이빗이 그 아기를 가족같이 여기는 것도 당연하다. 그 아기도 똑같은 사고와 치료를 받았을 뿐 아니라, 다른 면도 섬뜩할 정도로 비슷하다. 애틀랜타주 노스사이드 병원에서 1985년에 의료 사고를 당한 두 아이 모두 8월 22일에 태어났다. 그건 데이빗과 브라이언 라이머가 같은 날짜에 세상에 태어난 지 딱 20년 후다. 그 아기가 심리학자에게 상담을 받기 시작했을 때는 데이빗이 남자로 살겠다고 결정하고 벌써 5년이 지난 후였다. 그리고 그 심리학자는 바로 존 머니 박사였다.

# 후기

이 책의 원제인 《자연이 만든 그대로 *As Nature Made Him*》에서 알 수 있듯이, 이 책은 생물학적 요소가 인간의 성별에 미치는 영향을 강조한다. 그런 점에서 이 책은 1960~70년대에 강세였던 양육이 성별을 결정한다는 주장에 반대한다. 그 당시에는 생물학적 요소가 성별 정체성과 성적 지향에 영향을 미친다는 주장은 완전히 일축됐다. 그리고 현재까지도 대중은 그렇게 생각하는 편이지만, 나는 이번에 출생 전 호르몬이 인간의 성별에 영향을 미친다는 사실에 눈을 뜨게 됐고, 이 사실을 모르는 독자들에게 어서 이 사실을 알려야겠다는 마음으로 보람차게 집필했다.

데이빗의 사례는 성별의 생물학적 측면을 보여주는 강력한 증거이지만, 생물학적 요소가 전부라고 단순하게 해석하지 않기 바란다. 그런 지나치게 단순한 관점으로 이 책을 칭찬하거나 비판하지 않기 바란다. 그런 잘못된 예들을 한번 보자. 어떤 독자는 이 책이 "성별이 생물학적 요소로 결정되고 학습과 무관하다는 걸" 보여줬다고 칭찬했다. 다른 독자도 이 책의 메시지를 그렇게 받아들였지만 비판적이었다. "자연이냐, 양육이냐의 논쟁에 있어서 중요한 건 무엇이 옳으냐가 아니라, 무엇을 강조하느냐다. 양육을 강조하는 게 정치적으로 더 건강하고, 특히 여성을 위해 그렇다"라고 했다. 우선 첫 번째 서평은 터무니없다(어떻게 사회에서 자신의 위치를 이해하는 데 학습이 필요 없겠는가?). 두 번째 서평도 터무니없다. 정치적 정확성이나 건강의 잣대로 과학을 논할 수 없다. 그런 논쟁은 현실과 아무 상관도 없는 학문적 이론에 불과할 거다. 그러나 실상 성전환은 많은 게 관련된 현실적 문제다. 자연적 요소보다 양육이 성별을 결정한다고 해야 의사들이 계속 신생아에게 수술, 심리 요법, 호르몬 요법으로 성별 정체성을 정해줄 수 있기 때문이다. 그러나 그건 데이빗의 사례에서 보듯이 정말 위험천만하다.

　다행히 이 책이 출간되면서 의료계는 전과 달리 유아 성전환 관행을 다시 살펴보고 환자들의 이야기에 귀 기울이기 시작했다. 그래서 북미 간성인 협회 창설자인 셰릴 체이스가 아메리카 소아과 학회에 강사로 초청을 받기도 했고, 그녀가 비뇨기과 의사들의 단체에 들어가서 간성인을 위한 북미 태스크 포스도 만들었다. 그 단체는 약 200명의 성전환자로부터 장기적 데이터를 받아서 결과를 분석하고 있다. 2000년 5월에 셰릴은 존스 홉킨스에서 열린 컨퍼런스인 연례 로슨 윌킨스 소아 내분비학 협회에 마지막 연사로 섰다. 그건 의료계가 유아 성전환의 효과 및 성별 결정에 관한 유전 대 환경의 역할을 재평가하기 시작했다는 증거다.

그렇다고 해서 양육이 성별 정체성에 아무 영향도 못 미친다는 말은 아니다. 이 책《미안해 데이빗》에서도 브렌다의 뇌와 신경계가 출생 전에 남성화됐을 뿐 아니라 환경적 요인으로 그게 강화됐다는 단서가 가득하다. 그걸 살펴보자. 우선 브렌다와 닮은 일란성 쌍둥이 동생이 남자였고, 브렌다는 생식기가 흉터가 있고 미완성 상태라서 자신이 여자인 게 뭔가 특이하다는 생각이 들었고, 친구들이 브렌다를 남자 같다고 놀리고 따돌렸고, 론과 재닛이 브렌다가 일곱 살 무렵부터 실험이 실패했다고 생각하기 시작했고, 존스 홉킨스에 갈 때 머니와 그의 학생들이 브렌다의 생식기와 성별 정체성에 집착적으로 관심을 보였고, 그 당시 사회에서 여자를 차별하니까 많은 사춘기 소녀가 남자가 되고 싶어 했다. 그 모든 요소가 이 성전환 실험에 해로웠을 거다. 그러나 이 실험이 결국 완전히 무너진 건 브렌다가 생물학적으로 남성이기 때문이다. 그래서 브렌다는 여자에게 성적 매력을 느꼈고, 유방과 질을 갖기 싫어했다. 민감한 열네 살 나이에 동네 사람, 가족, 친구들이 보는 앞에서 브렌다처럼 남자로 성별을 바꾸지 않으면 죽어버리겠다고 할 아이가 얼마나 될까? 브렌다의 그런 엄청난 용기를 보면 생물학적 요소가 얼마나 강력한지 알 수 있고, 또 우리는 느끼는 대로 살 수 있어야 한다는 걸 알 수 있다.

데이빗이 보여준 그런 용기야말로 내가 이 책을 쓴 원동력이 됐다. 물론 이 이야기는 주로 의학과 과학에 관한 것이지만, 단지 자연이냐 양육이냐의 논쟁 이상이다. 데이빗의 이야기는 단지 성별 정체성의 이야기가 아니라 정체성에 관한 이야기다. 데이빗의 이야기는 특별하면서도 보편적이다. 즉 자신이 누구인지 스스로 정의한 후 세상이 반대하고 조롱하고 억누르고 공격해도 맞서야 한다고 보여준다. 데이빗이 살아남을 수 있었던 건 출생 전에 형성된 뇌와 신경계 때문만이 아니라 내면의 굳은 의지와 힘 때문이었다. 존 머니 같이 강한 사람의 말에 맞설 수 있는 일곱 살 아이는 많지 않다. 그러나 데이빗은 그렇게 했다. 즉 질 성형 수술을 단호히 거부했다. 자신의 진짜 정체성이 아닌 다른 정체성에 영원히 갇힐 걸 본능적으로 알았기 때문이리라. 내가 이 이야기에서 가장 감동된 부분은 론 라이머가 브렌다에게 출생의 비밀을 알렸을 때다. 브렌다가 그걸 듣고 처음에 한 질문은 어떻게 혹은 왜 부모가 그런 결정을 했냐는 게 아니었다. 왜 그렇게 황당하게 포경 수술을 했냐는 게 아니었다. 브렌다는 그저 자신의 원래 이름이 뭐였는지 물었다. 요컨대 그건 "나는 누구입니까?"라는 질문이었다. 데이빗은 오랫동안 그 결정적 사실을 몰랐다가 마침내 그 핵심을 알고서 삶을 꾸려나가기 시작했다.

재닛 맬컴의 책 《언론과 살인 *The Journalist and the Murderer*》에서 지적하듯이 작가는 다른 사람의 사연을 이용해 돈을 버는 비윤리성을 가져선 안 된다. 데이빗 라이머의 시련을 기사화하는 데 그런 딜레마가 있었다. 그가 겪은 고통은 개인의 내밀한 부분이어서 노출되면 부끄러울 수 있었고 그는 출판에 관한 문외한이었다. 그래서 1997년 6월에 처음 위니펙으로 날아갈 때 내가 맬컴이 말한 "도덕적으로 온당하지 못한" 언론인은 아닌지 자성할 수밖에 없었다. 즉 불쑥 나타나 회유해서 비밀을 토설하게 하고 고통스러운 사생활을 전리품으로 획득해 그걸 출판해서 돈을 벌고 명성을 얻는 언론인 말이다.

그런 불량한 언론인이 되지 않으려고 나는 두 가지를 결심했다. 첫째로, 데이빗의 이야기를 선정적으로 다루지 않기로 했다. 둘째로, 책에서 나오는 이윤을 데이빗과 반반 나누려고 했다. 그런 재정 방침이 합당해 보였지만, 취재원에게 돈을 지급한다는 면에서 또 다른 언론 윤리의 딜레마였다. 나도 그걸 비판했던 사람이다. 돈을 받으면 돈을 준 사람이 원하는 대로 진술하게 된다는 비판이 있다. 물론 삼류 잡지가 '내부자'에게 돈을 주고 연예인 뒷공론을 캐는 것 잘못이지만, 이 경우는 다르다는 생각이 들었다. 재정적 보상이 있기 오래전부터 데이빗은 다이어먼드와 시그먼슨에게 자신의 이야기를 자세히 했고 인터뷰 동영상 촬영을 허락했다. 나도 이 책 집필 전에 6개월 동안 금전적 보상 없이 데이빗을 취재해서 〈롤링 스톤〉 잡지에 기사를 썼다. 이미 데이빗의 삶에 관한 자료가 많이 있어서 만일 데이빗이 이번에 돈을 받고 이야기를 다르게 했다면 알아차릴 수 있었을 거다. 게다가 더 중요한 자료도 있었다. 브렌다를 생후 22개월부터 진료해온 여러 의사의 기록이 있어서 데이빗 및 가족의 기억과 대조해볼 수 있다. 또 브렌다의 선생님들, 학교 친구들, 지인들과 인터뷰해보니 라이머 가족의 진술이 정확했고 돈 때문에 달라진 게 없었다. 그러나 무엇보다도 중요한 사실은 데이빗이 돈 때문에 인터뷰할 사람이 아니라는 거였다. 데이빗은 금전적 보상이 없었더라도 이번 인터뷰에 응했을 거라고 자주 말했다. 데이빗이 이야기를 털어놓은 건 25년 동안 자신의 삶이 잘못 보도된 걸 고치기 위해서였다. 데이빗이 극심한 고통을 겪었다는 걸 부인하는 출간물 때문에 수많은 어린이도 같은 일을 겪게 됐기 때문이다. 데이빗은 그걸 통탄한다. 데이빗은 아무리 돈을 많이 받더라도 이런 일에 거짓말할 사람이 아니다. 시간 가는 줄 모르고 허심탄회하게 이야기하다가 인터뷰가 길어져서 고통스러운 어린 시절의 기억을 새벽까지 끄집어내는 데이빗을 봤을 때 의심할 여지 없이 그의 이야기는 진실했다. 누구라도 그렇게 느꼈을 것이다.

　나는 데이빗이 돈 때문에 사실을 왜곡하지 않았다고 확신해서 이 책의 본문 부분을 쓸 때는 재정적 보상 부분을 밝히지 않았다. 내가 지금 이 이야기를 밝히는 건 존 머니가 이 책보다 조금 앞서 출간한 자신의 저서에서 넌지시 선제공격을 할 요량으로 이책의 선 지급금이 얼마고 영화사들이 데이빗의 이야기에 관심을 둔다는 가십 칼럼을 인용했기 때문이다. 그러면서 머니는 "돈을 받고 하는 이야기는 진실성이 없다"고 했다. 그러나 이 책의 마지막 장에 나오는 데이빗의 솔직한 고백을 읽어보면 돈 때문에 거짓말하는 것으로 보이지 않을 거다. 또 데이빗이 중학교 때 의사들과 부모님이 자꾸 질 성형 수술을 받으라고 하자 피하려고 여자아이처럼 행동하고 립스틱을 바르고 치마를 입고 학교 댄스파티에 가고 남자아이의 뽀뽀를 볼에 받았던 것도 그렇다. 이 책을 준비하면서 인터뷰가 깊어지고 나서야 데이빗은 가장 수치스럽지만 중요한 그 부분을 털어놓았다. 그건 다이어먼드와 시그먼슨에게도 말하지 않았던 거다. 이 책 전에 나와 〈롤링 스톤〉 잡지에 실을 인터뷰를 몇 달 동안 할 때도 그 이야기는 하지 않았었다. 이 책에는 데이빗의 실명, 얼굴, 사는 곳까지 나오는데 데이빗이 자발적으로 그런 치부까지 드러냈다는 거야말로 데이빗이 얼마나 진실을 다 밝히려 애썼는지 보여준다.

　　1997년 말에 인터뷰를 시작할 때는 세상이 데이빗의 이야기에 어떻게 반응할지 몰랐다. 데이빗 라이머라는 실명으로 책에 등장한 것은 전에 짧은 잡지 기사나 의학 논문에 '존/조운'으로 실렸던 것과 판이하다. 존 웨인 바빗(부부싸움으로 아내에게 성기를 잘린 남자-역주)처럼 심야 토크쇼의 농담거리로 전락할까? 삼류 잡지 사진가들이 집 앞에서 진 치다가 "여자로 자란 남자"의 사진을 찍으려고 하지나 않을까? 다행히 데이빗은 그런 무례한 일은 당하지 않았다. 2000년 2월에 이 책이 출간되자 독자들은 데이빗의 사연에 안타까워하면서도 존경심을 표했다. 데이빗의 용기와 생존 의지를 칭송하는 편지와 이메일이 쇄도했다. 데이빗의 이웃, 친구, 도축장(이 책의 출간 직전에 문을 닫았다) 동료들은 데이빗의 과거를 침착하게 받아들였다. 전 세계 언론과 토크쇼에서 인터뷰를 요청했다. 데이빗은 최대한 많은 사람에게 사실을 알릴 작정이었던 터라 여러 프로그램에 있는 모습 그대로 출연하기로 했다. 〈오프라 윈프리 쇼〉, 〈데이트라인 NBC〉, 〈굿모닝 아메리카〉 등 미국, 캐나다, 유럽, 호주, 뉴질랜드의 TV와 라디오 프로그램이 대체로 데이빗을 존중하는 예의 바른 인터뷰를 했다. 데이빗은 다른 사람들처럼 동정심을 자극하지 않았다. 눈물을 보이지도 않고 분명하고 뚜렷하게 대답하면서 절대로 동정을 받으려 하지 않고(사실 데이빗이 동정심만큼 배격하는 감정도 없다) 항상 대중에게 알려야 할 부분과 감춰야 할 사생활 사이에 선을 잘 그었다. 음경 성형술로 부인과 성생활을 할 수 있게 된 거에 관해 오프라 윈프리가 묻자 데이빗은 정상적인 기관과 비슷하게 생겼다고 말하고 나서 청중을 향해 "그것에 관해서는 여기까지만 말할게요"라고 말했다. 그러자 격려의 함성, 폭소, 박수갈채가 터져 나왔다.

전에는 데이빗을 아는 사람이 없었지만, 지금은 종종 길거리에서 낯선 사람이 알아보고 격려해준다. 〈굿모닝 아메리카〉 생방송 후 내가 데이빗과 함께 맨해튼 길거리에 있을 때 마침 그런 일이 일어났다. 번화한 5번가의 아침 러시아워 시간에 서둘러 길을 가던 한 뉴요커가 나와 데이빗의 손을 잡으며 큰 감동을 하였다고 말했다. "당신은 빛 속에 걷는 사람이에요!"라고 외치며 그녀는 다시 가던 길을 갔다. 우리는 둘 다 감격했다. 1년 반 동안 데이빗과 함께 책을 쓰면서 이야기를 들어보니 데이빗은 과거의 경험 때문에 자신이 '괴물' 같았고, 어릴 때 하도 거짓말을 많이 듣다 보니 사람을 불신하게 됐고, 인간의 잔인성에 치를 떨게 됐고 냉소적이었다. 그건 유치원 때부터 아이들이 놀리고 따돌린 슬픈 결과였다. 그러나 그 뉴요커가 데이빗의 손을 잡고 진심으로 존경을 표현했을 때 그 모든 상처가 한순간에 치유된 것 같았다. 정말로 몇 분 동안 데이빗은 말문이 막힌 채 싱글벙글하며 "엄청나네요"라는 말을 반복했다.

그 후로 여러 달 동안 모르는 사람들이 데이빗에게 다가왔다. 데이빗이 웃으며 말한다. "사인해달라는 사람도 있었어요. 나는 그게 좋아요. 사람들이 사실을 알면 비웃을 줄 알았거든요." 몇 달이 지나도 데이빗의 이야기에 관한 관심은 식을 줄 몰랐다. 새로 번역본이 출간되는 나라마다 꾸준히 인터뷰 요청이 들어온다. 데이빗은 가능한 한 인터뷰를 수락한다.

데이빗은 출간 후 식을 줄 모르는 세간의 반응에 관해 최근에 내게 말했다. "항상 그 얘기만 하기가 힘들어요. 좋은 기억도 아닌데 기억해야 하니까요. 그렇지만 어쩌겠어요? 솔직히 얘기하는 사람은 나밖에 없으니까 내가 해야죠. 다른 사람들을 탓하는 건 아니에요. 이런 얘기를 하는 건 당황스러우니까요. 하지만 사람들에게 진실을 알리려면 하는 수 없어요. 이것만이 변화를 일으키는 길이에요."